全国汉传佛教院校教材

天台宗概论

心悟　编著

社会科学文献出版社
SOCIAL SCIENCES ACADEMIC PRESS (CHINA)

全国汉传佛教院校教材系列
编委会名单

全国汉传佛教院校教材编写推进工作领导小组

《天台宗概论》编写工作协调委员会

总　序

　　佛教诸要务，教育为第一。古德云："佛法二宝，并假僧弘。"续佛慧命、住持正法，服务社会、利益众生，都要靠优秀的佛教人才来践行和落实。因此，办好佛教教育事业、培养合格佛教人才，是事关佛教健康传承的千秋大计，是推进新时代佛教中国化的重要支撑。中国佛教协会自成立以来，特别是改革开放以来，始终把人才建设作为佛教自身建设的关键环节，将发展教育作为佛教工作的头等大事，团结引领全国佛教界齐心协力育人才，扭转了改革开放初期佛教人才青黄不接的困难局面，初步培养了一支爱国爱教的佛教人才队伍，为佛教健康传承和推进佛教中国化不断注入生机活力。

　　佛教教育事业是一项艰巨复杂的系统工程，包含佛教院校建设、师资队伍建设、课程体系建设、教材体系建设、后勤保障建设等诸多方面。其中，教材建设是发展佛教教育事业的一项基础性工作。佛教院校专业课教材，是教师教学的基本依据，是学生学习的重要蓝本。编写一套高质量的佛教院校专业课教材，是中国佛教协会加强人才培养的一项重要任务，更是全国佛教界几代人的夙愿。改革开放以来，本会积极组织和推动佛教院校专业课教材编写工作，进行了持续探索，付出了不懈努力，取得了一批阶段性成果，积累了宝贵经验，为新时代继续系统推进佛教院校专业课教材建设奠定了坚实基础。

　　中共十八大以来，中国特色社会主义进入新时代。在2016

年全国宗教工作会议上，习近平总书记指出，积极引导宗教与社会主义社会相适应，一个重要的任务就是支持我国宗教坚持中国化方向。习近平总书记强调，要坚持政治上靠得住、宗教上有造诣、品德上能服众、关键时起作用的标准，支持宗教界搞好人才队伍建设。为深入贯彻落实习近平总书记关于宗教工作的重要论述和全国宗教工作会议精神，顺应新时代推进佛教中国化对人才培养提出的新任务新要求，本会于 2018 年 6 月启动了新时代全国佛教院校专业课教材编写工作。本会理事会和领导班子对教材编写高度重视，成立全国佛教院校教材编写领导小组，负责统筹协调、检查督促教材编写各项工作；召开以佛教院校教材编写为主题的全国佛教院校联席会，举办教材编写研讨班，研究制定《全国佛教院校教材编写工作方案》，明确教材编写总体思路、主要原则、基本要求、编写范围、工作计划等，整合全国佛教院校资源，扎实有序推动教材编写。这套全国汉传佛教院校教材，正是此次教材编写工作结出的硕果。

坚持正确导向是教材编写的根本原则，质量是教材的生命，实用是体现教材价值的落脚点。为编写一套坚持佛教中国化方向、符合宗教人才培养"四项标准"、发扬中国佛教优良传统、适应当代中国发展进步要求、具有新时代中国佛教鲜明特色的高质量佛教院校专业课教材，本会为教材编写确立了以下指导思想：以习近平新时代中国特色社会主义思想和习近平总书记关于宗教工作的重要论述为指导，以社会主义核心价值观为引领，坚持佛教中国化方向，发挥本会理事会佛教教育委员会专业优势和全国佛教院校人才培养主渠道作用，调动和整合教师与编辑、教学与出版等多方面资源，凝聚全国佛教界力量共同担当佛教院校教材建设重任，确定佛教院校专业课课程体系建设和教学大纲，制订教材编写规划，努力打造一套具有时代性、基础性、科学性、发展性、权威性的佛教院校教材。为落实上述指导思想，教材编写遵循以下基本原则：1. 精品原则。坚持质量为本，锚定精品定位，致力于编写、出版高质量、高水平、专业化、体系化的系列教材，避免低水平重复。2. 创新原则。坚持守正创新，发扬中国佛教优良传统，传承契合佛陀本怀、久经历史考验、获得广泛共识的中国佛教传统教理思想，积极推动教材编写的理念创新、方法创新、内容创新，将教材建设与佛学研究前沿紧密结合，凸显教材的时代性。3. 适用原则。坚持面向一线，将理论性与实践性有机融合，在框架结构、知识体系、表达方式等方面力求符合教材的一般要求，努力满足教师讲授和学生学习的实际需要，力争能被全国更多的佛教院校所采用。

本套教材的编写凝聚了全国佛教院校和佛教教育工作者的集体智慧。在本会统一组织下，各佛教院校根据自身资源优势和学科特长，自主选取承担相应的教材编写工作，各尽所能、优势互补，共同建设佛教院校专业课教材体系的庄严殿堂。教材编写全过程坚持高标准、严要求，初稿完成后，由相关专家进行专业评审，根据评审意见修改完善，再提交教材编写领导小组审核，审核通过后，交付出版。从执笔编写、评审修改到审核把关、出版发行，力求各环节精益求精，努力将高质量的教材建设目标和要求落到实处。

本套教材包括基础教材和原典教材两大部分，每一部分根据具体学科和内容分为不同模块。基础教材主要指佛教通史、概论、宗派史等类课程的教材。原典教材主要指佛教经典讲解、阐释类教材。基础教材重在构建和传授关于佛教教理思想、历史源流、教规制度、文化艺术等方面的基础知识体系。原典教材重在引导学生细读经典，学习经典解读方法，培养经典阐释能力。两部分教材各有侧重、相得益彰，既传承了两千多年来中国佛教的智慧结晶，也吸收了当代佛学研究和佛教院校学科建设的崭新成果，共同构成了比较系统完整的新时代佛教院校专业课教材体系。

本套教材是推进新时代佛教中国化在佛教教育领域的重要体现与成果，在当代中国佛教教育发展史上具有里程碑意义。其出版和应用将进一步夯实佛教院校学科体系建设和佛教人才培养工作的基础，进一步强化佛教健康传承和佛教中国化的人才支撑。该套教材也可为希望了解佛教知识的社会人士提供有益参考。限于水平，教材中难免错误与疏漏。恳请全国佛教院校师生和关心佛教事业的社会各界人士斧正，惠赐宝贵意见。守正创新永无止境。本会也将在人才培养实践中适时对教材进行修订完善，推动佛教院校教材建设与时俱进，为全面建设社会主义现代化国家、实现中华民族伟大复兴的中国梦做出佛教界应有的贡献。

中国佛教协会会长　演觉

二〇二一年十月

下篇　教相与观行

前　言

　　天台宗又称台宗，是中国佛教史上成立的第一个宗派，具有鲜明的体系：智者大师承慧思大师一心三观之旨，对魏晋南北朝的佛学理论与修行实践进行整合，继承优良，去其糟粕，研详去取，在隋统一大好的因缘下，建立了以五时八教为主的教相阐释体系；十条《立制法》为主的教团管理体系；王臣护法为主、自力更生为辅的寺庙经济体系；龙树菩萨、慧文大师、慧思大师为主的不共师资传承体系；圆顿止观为代表的《摩诃止观》、渐次止观为代表的《次第禅门》、不定止观为代表的《六妙法门》等三种止观修行实践体系。如是诸体系的建立，使学派佛教过渡到了宗派佛教，加速了印度佛教的中国化进程，为唐代佛教的繁荣奠定了基础。为更好地说明天台宗，叙述宗派建立之过程、祖师传承之由来、一家教观之概貌，本教材在既有传统入门书的基础上，利用教界、学界成熟的研究成果，将分为上、下两篇叙述。上篇是历史与教制，由天台宗的创立、天台宗的祖师传承、天台宗的典籍、天台宗的教团制度、天台宗在海外的传播共五章构成，从历史发展、经典与教团制度、对外影响等角度说明天台宗。下篇是教相与观行，由天台宗的判教、天台宗的诸法实相论、天台宗的忏仪、圆顿止观的实践共四章构成，从教理、实践等角度说明天台宗。九章的主要内容，具体详明如下。

　　第一章，天台宗的创立。从历史角度出发，以既有事实为依据，从宗派佛教的概念、孕育的社会背景、成立的内外因素等角度，详明天台宗的创立。通过概念框架之确立，社会发展之变迁，外部王权之扶持、思潮之铺垫，内部僧团制度之建立、义理分歧之统一、禅观方法之整合等多维度分析，揭示在特定的历史环境中天台宗的创立过程。

　　第二章，天台宗的祖师传承。祖师信仰，是宗派延续的命脉。天台宗自智者大师创宗以来，经一千四百多年，历四十余代传承，至今仍香火相续。为说明天台宗的祖师传承，本书从中国法统观念的诞生、天台法统的构建以及不同时期法脉的传承等角度阐述，详明不同历史时期中，诸祖生平、思想、著作、贡献等。梳理祖师的传承史，洞察其兴衰流变，在缅怀先祖为法忘躯精神的同时，也是对过去历史的总结与回顾、未来发展的规划与指引，更是佛子当下责任的确立与担当。

第三章，天台宗的典籍。典籍，不仅是祖师对佛法的权威解读，也是自我修行经验的总结，更是天台宗法脉延续的内在动力。为详明天台典籍，本章以现有传世文献为研究对象，将其归纳总结，按先后顺序以及性质，将其分为源流性典籍、根本性典籍、补充性典籍进行说明。除罗列三种典籍范畴外，还分别标出诸藏经中天台典籍的名称和册数。智者大师的著作，是天台宗的根本性典籍，以《妙法莲华经玄义》（下简称《法华玄义》）、《摩诃止观》、《妙法莲华经文句》（下简称《法华文句》）为核心，世人称之为天台三大部。三大部，说明了智者大师的佛学理念、修行方法，是天台宗最为核心的思想。为普及智者大师的修行理念，故对三大部进行导读，详明其思想大纲。通过核心典籍思想的普及，能了知天台教相诠释与修行实践论的具体内容，便于精准定位自己的修行，在天台宗的宝库中寻找到适宜的甘露妙药。

第四章，天台宗的教团制度。教团制度，也称僧团管理制度。祖师在戒律的基础上，根据随方毗尼的指导原则，为弥补戒律适用性之不足，因时处机之差异制定各种僧团规约，旨在约束身、口、意三业，避免后天种种懈怠行为荒废道业。教团制度，包含两方面内容：一种是普遍遵守的修行秩序，延伸到行、住、坐、卧等日常生活中；另一种是违犯修行秩序带来的惩罚行为，也延伸到行、住、坐、卧等日常生活中。这些教团制度的确立和实施，保障了天台宗寺院在日常运营中僧人的和合安住，延续了天台宗讲经风气的盛行，使教观双运的修行理念传承不断。为说明天台教团制度，本章从天台教团制度的含义及其思想来源、天台教团制度与戒律的关系、天台教团制度的具体内容等章节阐明，并将一千四百多年的教团制度进行归纳、总结，按其性质分为根本性、补充性、革新性三类详明。这些教团制度，保障了教门的延续，对今天的修学仍具有重要的指导和启示意义。

第五章，天台宗在海外的传播。海外传播，主要说明天台宗成立后，对朝鲜、日本、越南等周边国家的影响。天台宗不仅是中国最早的佛教宗派，在自身发展传播的过程中，还对周边国家产生了深远的影响，是东亚文化圈共同关注的文化载体。譬如天台宗随法华信仰最早影响日本，后鉴真东渡带去大量天台典籍，日本的最澄大师入唐求法归国建立天台宗后，立足于比叡山建立天台、圆顿戒、禅、密等相承体系。在后续的发展中，其弟子逐渐完善天台与密教，形成与真言宗（东密）分庭抗礼的台密。门下弟子在弘扬天台宗的同时，顺应文化发展思潮，丰富本国神道思想，建立其他宗派，现流行的临济宗、曹洞宗、净土宗、日莲宗、净土真宗等，其创始人出身皆与天台宗有关，可以说日本的天台宗所在地比叡山是日本佛教的母山。本章以传播先后为顺序，历史发展为线索，详明天台宗在朝鲜、日本、越南等国的传播、发展和影响，以便了解宗派的海外传播史，明白其具体的实际贡献，更好地体认古老宗派深厚的文化内涵。

第六章，天台宗的判教。判教，即教相判释，以传世佛典为视野，区分经典共通性与独特性知识，按时间的先后、义理的深浅、修行的次第和价值的高下，予以重新整合，使其形成有序的整体，涵括大小乘修道次第，说明转凡成圣的修行过程。智者大师的判教，以南北朝诸师判教为基础，批判继承，研详去取，形成五时八教论。为说明天台判教，本章从判教的意义以及产生、判教的思想来源、南三北七判教说的内容、对南三北七判教的批判、天台教相说的内容等，重点说明五时八教的来由以及内容。读者通过此章的阅读，能概知教相建立之过程以及佛陀设教之大纲。

第七章，天台宗的诸法实相论。诸法实相，是佛陀于菩提树下，夜睹明星证悟而来，是大乘经的核心内容，是般若智的圆满呈现。智者大师汲取佛陀、龙树菩萨的思想精华，以大乘经为依据，根据自身的师承以及修行所证，在《法华玄义》辩体中详明诸法实相论，形成了以一念三千、性具善恶、三谛圆融等为特色的诸法实相说。为说明天台实相论的内容，清晰地呈现出学说本身，避免过分解读混淆法义，本章立足于原典，梳理概念的内在结构、前后逻辑，力争朴素地还原其设立的初衷。

第八章，天台宗的忏仪。忏仪，即忏法之仪式，与戒有直接关系。若僧人受戒后，在日常生活中产生破戒行为，则依律如法忏悔。忏悔，有悔过之意，不仅指悔罪的发露过程，还指忏净得安乐的结果。到魏晋南北朝时，忏悔类典籍已翻译完备，有诸多忏文、忏仪流通于世，但此等均偏向于世间福报，未能凸显佛教的出世、解脱特色。智者大师在佛经的启发下，根据自身的师承与修行经验，吸收南北地忏悔理念、方式，建立了以四悉檀为说教方式，事一心与理一心为指导原则，十科行法为具体实践，三根九品为忏罪结果的独立忏法修行实践体系。为说明天台忏仪的内容，本章从忏悔之释名、忏悔之理念、忏悔之践行以及内在修行理路等四节叙述。行者通过这一章的阅读，可概知天台忏仪的修行理念与方式，选择与己有缘的仪轨，更好地修行破惑证智。

第九章，圆顿止观的实践。智者大师一生自行、化他，都不出止观二字。止观，是化法四教所诠释的主体，天台教部之核心精华。智者大师亲承南岳慧思大师圆顿、渐次、不定三种止观修行原理，遍览众经，开拓义门，形成以《摩诃止观》为代表的圆顿止观、《释禅波罗蜜次第禅门》为代表的渐次止观、《六妙法门》为代表的不定止观等独立禅观修行体系。三种止观中，圆顿止观是其晚年的著作，为一生修行思想的总结，最能代表其佛学理念，故本章以圆顿止观为说明对象，详明其实践方法。为精准地解读原文，展示修行概貌，本章以湛然大师的《止观辅行传弘决》为参考，按照科判结构提取主干，从止观之名、实践方式、修行远方便、修行近方便、主要观法等维度进行阐释。通过循序渐进的说明，以便清晰地呈现圆顿止观的修行次第，深化读者对宗派修行实践论的深刻认知。

以上是《天台宗概论》九章的内容，按照天台教观二分法编排目录，上篇偏重于教，下篇偏重于观。尤其是下篇，受五重玄义与教理行证等启发，运用大量篇幅详明天台宗教相、诸法实相、三昧忏仪、止观实践等内容，彰显天台教法止观双美的解脱特色。本书在写作过程中，根据教材编写指导精神，总结其他天台入门书或概论书的优缺点，运用现代学术体例，梳理历史发展脉络，将天台宗的内容，分为九个单元详明，通过宗派创立之探讨、法脉传承之兴衰、核心典籍之简介、僧团制度之制定、教法海外之传播、教相判释之建立、诸法实相之详明、忏仪修证之深研、圆顿止观之实践等子单元，深化读者对天台宗概貌的认知。在以通俗易懂的语言力争精准表述概念的同时，更加重视原典名词语境的解读，尽量保持天台教典中理论的纯粹性与完整性，如实呈现其本身所蕴含的修行理念与止观实践，让其在当今的时代中被人所熟知了解，导引众生开示悟入佛之知见，开显教法设立之初衷。

上 篇
历史与教制

第一章　天台宗的创立

智者大师创立的佛学思想与修行方式，一直延续传承至今，后人将其称为天台宗。天台宗是汉传佛教史上成立的第一个宗派。宗派佛教究竟是什么，至今也未有一个标准概念。本章将通过概念的分析、背景的梳理，探讨天台宗的成立过程。通过本章的学习，能在最短的时间内知道什么是天台宗，知其蕴含的核心要素，可从整体上把握其框架，为后章的学习奠定基础。

【讲授内容】

天台宗的诞生，不仅使印度的佛教中国化，还为后来唐代佛教的繁荣奠定了基础。天台宗为什么能够成立？其构成宗派的核心因素有哪些？这些是本章说明的主要内容。为厘清上述问题，本章将分别从宗派佛教的概念、产生的社会背景、成立的内外因素等角度进行说明。

第一节　宗派佛教的概念

"宗派"一词，最早见于唐宗密禅师的《金刚经疏记科会》卷一。汤用彤先生在《论中国佛教无"十宗"》[1]《中国佛教宗派问题补论》[2] 两篇文章中，开始对"宗"的含义有系统的探讨。宗的第一层含义是宗旨、宗义，凡是个人的学说或一部经的理论体系皆可称为宗；第二层含义是教派，蕴含创始、传授、信徒、教义、规矩等历史发展过程。方广锠先生在汤用彤、任继愈、杜继文三位先生宗派理论的基础上，试着给宗派一个准确定义，如文章所说：

> 所谓中国式佛教宗派，大致有这么一些特点：以一定的佛教学说为传承，以一定的寺院经济为依托，仿照中国封建宗法制父子相承的形式，将学说的传承与寺院财产、教团领导权的继承结合起来，团体成员虽然不像世俗社会那样存在血缘关系，但一般均像世俗社会一样讲究祖孙昭穆等辈分，由此形成相对稳定的佛教团体。[3]

根据方先生给的定义，再结合颜尚文先生给的定义：

> 宗派依其发展程度之不同，可区分为两种形式：一为学派式宗派，仅有宗义与师承关系以及微细难察的派别意识之教义体系。一为教派式宗派，包括宗义、师承体系、专宗寺院、组织制度与强烈的派别、宗祖、道统意识等因素之教团。[4]

我们可清楚地了知，佛教在传播发展的过程中，人师所宣的教法以及所建的僧团，具备相续的师资传承、健全的教团制度、独立的寺院经济、严密的教相阐释、系统的修行实践等要素，称之为宗派佛教。若以此为衡量标准，智者大师所创之教法，应该是具足的。从师承方面来说，章安大师在《摩诃止观》中以《大智度论》为主，确立了龙树菩萨与慧文大师的经论相承关系，慧思大师与智者大师的今师相承关系。从慧思大师、智者大师开始，天台祖师大多以学习、注释、修行、宣讲《法

① 汤用彤：《论中国佛教无"十宗"》，《哲学研究》1962 年第 3 期。
② 汤用彤：《中国佛教宗派问题补论》，《北京大学学报》（人文科学版）1963 年第 5 期。
③ 方广锠：《隋唐敦煌汉传佛教的宗派问题》，《西南民族大学学报》（人文社会科学版）2017 年第 6 期，第 78 页。
④ 颜尚文：《隋唐佛教宗派研究》，新文丰出版公司，1980，第 9 页。

华经》为毕生追求，《法华经》也成为天台宗的根本经典。从教相阐释来说，智者大师在自身师承的基础上，以佛陀、龙树菩萨等圣言量为依据，南北朝佛学为背景，从法华会三归一的角度系统总结三藏教法，以五时八教判释东流圣教。从修行实践来说，智者大师将大小乘解脱道的修行方法，概括为渐次、不定、圆顿三种止观，形成以四种三昧为外在方式、二十五法为远方便、十种境界为近方便、十乘观法为正观的修行体系。从寺院经济来说，智者大师一生，在金陵、天台、荆州等地弘法，受帝王、文武百官推崇，布施大量财物，故其主持的寺院经济较为优厚。其圆寂后，隋炀帝为建国清寺，天台宗形成了以天台国清寺与湖北当阳玉泉寺为主的专宗寺院。从僧团的管理来说，魏晋南北朝直至隋唐，是佛教发展的黄金时期，僧人大多出身贵族，受过良好的世俗教育，披剃后大多通达律藏，在行持上能恪守戒律之准绳。智者大师为规范后学，在佛陀戒律的基础上，制定《立制法》《训知事人》等具体的日常行为准则，规范身、口、意三业。这一僧团制度，比《百丈清规》早两百年。可以说，天台宗是中国佛教史上第一个宗派，智者大师则是印度佛教中国化的先驱人物。

第二节　宗派佛教成立的历史背景

为更好地说明天台宗的创建，有必要将魏晋南北朝的历史背景做一说明。此阶段历史时间横跨 360 多年，故本节从宏观的角度对社会背景做简单描述。东汉末年各路军阀割据争雄，曹操挟天子以令诸侯，试图重新实现天下一统，在诸多复杂因素的交互作用下，形成三国鼎立的局面。后西晋继承魏统一全国，稳定二十年后因各种矛盾土崩瓦解，南方出现东晋、宋、齐、梁、陈，北方出现十六国北魏统一北方，之后分裂为东魏、西魏，继而被北齐、北周取代，与南方形成对峙局面，历史上称为南北朝时期。

从政治的角度言，南北朝的政治制度，继承秦汉以来的中央集权制，分裂和动乱是其主要特征。受汉朝统一与华夏大一统文化的影响，每一执政者的内心深处都认为分裂不合理，皆渴望在恰当的时机统一全国，故此阶段的战争最为频繁，民众流离失所，内心充满了恐惧与不安，憧憬安定祥和、宁静美好的生活。在人才的选拔上，采用九品中正制，选拔品学兼优者为官。中正是品评人才的官职名称，考察人的家世，将人分为上上、上中、上下、中上、中中、中下、下上、下中、下下九品。出身寒门的官员进入国家管理系统，严重影响了门阀士族的利益，致其运用种种手段干预中正选人，使九品中正制丧失了公正性，最后形成了上品无寒门、下品无士族的局面。门阀士族对任官的把持，会与皇权产生矛盾，影响帝王的权威性，威胁中央集权管理。皇权一旦得到巩固，势必加强对选士权的控制。南北朝后期，随着皇权的加强与寒门势力的上升，门阀制度也开始呈现衰落的迹象。又北朝时期的许多帝王，除继承前代的管理政策外，因自身是少数民族出身，缺乏文化自信，大多对外来的佛教情有独钟，形成胡人信胡教的传统，制定大量的兴佛政策，举全国之力兴建庙宇，使佛教得到了空前的发展。

从经济的角度言，北方多次发生长期战乱，严重影响了自身的经济与社会发展，北方人大量南迁，不仅为南方增加了大量的劳动力，还带来了先进的生产技术，直接促进了当地农业的发展，尤其是长江中下游的荆、扬二州，是南朝经济重镇，这为当地寺院的发展提供了坚实的经济基础。南北朝的士族权势庞大，世代袭官，拥有大量的田产和奴隶。这些士族以家庭为基础，门第为标准，成为地主阶级的特权阶层。通过兼并已有土地及开垦新土地，形成具有独立性、封闭性、自主性等特点的庄园经济。又南北地推崇佛教，上自皇家，下至百姓，奉佛极为虔诚，布施大量金钱、土地，出家人数剧增，寺院还开展各项经济活动，成为当时富庶之地，僧侣队伍日益世俗化，如此种种为日后的法难埋下了隐患。

从文化的角度言，自从汉武帝接受董仲舒的建议，"罢黜百家，独尊儒术"以后，儒学成为汉文化的主流，三纲五常等礼教文化是社会的最高行为准则，法律的制定与执行也受到儒家文化的制约，各种政治制度的制定以及运行也要遵守儒家所倡导的礼教文化。儒学在汉代经过古文经学与今文经学的发展，到魏晋时呈现衰落趋势，自身走向烦琐、神秘等困境，逐渐丧失了统治地位。受战乱等外在环境的影响，以门阀贵族为代表的知识分子，开始向内深省儒家礼教文化的现实价值，发现其无法解决当时的社会现实问题，故重新审视《易经》《老子》《庄子》等传统典籍，思考名教与自然的关系，形成谈玄之风，出现了一大批代表人物，如何晏、王弼、嵇康、阮籍、向秀、郭象等人，玄学家希望借与儒学相反的新知识体系，实现国家一统以及社会安稳的理想。在经学向玄学过渡的同时，道教也得到了发展，寇谦之对传统道教进行革新，陆修静、葛洪等人对道教经典进行重新整理与阐释，使道教在向民间传播的同时，更容易被知识分子理解和接受。印度高僧大量来华翻译经典，随着般若系经典的传入，中国人以玄学思想研习般若学，形成了六家七宗说，使佛法与中国本土文化的融合更为紧密。民族大融合所带来的制度、思想、艺术、风俗与生活方式的交流，有力地推动了魏晋南北朝时期多元文化格局的形成。

魏晋南北朝佛教的兴盛，与君主弘法、上行下效有直接关系。不少帝王从小受到佛教熏染，即位后多能护持佛教，制定兴佛政策，向寺院布施财物，等等。譬如，东晋元帝礼请僧人进殿讲经，后世的帝王多效仿之。宋文帝每见慧琳常升独榻，朝廷有要事皆与其商议。梁武帝三次舍身同泰寺，亲自注释佛经，升堂说法，礼遇志公等高僧。南朝的齐高帝、梁武帝、陈武帝，北朝的魏孝文帝等均曾舍其宫苑，以造佛寺。如是帝王大力弘法，使佛教由依附儒道发展变为与其共存。帝王崇信佛教的同时，也为佛教经典的传播提供了助力，初支娄迦谶来华传译般若学，安世高来华传译禅数学，中华大地始有佛法传播。后鸠摩罗什、真谛、佛陀（又译为"驮"）跋陀罗、昙无谶等三藏法师来华，翻译了《法华经》《涅槃经》《般若经》《中观论》《大智度论》《摄大乘论》《成实论》《俱舍论》等佛教主要典籍。根据智升《开元释教录》记载，三国两晋南北朝时期，翻译的经典达一千六百二十一部，共四千一百八十卷。经典的翻译，为佛法的传播、教义的研究，打下了坚实的基础。

　　来华的高僧除广招门徒翻译佛典外，还宣讲印度流行的主要佛学思想。当时的中国僧人，大多受过良好的世俗教育，离俗后会随个人喜好专研某部经论，有的专研《十地经论》成为地论师，有的专研中观等论成为中观师，有的专研《摄大乘论》成为摄论师，有的专研《涅槃经》成为涅槃师，彼此皆以各自的观点对整体佛法做判释，不同观点间的相互争鸣促进了佛教义学的繁荣。此时社会动乱，百姓流离失所，内心惶恐不安，佛教"彼岸世界""轮回""因果""功德""菩萨感应"等现世关怀、临终关怀理念的普及，弥补了中国传统文化中宗教观的缺失。百姓信仰佛教，皈依三宝，做诸功德，希望通过现世的修行，改变未来的果报，故南北地佛教获得极大的发展。汤用彤先生在《汉魏两晋南北朝佛教史》中根据《魏书·释老志》统计，太武帝时期，平城有寺院百所，四方6748所，僧尼77258人；半个世纪后宣武帝时期，北魏有寺庙13727所；魏末洛阳一地有寺院一千余所，全国三万余所，共有僧尼二百万人。① 由此可见佛教发展规模之大。

　　佛教在中国不同区域的发展，既与来华高僧有直接关系，也与本国高僧的积极参与密不可分。北方影响较大的僧人有佛图澄、道安、鸠摩罗什、佛陀跋陀罗等人，其中道安的弟子多去参访鸠摩罗什。佛陀跋陀罗，博学多闻，聪颖异常，随佛大仙习禅，受智严礼请入华弘法；初与鸠摩罗什长安相遇关系甚好，后因性格、师承、法门有异，离开长安往庐山谒见慧远。道安是佛图澄的弟子，擅长禅数学，通大乘般若，教育徒弟异常严厉，制定僧尼规范，整理经文目录，译经上提出"五失三不译"译经原则，创"序分""正宗分""流通分"三分释经法，提倡出家人皆姓释，如是一系列举措，确立了中国佛教的自主意识，为后世树立了有法可依的范本。后受战乱影响，徒众分散四方弘法，其中最著名者为庐山慧远。慧远大师开创了佛教史上第一个念佛修道高端团体，率领一百二十余人修念佛三昧，带动了南方佛教的修行氛围，开求生净土之先河；礼遇佛陀跋陀罗，翻译戒律与佛经，为南方佛教的兴盛奠定了基础；还著《沙门不敬王者论》，以清高的人格受到帝王的尊崇，从而使庐山成为南方佛教的重镇。鸠摩罗什三千门徒，其中著名者有十人，分别为道生、

---

　　① 汤用彤：《汉魏两晋南北朝佛教史》，北京大学出版社，2011，第287页。

僧肇、道融、僧睿、昙影、慧严、慧观、僧碧、道常、道标。鸠摩罗什圆寂后，其徒众分别留在北方和南方弘法，北方有僧睿、道融，南方有道生、慧观。道生主张顿悟说，提倡一切众生皆可成佛，在南方引起了较大的反响。慧观开当时判教之先河，丰富了南方佛教义学思想内容。在中国僧人的共同努力下，佛法在南北地呈现出不同的风格，南方盛行义理研究，北方盛行禅定实践，但随着南北地僧人交往的频繁，彼此的界限已不再分明，都朝着"义理指导实践，实践验证义理"的方向发展。

第三节　天台宗成立的外在条件

佛法的传播与发展，须有广泛的社会基础和现行的法律保障，能有效解决人在生活中存在的实际问题，如此方可得到社会的认可，从而获得生存发展的空间。智者大师以其精深的宗教修为与人格魅力，大力弘扬佛教的现世与临终关怀，化导世俗，普行救度，解脱世人身心之困顿，终而得到统治者的护持及社会大众的普遍认可。所以考察天台宗成立的外在条件时，必须将王权与佛教的关系、文化思潮的发展等纳入考察视野，如此方可明白为什么在此时间节点天台宗会应运而生。

一　王权的外护

在封建社会，政教关系处理得是否恰当，对于任何一种宗教而言都将影响其发展。帝王对于佛教的接纳与推崇，既解决了其存在的合法性，也成为佛教健康发展的重要政治保障。佛教本身虽有超越世俗的价值倾向，但佛法的传播又离不开王权的护持，故"不事王侯"与"或事王事"两种思想并存于佛教当中。佛教同时又受着末法思想的影响，以及法难阴影的笼罩，在弘法方式上必遵循着"不依国主，则法事难立"的传统。王权对于佛教的护持，可有效地保障其自身的良性发展。

向往完美，恐惧灾祸，是人与生俱来的天性，上至王侯将相，下至平民百姓，无一例外。智者大师因其自身的宗教修为、人格魅力及神迹等力量，使得当时朝野人士争相皈依，崇信佛法，沐佛圣恩。智者大师生活于陈隋之际，为两朝帝师，辞别慧思大师后，怀着"勿作断佛种人"的使命来到金陵，以其无碍辩才，舌战群雄，折服大德法师，讲《大智度论》，说《次第禅门》，受到举国敬仰，用八年时间奠定了其佛教领袖的地位；后讲法次数增多，得法人依次减少，忧虑徒众享受荣华无意修行，故决意隐居天台修习禅观。到天台山后，他建修禅寺自养自活，昼讲夜禅，德被朝野；后别往华顶峰行头陀行，降服天魔后感圣僧现前说实相法门；以修忏解永阳王落马之难及续杨广爱妻萧妃性命等灵验事迹声名朝野，每到一处僧俗皆夹道欢迎，法席盛况空前。正是由于其自身所独具的宗教魅力和道行，智者大师被帝王尊崇礼待有加，其所弘之教亦能得到王权的大力支持。

天台宗的实际创建，可以说，与隋朝帝王的护持有莫大关系。隋朝的统一，结束了魏晋南北朝的分裂割据局势。政治上的统一，也为思想层面的相互交流与融合带来了契机。隋朝二帝，大兴佛法，建寺度僧，开设译场，优遇僧侣，广作佛事，为天台宗的创建打下了坚实的基础。① 尤其是隋炀帝，在对待三教关系上，② 佛教第一，道教第二，儒家第三，更执弟子之礼待智者大师。尽管学术界认为杨广是利用智者大师崇高的声望安抚社会反抗情绪辅助其统一，不可否认帝王与高僧间客观上存在着彼此尊重甚至相互利用的关系，但杨广对智者大师的敬重，也延续到了其示寂以后。③ 杨广在大师生前与其交往的四十多封书信中，④ 敬仰之情已跃然纸面，凡修行处所，不时派遣信使参拜、问候、供养，凡大师所托一概应允。其灭后，更是遵照其遗嘱，修复国清寺。在大师忌日设斋供众，并召请其遗众进宫问候，如此种种皆是敬重之体现。正是由于这样的关系，智者大师所领导的僧团有了杨广作外护，从物质上保障了寺庙的供给，僧众可安心进道修习三昧，也为后来聚僧弘教提供了基础，僧众的聚集也为教团制度的建立提供了前提。正是基于此，宗派建立的外在条件才得以成熟。

二　思潮的铺垫

从文化的角度言，有两点特别值得我们注意。

一是文化思潮的自身发展，为佛教的全面复兴打下了坚实的基础。中国有着悠久的历史，每一阶段皆因社会背景的不同产生诸多思潮，不同的思潮还会影响历史进程。从学术思潮的历程言，佛教未传入中国前，第一股思潮发生于春秋末期，生活于中原周边的夷狄部落融入中华民族的大家庭来，源远流长的中华文化得到了周边文化的补充，随着周朝的衰落以及君权神授思想的被人怀疑，形成了以儒家、道家、名家、墨家、法家等为代表的一股新思潮，延续了三百多年后衰落。第二股思潮发生于汉朝，汉朝统一后初期以黄老之术为治国根本，到了汉武帝时以"罢黜百家，独尊儒术"为文化政策，以孔子为主的儒家文化成为主流思想被人研习，形成了古文经学与今文经学，延续三百年后衰落。第三股思潮是魏晋玄学，儒家的礼教文化被人唾弃，人们开始重新以老庄思想为旨归，将其与儒学重新整合，经过王弼

---

① 具体论述，详见夏金华《中国学术思潮史》卷四《佛学思潮》，上海社会科学院出版社，2006，第63~68页。

② 详见李建华《论隋炀帝的三教观》，《宝鸡文理学院学报》（社会科学版）2008年第4期，第57~59页。

③ 智者大师与陈隋间的关系，详见包兆昌《智颤与陈隋王朝系新探——兼与潘桂明、董平相榷》，《台州学院学报》2007年第5期，第14~18页。

④ 袁刚：《晋王杨广和天台智者大师》，《中国史研究》1997年第2期，第90页。

的儒道调和、嵇康的儒道对立、向秀与郭象的儒道合一等发展，得到了名教即自然的结论，此思潮延续了半个世纪。在玄学思潮浓厚的社会氛围下，随着佛教般若系经典翻译的不断完备，社会知识分子开始以玄学为基础研习般若，遂形成了般若学中六家七宗等格义佛教时代。般若影响玄学的同时，也促进了本土文化的反思与重建。当时的南方，清谈风气盛行，谈的内容皆以玄学与佛学为主，[①] 方法是口谈和笔谈，以造微、寻微等为目标。清谈必追求清高的生活，对于那些贪权得势、得利忘义之人也是一种教育。此种浓厚的文化氛围，为佛教的传播提供了土壤，为后来佛教义学的全面繁荣与发展提供了便利条件。后鸠摩罗什将龙树学传入中国，对格义佛教进行了反思，三论等学派也随之盛行起来，进而为佛教义学的发展打下了基础，同时也为印度佛学的中国化提供了契机。以上这些都是智者大师宗派佛学思想成立的前提。

二是少数民族统治者的文化归属感。魏晋时代的政权者，以少数民族当政者居多。其对作为外来文化的佛教有着天然的亲近感，也大多崇信佛教，即所谓"胡人信胡教"。佛教，不仅能为民众提供精神上的启迪与抚慰，还能以其独特的伦理教化，提升社会道德、缓解矛盾对立、促进社会和谐稳定，进而有利于国家的统治和治理，同时也受到普通民众的欢迎和接纳。虽然经历了两次法难，但佛教在社会民间的影响力依然没有消失。无论是北方，还是南方，都有一定的文化思想积淀，这为佛教的后续发展做了铺垫。随着隋朝的统一，隋文帝治国有方，政治开明，经济发达，文化繁荣，加之兴佛政策的实施，为各种思想的交融与汇集提供了条件，也为智者大师统一南北佛教思潮建立天台宗提供了契机。正是在这样的历史环境中，智者大师完成了学派佛教向宗派佛教的转型，也是印度佛教中国化的重要表现。

第四节　天台宗成立的内在条件

以上我们从外部探讨了天台宗产生的原因，然而，外部因缘再俱足，若没有与之相应的内部因缘，宗派佛教依然难以建立。从佛教的内部而言，僧团的内部整合、佛学思想的彼此争论、修证系统的不断完善等，都促进了智者大师宗派佛教的产生。

一　规范僧团，完善制度

智者大师有很强的末法意识，深知僧人的生活模式决定了佛法命运的兴衰，纵其建立再完善的教理体系与严密的禅修体系，若僧人的生活模式缺乏统一的规范，

---

① 具体论述，详见信应举《〈世说新语〉所反映的魏晋清谈风貌》，《郑州大学学报》（哲学社会科学版）1985 年第 1 期。

佛法仍难以弘于后世。僧人不仅是佛法的实践者、传播者，还是佛教形象的代言人，为住持三宝之一。僧人的生活模式有别于俗人，日常行为受戒律的约束。佛经翻译完备的同时，律学典籍也在不断完善。广义的佛教文献，在东汉时就已译出；别义的律学文献，以曹魏时昙摩迦罗所译《僧祇戒心》为标志，朱世行成为中国如法受戒的第一位比丘僧。此时的中国佛教，律学虽有翻译，但未得到广泛的应用。直到一百年后的道安大师出世，除竭尽全力促进律学典籍翻译外，还制定《僧尼规范》规整僧人的日常行为，使其如法如律安住佛法。在道安大师的努力下，《十诵律》《四分律》《摩诃僧祇律》《五分律》等翻译渐至周全，其中《十诵律》影响较广。南山律宗成立后，中国才专以《四分律》为主，《十诵律》的影响才逐渐消失。戒律在中国传播的过程中，① 佛教徒在继承其核心精神的同时，也做了适当的革新。僧人的日常行为，除魏晋时少数僧人坚持托钵乞食以及过午不食外，到了南北朝时期，由于文化差异以及寺院经济的发展，乞食的传统并未传承下来。② 此外，南方和北方对于戒律的遵守，也因地域、政治、经济、文化的不同而有差异。根据史料记载，随着佛教的快速发展，佛教内部也出现戒律松弛，争名夺利，甚至违反国法的现象，这也为"法难"的发生埋下隐患。③ 当时的统治者虽设立僧官，根据法律条文制定规章制度管辖境内僧侣，但无法根除佛教内部存在的问题。

又南北朝政治分裂，僧人素有游学的传统，来往的僧人穿梭于各种势力控制下的寺院，与当时的权贵交往密切。总结南北朝时期僧人的生活历程，我们不难发现具有如下问题。第一，从僧人的社会活动而言，僧人本着慈悲济世的精神，对社会各阶层进行知时知众的教化，对统治者进行思想上的教化，和士人阶级进行佛教文化上的交流，对底层百姓进行物质上的救济与心灵上的慰藉。④ 通过与各方人员的交流，依靠他们的势力来获得佛教传播的认可，并依靠他们的扶植，使佛教的发展有足够的保障。第二，从寺庙的经济角度而言，进入南北朝时期，随着佛教的国教化，布施钱财土地、僧人人数增加，僧人经营寺产维持寺庙生计的同时，也出现了以寺庄及寺庄经营手段为代表的经营模式。具体而言，北方寺庄由于布施土地增多等原因，形成了以土地为中心的经营模式。⑤ 南方寺院，由于受地理环境及商业氛围日渐浓厚等影响，商业经营成为维持佛教的主要支柱，形成了以高利贷为主的商

① 详见孙亦平《论佛教戒律的特点及其在佛教发展中的作用》，《佛学研究》1998 年第 7 期，第 351～357 页。
② 详见陆康勇《从〈高僧传〉看魏晋南北朝僧人的社会生活》，湖北大学硕士学位论文，2011，第 47～49 页。
③ 详细论述参见赖永海《中国佛教通史》第四卷，江苏人民出版社，2010，第 91～94 页。
④ 详见许诺《从〈高僧传〉看魏晋南北朝时期僧人的社会教化活动》，华中科技大学硕士学位论文，2015，第 37 页。
⑤ 周中军：《南北朝佛教寺院经济的不同发展》，山西大学硕士学位论文，2008，第 37 页。

业性经营模式。此种寺庄经济具有宗教性、封建性两个显著特点，[1] 僧人享受"寸绢不输官府，斗米不进公仓"[2] 的优待，庞大的寺院经济体量，成为当时世俗经济重要组成部分，在发展的过程中必然直接与封建国家的政治经济利益发生矛盾。[3] 为此，如何规范僧团管理，处理好政教间关系，是作为一代佛教宗师不得不考虑与面对的问题。第三，隋朝二帝，崇信佛法，建寺安僧，面对这样良好的社会环境，智者大师须顺应时代走势，利用自身的修为与威望，引导僧团如法如律，安心进道，力图建立完善的僧团制度，保障僧侣的权益与地位，使其依法安住，如理修行，如此方可保持佛教出世、超越的特质，使佛法长久传承。

正是基于这样的背景与目的，智者大师不仅在教理与观行中强调戒律的重要性，还根据实际情况制定了《立制法》《训知事人》等具体的教团制度，规范僧人的日常管理，强调彼此间的责任与义务，确立明确的惩罚制度，从而在制度层面上落实僧团的六和精神，起到防微杜渐的作用。这些制度的建立，有效地保持了僧团的纯粹性，为教法的学习，止观的修持，人才的培养，提供了良好的环境。又考察文献，除道安大师的《僧尼规范》曾起到辅助戒律不足，制约僧尼日常行为的作用外，当时还有一些零散的僧团规矩出台，但起到的实际约束作用过于局限，不具备向全国推广的价值。智者大师制定的《立制法》，彻底地使印度的佛教中国化，全面地促进了学派佛教向宗派佛教的转变。[4]

二 整合思潮，重新构建

佛教传入中国后，与中国文化相互影响，考察其思想历程，大致可分为三个阶段。[5]

第一阶段是佛教初传至魏晋时期。此阶段，人们基于传说与听闻对佛教产生浓厚兴趣，开始实际接触佛教的经典与教义，并对经典与教义有初步的了解而予以接受。

第二阶段为东晋以降至南北朝时期。此阶段，人们在接受与理解的基础上，随着佛教影响的日益强大，经典翻译的不断完备，对于佛教的研究与实践也在不断深入，其在不同的地域有着不同的特色。此时的佛教界，北方盛行禅、戒律与净土，南方盛行三论、成实、地论，学说间彼此争执不下，对佛教的整体发展非常不利。

---

[1] 简修炜、夏毅辉：《南北朝时期的寺院地主经济初探》，《学术月刊》1984 年第 1 期，第 39 页。
[2] （唐）道宣律师：《广弘明集》卷二十四，《大正藏》第 52 册，第 278 页中。
[3] 简修炜、夏毅辉：《南北朝时期的寺院地主经济初探》，《学术月刊》1984 年第 1 期，第 44 页。
[4] 佛教制度中国化的论述，详见温金玉《佛教制度中国化：智者大师与〈立制法〉》，《中国宗教》2012 年第 9 期，第 37~39 页。
[5] 对于三阶段的划分，详见董平《天台四教仪集注浅释·序》，中国财富出版社，2013，第 1~3 页。

经典传译完备的同时，同一经典因译者不同，出现的时间、地点、内容皆有差异。研究经论的人，也会以某一经论为核心对整体思想作判释，并对不同的思想体系加以评论，各种思想学潮夹杂。在整体发展趋势上，北地盛行禅观实践，轻视教相研习。南方重视教理的研究、讲演，轻视止观实践。二者所引领的佛教发展思潮，站在整体佛教的立场上而言皆有偏失，理论未落实于实践，实践未验证于理论，故智者大师认为修行应定慧均等，福慧双修。

第三阶段是隋唐以后。隋朝的统一，为南北地不同的佛教思想带来了相互交流的平台，智者大师为纠正当时的偏失之风，建立了以《法华经》为宗骨，《大智度论》为指南，《大品般若经》为观法，《涅槃经》为扶疏，引诸经以增信的宗派佛学思想体系，对当时的佛教界进行了彻底的反思与重建。对此前流行的南三北七等诸家判教理论进行批判，按照时间先后顺序将佛法判为通五时与别五时；以五时为整体框架，又按照说法的内容与方式，分为化法四教与化仪四教；化仪是药方，化法是药味，化仪无体，全以化法为体。以"五时八教"为特征的教相判释系统，将南北地不同的判教思想进行统一，为后人了解全体佛法内容提供了纲领性的说明。南方义学发达，彼此皆以某一思想或某一经论为核心对全体佛法进行判释，由此形成了学派佛教，因思想的差异而争论不休，虽促进了教义的创新与繁荣，但也对佛法的传播造成了不利的影响；智者大师以"五重玄义""四意消文""七番共解"等为教理诠释方式，"圆融三谛"为究竟修证，"六即"为衡量位次，形成了一套独立的教相诠释系统，熄灭了学派间的义理分歧，建立了统一的整体。可以说第二阶段的社会背景，注定智者大师要形成独立的教相判释系统、完整的教义阐释系统，如此种种皆在无形中促进了宗派佛教的构建。

三　创新禅学，完善系统

佛教以了生脱死为目的，生死由业感召，业因烦恼造作。修行以破烦恼为功用，烦恼的破除须以定力摄受为前提。佛教以戒定慧三学为总纲，佛弟子依三学修持。三学修持次第中，定更为重要，有定的摄受戒才会完满，有定的涵养慧才不会偏斜。佛教中也将禅称为定，禅学典籍随高僧的涌入而传习不辍，从禅学在中国的发展历程而言，主要有小乘禅法与大乘禅法。小乘禅法以安世高翻译的《安般守意经》与《阴持入经》为代表，详明四念处的修法。大乘禅法以支娄迦谶翻译的《道行般若经》《首楞严三昧经》《般舟三昧经》为代表，大阐以般若空观为主的修法。后鸠摩罗什译《坐禅三昧经》《禅法要解经》等般若系禅法经典，细述以诸法实相为观境的修法。同时佛陀跋陀罗译《达摩多罗禅经》，弘扬方便道与胜道的修法。鸠摩罗什与佛陀跋陀罗圆寂后，其所建立的庞大僧团也随之瓦解，但徒众仍然在弘扬其禅法，客观上推动了南北地禅法的普及。无论是小乘禅法，还是大乘禅法，皆有传承与弘扬。小乘禅法的代表人物有僧稠，大乘禅法的代表人物有达摩禅师、慧思禅师。道宣评价僧稠与达摩两宗的禅法时，如其所云："然而观彼两宗，即乘之二轨也。稠怀念处，清范可崇；摩法虚宗，玄旨幽赜。可崇则情事易显，幽赜则理性难通。"[1]道宣律师认为小乘禅法理简易行，大乘禅法幽深难通。但考察二者的禅学思想，僧稠的小乘禅法虽简明扼要，极易起修，但相对于大乘而言，无法成就终极的佛果。达摩大师的禅法，虽究竟明了，但提倡的二入四行不够系统，难以普被三根。南方是三论的天下，三论师虽重禅修，提倡止观双运，但集大成者吉藏大师的著作中缺少系统的禅修著作，虽高谈玄理，但缺少与之相应的修法，未免美中不足。如何使佛教的修行方法形成系统，适应中土众生的根机，调解小乘与大乘修证中出现的矛盾，使小乘完好过渡大乘，落实佛陀会三归一的教化宗旨，是智者大师不得不面对、需要解决的问题。若不完善修持实践系统，空有其理论建树，佛法作为宗教层面的存在则完全丧失意义。故智者大师以佛为根本所依，龙树菩萨为最近依止，在慧文、慧思二位大师的宗教修持传承下，以初旋陀罗尼的高深智慧，对现存的禅法进行重新整合，建立了以一念三千为极果，一心三观照一境三谛为方式，凡夫为修持对象，圆教初住位为所证的独立圆教修持实践系统。因根机千差万别，又辅以渐次止观与不定止观。为使系统更加完善，形成了以四种三昧为外在方式，二十五法为远方便，十种境界为近方便，十乘观法为主体等迥异于诸家的完整修持体系。圆顿止观体系的建立，吸收当时现存的禅观方法，对其进行重整并形成一套完整的道次第，厘清了凡夫到成佛间的修证位次，可以说是禅学历程的一次革新。

第五节　结语

综上所述，我们将宗派佛教的概念进行了说明。在佛教发展的过程中，僧人所创建的教法，具备相续的师资传承、健全的教团管理制度、独立的寺院经济、严密的教相阐释、系统的修行实践等要素，称之为宗派佛教。在南北朝特定的历史背景下，政治上继承中央集权制，帝王大多崇信佛教，在人力、财力、物力上实行兴佛政策。经济上北方受战乱的影响，大批门阀士族南迁，南方经济持续增长，庄园经济和寺庙经济得以发展。民族文化融合，南北文化相互交融，经学转化为玄学，此时知识分子的思想异常活跃，宗教、哲学、音乐等不同领域均有创新。在此大背景下，来华高僧备受礼遇，在翻译佛典的同时，还传播印度主流的佛学思想，中国僧人会随个人喜好研习某经论，不同观点间的相互争鸣形成了学派佛教。

随着南北朝的统一，开皇盛世的到来，兴佛政策的开展，为佛教的大兴提供了

---

[1] （唐）道宣律师：《续高僧传》第二十卷，《大正藏》第50册，第596页下。

外在助缘。智者大师以其独特的人格魅力，渊深的教理知识，精湛的禅定修持，莫测的神迹，赢得了崇高的社会地位，被尊为国师。其更是以复兴佛法为己任，在大好的社会形势下，借助王权的护持，建立完善的教团制度规范僧人管理，独立的教相判释系统消除分歧，严密的教理诠释系统熄灭诸家义理纷争，完整的修持实践系统打通大小乘间的隔阂，如此种种思想的出现，旨在解决当时存在的问题，扫除佛法在后续弘传中的障碍。正是带着这样的历史责任感，其构建的思想体系完成了学派佛教向宗派佛教的转型，使印度的佛教彻底中国化。其思想体系也成为衡量其他思想是否能构成宗派佛教的重要参考标准，为唐朝其他宗派的建立打下了坚实基础。

思考与练习题

1. 汤用彤先生《论中国佛教无"十宗"》《中国佛教宗派问题补论》等著作中，认为宗的含义有哪些？

2. 宗派佛教构成的要素有哪些？

3. 佛教在传播的过程中，对待政权关系有哪两种倾向？

4. 天台宗产生的外在因素有哪些？

5. 天台宗产生的内在因素有哪些？

6. 智者大师规范僧团制度的根本用意是什么？

7. 智者大师为了纠正南北朝修学偏失之风，在理论上做了哪些革新？

8. 按照中国禅法的发展历程，主要分为哪两类禅法？道宣律师是如何评价的？

9. 面对大小乘间的禅学矛盾，智者大师是如何调和的？

10. 到魏晋时期，中国文化经历了哪三次思潮？

第二章　天台宗的祖师传承

师资传承，为宗派构成的核心因素，是维持天台宗延续之根本。法脉的传承者是僧，僧是佛法的住持者、弘扬者与修行者。天台宗在中华文明动态的演绎史中传承一千四百多年，得益于这些祖师为法忘躯的精神以及自身修行德业的感召。为了说明不同时期法脉的传承情况，本章采用潘桂明先生《天台宗通史》中的五期分法，在既有研究的基础上，寻找新的材料，吸收新的研究成果，说明不同历史阶段中诸祖的生平、思想与贡献，洞察法脉传承过程中的兴衰与流弊，为今天的弘法利生提供经验借鉴。

【讲授内容】

天台宗有一千四百多年的传承历史，本章从历史顺序入手，将天台宗的师承关系放到历史发展中去考量，分别从中国的法统观念、天台法统构建的缘由与过程、不同时期的祖师传承等章节来说明天台宗祖师传承史。借这一章的阅读，可知宗派传承之概况，缅怀祖师传灯化物之德，激发佛子承担如来家业之志。

第一节　中国的法统观念

佛陀最初在菩提树下初成正觉，本无法可说，因受大梵天王之请，初转法轮，度五比丘，说四谛法，人间三宝始具。佛涅槃后，付法摩诃迦叶，代代付嘱相承，自然形成了佛教的传法系统。印度佛教的法统传承，并未像中国这样受宗法制的影响，有强烈的正与非正的观念。佛教虽讲传承，但从来不认为某一个人或某一个宗派可代表全体佛法，佛法的修证讲究依法不依人，如《四十二章经》中云：

> 弟子去，离吾数千里，意念吾戒必得道。在吾左侧，意在邪，终不得道。其实在行，近而不行，何益万分耶！①

此中说明修行应依法安住，以法为准则，是典型的依法不依人。考三藏圣典，佛因机施教，随缘度化，如月印千江，普照世人，消除迷暗。已成就的圣者，其师承皆来源于佛。若以狭隘的宗法制观念去衡量佛教的法统传承，以子承父业者唯有以一人的眼光审视其师资传授，显然是有违佛教的宗旨，不能体现出与乐为慈、拔苦为悲的精神。

在隋唐前，各学派虽有师徒关系的存在，但不强调师资传授，法统观念也不盛行，尚无明确的传法系统之说。佛教法统观念的出现，主要有内外两种因素。从外在的因素看，和佛、道争论有关。佛教作为外来的异域文化传入中国，必然会遭到本国固有传统文化的排挤。佛教在中国流行后，人们常怀疑它的真实性。北魏太武帝在毁佛的诏书内说，佛法是汉人无赖子弟刘元真、吕伯疆伪造。因此，当时的佛教徒为了复兴佛法，辟除这些谬论，编译了《付法藏因缘传》一类叙述佛教法统的著作。从内部看，佛教的法统传承观念和戒律的师资传承有着密切关系，佛在《涅槃经》中明确说明，佛灭以后以戒为师。戒律的传承，完全赖于师承关系的维持。在受比丘戒的仪轨中，更有三师七证等严格的师承规定。三师分别是得戒和尚、羯磨和尚、教授和尚。得戒和尚，是正授戒律的和尚，夏腊十年以上②，严守戒法，具足智慧，堪能担任。羯磨和尚，宣读羯磨文的阿阇梨，主持白四羯磨授戒仪式，担任此职者，其夏腊须在五年以上③。教授和尚，教授威仪作法，为众人引导开解，担任此职者，其夏腊亦须五年以上④。受戒以后，戒律中更是明确地规定，"五夏以

---

① （后汉）迦叶摩腾共法兰译《四十二章经》，《大正藏》第17册，第724页上。
② （唐）道宣律师：《四分律删繁补阙行事钞》卷上，《大正藏》第40册，第25页下。
③ （唐）道宣律师：《四分律删繁补阙行事钞》卷上，《大正藏》第40册，第25页下。
④ （唐）道宣律师：《四分律删繁补阙行事钞》卷上，《大正藏》第40册，第25页下。

前，专持戒律。五夏以后，方可听教参禅"①。由此可见，佛教的法统传承肇始于戒律。佛法传入中国后，先有《十诵律》《大众律》《五分律》等诸律传译。僧祐律师还专门著《萨婆多部记》，记述萨婆多部律师的相传情况。

综合而言，在宗派未成立前，佛教虽有师资相承，但不局限于一家一派，譬如道安的弟子，大多随罗什受学，这样的情况在当时非常普遍。从比丘的修学情况而言，比丘可随方参学，若论师资传承，可有多师相承。又可多次任戒和尚，一生中可被多人依止，其传承弟子亦有多人。从佛法的根本精神言，佛教有"无缘大慈，同体大悲"的精神，遇有缘众生即因机施教，使其悟入佛道。故若论师承，僧人依戒行持，在不舍戒的情况下，一生只需受一次戒，戒源和尚只能是一人，故依此追本溯源，可知具体师承。

第二节　天台法统的建立

隋唐以后，佛教各个大宗派相继建立，而所谓的宗派概念，有其共同特质，如汤用彤先生云："所谓宗派者，其质有三：教理阐明，独辟蹊径；门户见深，入主出奴；时昧说教，自夸继道统。"② 汤先生列出了隋唐宗派佛教的三个标准：独特教理、门户之见、传法谱系。但在后续的论述中，他认为"传法谱系"是宗派确立的最重要标准，最能凸显宗派意识。颜尚文也说："尊崇自派的主张，标榜师承优越性，这种'不与他同'的心理是分宗立派的起点。没有这种分别意识，也就无所谓宗派区分。"③ 正是由于师承关系的确立，确定传法定祖以及师徒传授谱系，将宗派创始人的思想追溯至佛陀与公认的大菩萨，历代嗣法者与创始人之间保持一脉相承的关系。这样的传法谱系，宗派的道统会在思想的完整性外具备历史的真实性，与教相判释一样，都是论证自身正统地位的有效手段，更好地流传于后世。

一　建立因由

佛教作为异域文化在中国传播，若想长久地延续下去，必须和中国固有的文化相融以适中国国情。而中国文化素来尊重正统，孔子言："名不正，则言不顺；言不顺，则事不成。"正统作为一种观念，发轫于远古中原的华夷之辨，形成于内华外狄的民族正统理念，表现于尊王攘夷。中国传统史学的正统观念，肇端于两汉时期，其内容包含民族正统、政治正统、文化正统三种内涵。正统观念的产生根源，

---

① （清）弘赞法师：《沙弥律仪要略增注》卷上，《卍续藏经》第60册，第226页上。
② 汤用彤：《隋唐佛学之特点》，《汤用彤全集》第2卷，河北人民出版社，2000，第330页。
③ 颜尚文：《隋唐佛教宗派研究》，第8页。

是作为宗法制度而存在，旨在解决父子间的权力交替，使权力、财产、身份的继承具有合理性。按照宗法制的规定，只有嫡长子才有资格继承宗主之位。受这种思维的影响，人们的思想深处会有正与非正概念的存在。所谓的正，奉行一种思想，以一种观点作为唯一的合法真理让人去遵守与效仿，这种尊正统的观念，在中国可谓根深蒂固，它在中国进入阶级社会后就已具雏形，长期以来它牢牢地控制着政治、文化等领域，并在这些领域产生了重大影响。甚至从某一方面说，它代表着中国传统文化。

天台宗作为本土第一个佛教宗派，若想完整地传承后世，必须顺应中国文化特质，深契国人思想深处的正统观念，建立一家不共师承，追本溯源于佛，如此才可传世取信于人。但在慧思大师、智者大师的思想观念中，并未有强烈且清晰的法统意识。尤其是智者大师，在当时的佛法重镇金陵，以无碍辩才舌战群僧，奠定了佛教领袖的地位。因其渊博的学识、精湛的禅定以及崇高的社会地位，一时学徒云集，四众敬仰。故其弘扬的教法，不必树立法统，便可让人欢喜信受。但智者大师灭后，门下弟子若想传承其教法，不令法门湮没于历史长河，必须建立清晰的法脉传承谱系，如此才可薪火相传师资相授。正是基于这样的深思熟虑，故章安大师在《摩诃止观·缘起》中提出了一家之师承。

二 建立过程

从历史的角度看天台宗的法统建立，大致经历了三个过程，分别是章安大师的提出、湛然门人的完善、志磐大师的确立。至少到了宋代，天台宗十七代祖师的传承才确立下来，下面将分段说明法统的构建过程。

（一）提出法统

目标的确立，落实于日常行为。行为的表达以人为主体，思想为先导。思想的确立，以佛陀的圣言量为准则，依靠师长的教授以及自我闻思获得，故修行必论师资相授。鉴于此，章安大师在《摩诃止观》中以金口相承、经论相承、今师相承建立一家师资传承体系。金口相承，指从佛世尊，经过迦叶、阿难、商那和修乃至马鸣、龙树、提婆等一脉相传，直到第二十四世师子比丘遇害法统断绝。如《摩诃止观》卷一云：

> 行人若闻《付法藏》，则识宗元……付法藏人，始迦叶终师子，二十三人。末田地与商那同时取之，则二十四人。诸师皆金口所记，并是圣人，能多利益。①

---

① （隋）智者大师说，灌顶记《摩诃止观》卷一，《大正藏》第46册，第1页中。

章安大师引用《付法藏因缘传》中，从佛陀到师子比丘之间的传承，记有摩诃迦叶、阿难、商那和修、优婆趜多、提多迦、弥遮迦、佛陀难提、佛陀蜜多、胁比丘、富那奢、马鸣、比罗、龙树、迦那提婆、罗睺罗、僧伽难提、僧伽耶舍、鸠摩罗驮、阇夜多、婆修槃陀、摩拏罗、鹤勒那、师子二十三位祖师，皆佛陀金口悬记。

经论相承，指慧文大师读龙树菩萨《大智度论》中"三智一心中得"证一心三观，故将龙树菩萨追溯为初祖，如《摩诃止观》中云：

> 文师用心，一依《释论》。《论》是龙树所说，《付法藏》中第十三师。智者《观心论》云："归命龙树师。"验知龙树是高祖师也。①

章安大师在此说明，慧文大师因读龙树菩萨的《论》而证悟一心三观，故天台的禅法源于龙树菩萨，故将其立为高祖。从生活的历史阶段言，龙树菩萨、慧文大师，二者相差几百年。若按俗世血脉相承观点去审视，必然会引来诸多的质疑。但从佛教的本身言，以轮回、因果等理论为基础，文字般若、观照般若、实相般若为依据，提出经论相承，解决二者间的时间断续问题，亦无可厚非。

今师相承，指慧文大师传法慧思大师，慧思大师传法智者大师，如《摩诃止观·缘起序》中云：

> 智者师事南岳，南岳德行不可思议，十年专诵，七载方等，九旬常坐，一时圆证大小法门，朗然洞发。南岳事慧文禅师，当齐高之世，独步河淮，法门非世所知，履地戴天，莫知高厚。②

此中说明慧文、慧思、智者三代祖师间的相承。北齐慧文禅师，读《大智度论》，证一心三观，独步淮南、河北，法门非世所知。南岳慧思大师亲承慧文大师，德行不可思议，十年专诵《法华经》，七年修《方等忏》，九十天常坐，在慧文大师的启发下，一时圆证法华三昧，大小法门皆悉通达。智者大师亲承南岳慧思大师，授《法华经》四安乐行法，三七日诵《法华经》，至《药王菩萨本事品》时，悟法华三昧初旋陀罗尼，后华顶峰降魔，证实相法门。祖孙三代皆以止观相承，故道宣律师的《续高僧传》将慧思大师、智者大师列为习禅篇，章安大师的今师相承说，不仅说明天台宗以止观修证为主，还树立了天台宗修行的根本精神。

（二）完善法统

入唐后，天台宗传至玄朗大师时，因慈恩、贤首各宗势力所掩，黯然不彰，是

---

① （隋）智者大师说，灌顶记《摩诃止观》卷一，《大正藏》第46册，第1页中。
② （隋）智者大师说，灌顶记《摩诃止观》卷一，《大正藏》第46册，第1页中。

天台教义最为衰微的阶段。智者大师圆寂后，传章安、智威、慧威、玄朗诸师，当时天台教义仅在浙江区域传播，面对诸宗并起，高僧辈出，湛然大师若不大力弘法，天台宗则会湮没于历史。湛然大师一生主要做三件事，著书立说、传法授徒、对抗诸家，在彰显一家教法不共性的同时完善了法统。章安大师所立的法统，会给人留下批判的空间，譬如慧文大师和慧思大师的传承问题，就有诸多非议之处。根据道宣律师的记载，慧思大师还参访过最师、监师，为什么定祖的时候，不将二师放入其内，此等是后人不解的地方。又当时的唐玄宗，追谥风穴寺贞禅师为天台宗第七祖。这些资料都说明在湛然大师的时代，早期的法统中还存在诸多问题。为更好地回应别人的质疑，湛然大师在给《摩诃止观》写注疏时，列举十条说明传承的意义：第一，为知有师承，非任胸臆，异师心故；第二，为曾师承者，而弃根本，随未见故；第三，为后代辗转，随生异解，失本依故；第四，为信宗好习，余方无师，可承禀故；第五，为义观俱习，好凭教者，行解备故；第六，为点示关节，广略起尽，宗要文故；第七，为建立师解，使不沦坠，益来世故；第八，为自资观解，以防误谬，易寻讨故；第九，为呈露所解，恐有迷忘，求删削故；第十，为随顺佛旨，运大悲心，利他行故。十条的核心精神便是：师资相授，以法为亲，依教修观，出离生死。

其次提出九师相承说，根据广本的《国清百录》中所说的九师相承，说明在智者大师的时代，有九位驰名的禅师。

> 若准九师相承所用，第一讳明，多用七方便，恐是小乘七方便耳。自智者已前，未曾有人立于圆家七方便故。第二讳最，多用融心，性融相融，诸法无碍。第三讳嵩，多用本心，三世本无来去，真性不动。第四讳就，多用寂心。第五讳监，多用了心，能观一如。第六讳慧，多用踏心，内外中间，心不可得，泯然清净，五处止心。第七讳文，多用觉心，重观三昧、灭尽三昧、无间三昧，于一切法，心无分别。第八讳思，多如随自意、安乐行。第九讳颛，用次第观，如《次第禅门》。用不定观，如《六妙门》。用圆顿观，如《大止观》。以此观之，虽云相承，法门改转。慧文已来，既依《大论》，则知是前，非所承也。①

湛然大师根据广本《国清百录》，说明九师相承，九师分别是明师、最师、嵩师、就师、监师、慧师、文师、思师、颛师。湛然大师的九师相承，承认道宣律师记载的权威性，肯定慧思大师参访过其他诸师，但明确说明一家传承全凭《大智度论》，故以往的诸师非所承也。其在世时弟子普门大师，于765年撰写《止观辅行

---

① （唐）湛然大师：《止观辅行传弘决》卷第一之一，《大正藏》第46册，第149页中。

传弘决序》，而此时正是在滑台大会禅宗南北宗谱系之争名闻天下后，禅宗的谱系说必然会影响天台宗，使得天台宗也树立了自己的传法谱系。普门大师在《止观辅行传弘决序》中，说明了从智者、章安、智威、慧威、玄朗、湛然等九祖相承说。后湛然大师的在家弟子梁肃，在《禅林寺碑》中也支持普门大师的九祖说，此说一直被后人沿用。

（三）确立法统

到了宋代，天台与禅宗的法统之争，是当时佛教界的一大热门事件。最初法眼宗僧人道原作《景德传灯录》被批准入藏，其援引宗密的说法，将智者大师列入禅门达者，此举引起了天台宗僧人的强烈不满。又知礼大师在《十不二门指要钞》中，借论达摩门下得法深浅彰显自家圆顿教义，此举引起了天童寺子凝的非议，二者书信往来辩论法义，后在郡守的调和下平息此事。灵隐契嵩大师，一生以树立禅宗法统为志，因意识到《景德传灯录》取材讹误，文字鄙俗，导致禅宗法统未能统一认知，故作《传法正宗记》《传法正宗定祖图》《传法正宗论》等书。又嵩师曾作《辅教篇》，针对欧阳修等人的辟佛言论作回应，提倡三教合一、儒佛一致，得到了北宋文人的钦佩，为佛教的发展打造了良好的外部环境。因其自身的强大影响，所作法统三书均被皇帝批准入藏，禅宗法统得到了官方的认可，使西天二十八祖说形成定论，此引起了天台宗与之历久不息的争论。

契嵩大师法统著作中引用的资料，多是神秘性的记事与传说，很难令人信服，先后遭到了南屏梵臻、净觉高徒子旷、神智从义等天台宗高僧的批判。但天台宗传至宋代，法统并非没有问题。湛然大师的弟子中，最为杰出的有行满、道邃、元皓三人，但究竟谁是湛然大师的唯一继承人，存在诸多疑问。梁肃在其著作《天台止观统例》《天台禅林寺碑》《天台法门议》等中均未宣明是谁继承了湛然大师的法统，只说"知其说者适三四人"。北宋初年，赞宁的《宋高僧传》中认为湛然大师的门人为元皓。晁说之的《明智法师碑字铭》中认为湛然大师的传人是道邃。由此相互矛盾中可以看出，最早在北宋初年，对于道邃是否为十祖，还存在一定的争议。如何积极地与禅宗论争，构建自身完善的法统，是天台宗亟须解决的问题。志磐大师在前人的地方史《宗源录》《释门正统》等基础上，仿照《史记》，按照编撰纪传体佛教史的手段作《佛祖统纪》，建立了完整的法统说，包括一佛、西土二十四祖、东土九祖、兴道下八祖，将其全部纳入本纪，表明天台宗是正统。对于禅宗的法统评述，不像先前那样激烈，顺应宋代文化包容的潮流，带有更多的调和色彩。在《宗门尊祖议》中，确立道邃为十祖，由知礼上溯至湛然，一直到龙树，最终确立了龙树、慧文、慧思、智者、章安、智威、慧威、玄朗、湛然、道邃、广修、物外、元秀、清竦、义寂、义通、知礼天台宗十七祖传承，从此以后在天台宗的内部就形成了定论。

第三节 不同历史时期的法脉传承

天台宗自从智者大师创宗，一直到民国时期谛闲大师为止，历四十三代祖师传承，时间横跨一千四百多年，无法用几千字勾勒出祖师传承的全貌，故本节采用潘桂明先生《天台宗通史》中的历史分法，将历代祖师的传承放到五个历史阶段中说明。

一 酝酿成立时期——陈、隋

天台宗的创建，酝酿于陈，成立于隋。天台宗的实际创建者是智者大师，但其思想不是凭空创造，而是在师长的传承下发展而来，故慧文大师、慧思大师，是天台宗的先驱者。慧文大师史料很少，主要有章安大师的《摩诃止观·序》以及道宣律师的《续高僧传·慧思传》，根据这些资料我们可知，慧文大师生活在北朝魏齐之际，读《大智度论》以及《中观论》证一心三观，在淮南、河北聚徒千百，专业大乘，所入法门非世可知，学者仰之以为履地戴天莫知高厚，后将所证法门传慧思大师。慧思大师，十五岁出家修道，二十岁受具足戒，日中一食不受别供，每日诵《法华经》等经，数年间千遍即满。因此苦行感梵僧三十二人，梦中如法羯磨受戒，此后修行更加刻苦。因读《妙胜定经》，知禅定功德殊胜，依慧文大师习受正法。慧思大师"性乐苦节，营僧为业，冬夏供养，不惮劳苦，昼夜摄心，理事筹度"，[①]后束身常坐，禅定现前，见一生善恶之相，用功加行空定现前。一夏安居无有所证，深感惭愧，放身靠壁背末之间，霍尔开悟法华三昧，一切大小法门一念通达。向最师、监师陈述所证，皆蒙随喜赞叹。名行远闻，四方徒众云集，在河南弘法屡次被害，仍讲学不断，于大苏山教授完弟子智者后，往南岳衡山继续开辟道场，其思想对当时的北方影响较大。

智者大师，字德安，祖籍河南颍川，生于湖北荆州华容县，八岁入伽蓝闻僧读《普门品》即能背诵，十八岁投襄州果愿寺法绪出家，二十岁依慧旷律师受戒，二十三岁前往河南大苏山依慧思大师禀受正法。初见思大师时，思大师云"昔日灵山同听法华，宿缘所追，今复来已"，传授《法华经》四安乐行，三七日中诵《法华经》，至《药王菩萨本事品》中"善男子！是真精进，是名真法供养如来"豁然入定，证法华三昧初旋陀罗尼。依止思大师八年，有徒中讲法第一的美誉，后听其师嘱咐："汝与陈国有缘，必往利益。"在金陵八年，舌战群雄，辩论法义，宣讲佛

---

① （唐）道宣律师：《续高僧传》卷十七，《大正藏》第50册，第563页上。

法，四众皈依，为佛法中雄杰。时听法人多，得法人少，决意隐居天台继续修行。独往华顶峰修头陀行，降强软二贼，证诸法实相，感圣僧说一实相法门。后给陈后主、杨广授菩萨戒，为陈隋二朝国师，往返浙江、江苏、湖北等地，宣说法华三大部，广建庙宇聚僧弘法，将其师的学说系统化整理，形成严密的教相判释、系统的修行实践、稳健的教团管理制度，在隋统一南北大的社会背景下，统摄南北地教学，完成了印度佛教的中国化，形成了中国佛教历史上第一个佛教宗派天台宗，奠定了后世佛教兴盛的基础。

二 发展守成阶段——唐代

智者大师的弟子很多，对教法贡献最大的是灌顶大师。若没有灌顶大师的努力，智者大师的思想，会湮没于历史的长河中。整个唐代的天台宗，从整体的发展而言，是发展和守成阶段。灌顶大师，字法云，俗姓吴，临海章安（故人称"章安尊者"）人。三岁能随母称念三宝名，七岁出家，二十岁受具足戒，二十二岁参智者大师禀受观法，研习日久，蒙受印可，担任侍者，智者大师圆寂前一直伴师左右，凡先师所说法门悉能领解。章安大师对于天台宗的贡献，主要有如下几个方面。第一，结集智者大师遗教。智者大师一生著作很多，除少数亲笔撰述外，其余皆是章安大师结集，如《法华玄义》《摩诃止观》《法华文句》《观音玄义》《观音义疏》《金光明经文句》《金光明经玄义》等主要著作，均出章安大师之手。第二，充当僧团与隋炀帝的友好使者。智者大师圆寂后，隋炀帝助建国清寺，僧团与帝王的多次往来，皆由章安大师担任友好使者，天台僧团的利益与大师的贡献密不可分。第三，丰富涅槃思想。在天台判教中，法华涅槃时最为圆满。智者大师对《法华经》注疏，形成了独具特色的天台圆教理论体系。章安大师继智者大师未完的工作，作《涅槃经疏》《涅槃经玄义》，吸收南北朝涅槃思想，丰富涅槃时摄法内容，使天台教义更加圆满。第四，树立法统。法统在宗派的传承中非常重要，其在《摩诃止观》中树立了天台法统，由此开启了延续至今一千四百多年的法脉传承，丰富了中国佛教的文化底蕴。第五，壮大玉泉寺派。智者大师为报生地之恩，回湖北荆州弘法，定中降服关羽为佛教护法神并建设玉泉寺。章安大师任玉泉寺住持后，发挥天台教法包容的一面，展开多样性教学，法传道素，道素传弘景，弘景传鉴真、惠真。鉴真东渡日本，弘扬律宗与天台。惠真学习东密，著名弟子有一行、法照。玉泉寺系的思想虽复杂，但扩大了天台宗对外的影响。经过章安大师的不懈努力，天台宗散发出独特的魅力，吸引行人前赴后继地学习。

章安大师圆寂后，法传法华智威。智威大师，相传前身为徐陵，曾在智者大师前发五愿。在回家娶妻的途中遇梵僧，善佑启迪告知五愿，善根萌发于国清寺礼章安大师出家，受具足戒后咨询法要，定慧俱发证法华三昧。为续佛慧命，到轩辕山建寺安僧传道，习禅者三百人，听众七百人，常分九处安居，圆寂后法传天宫慧威。慧威大师，俗姓刘，东阳人，总角之岁厌恶尘世，受具后依智威大师修止观，刻苦修行顿获开悟，后隐居东阳深山中。智威大师圆寂后，诸学人登门访道慧威大师，亲传弟子为左溪玄朗。玄朗，字慧明，金华东阳人，五十岁出家，后往慧威大师处求法，未几一家宗趣解悟无遗，常以岩石为兰若行头陀行，与永嘉玄觉交好，临终往生兜率天见弥勒菩萨，付法弟子荆溪湛然。到了湛然大师的时代，禅宗、华严宗、唯识宗相继成立，天台一宗局于台州一隅，此时的情形如梁肃在《天台止观统例》中云："当二威之际，咸授而已，其道不行。天宝中，左溪始解其说，而知者盖寡。"①此中说明智威大师、慧威大师时代，仅有教法的局域讲说，未产生广泛影响。到了玄朗大师的时代，才开始广泛传播，但其志乐山林，度化求法的有缘众生。故从二威到玄朗，天台教法的传播，与智者大师时代相比，非常没落。如何发扬光大天台宗，是湛然大师亟须解决的问题。

面对眼前的客观事实，湛然大师一生不遗余力地弘法，对天台宗的主要贡献有如下几个方面。第一，诠释智者大师的遗著。为让世人更好地了知智者大师的思想，对其主要遗著进行注释，解《摩诃止观》作《摩诃止观辅行传弘决》，解《法华文句》作《法华文句记》，解《法华玄义》作《法华玄义释签》，通过对智者大师核心著作的解释，光大了其佛学理念，使天台教法重新焕发活力，为他人的修行提供了便利。第二，对抗诸家。窥基法师作《法华玄赞》，提倡"五种性"，认为"无种性"不能成佛，"三乘真实，一乘方便"，批评天台教义。湛然大师作《法华五百问论》，以《法华经》为立场，对其观点进行驳斥。清凉澄观曾问学湛然大师，后改学华严，吸收天台性具思想著书立说，论证华严的殊胜与究竟。湛然大师作《止观义例》《华严骨目》等书，阐明华严性起与天台性具的差别，还吸收《大乘起信论》的思想，主张华严为渐顿，法华为圆顿。第三，收徒传法。湛然大师出家虽晚，在其德行的感召下，受业身通者僧三十九人，元皓、道邃、行满等为上首；屈体承教者居士数十人，李华、梁肃最为杰出。通过僧俗的培养，为法脉的延续注入了大量的养分。第四，发挥居士佛教。著名的弟子有梁肃，为古文运动的先驱者，文词清丽，为韩愈、柳宗元、李翱所师法，曾任监察御史、翰林学士、皇太子诸王侍读等职，大力弘扬天台宗。删智者大师《摩诃止观》十卷本为三卷本，名为《删定止观》。作《天台止观统例》，反映删定《摩诃止观》的结论性意见，重点阐明儒佛间心性会通。作《禅林寺碑》，记录湛然大师的修行事迹，明确天台九祖传承。通过梁肃的不懈努力，湛然大师圆寂后，天台宗仍是知识界的佛学主流。在湛然大师的苦心经营下，天台宗在与诸宗的竞争中，如拨云见日一般迎来了光明，呈现中兴之

---

① （宋）志磐大师撰《佛祖统纪》卷四十九，《大正藏》第49册，第440页上。

势。弘法的盛况，如赞宁评价云：

> 今之人，或荡于空，或胶于有，自病病他，道用不振。将欲取正，舍予谁归？于是大启上法，旁罗万行，尽摄诸相入于无间，即文字以达观，导语默以还源，乃祖述所传章句凡十数万言。心度诸禅，身不逾矩。三学俱炽，群疑日溃。求珠问影之类，稍见罔象之功行，止观之盛始然之力也。①

此中说明当时的修行之人，出现修禅堕空与讲法堕有的弊端，湛然大师为汲引迷茫，故大启上法，旁罗万行，诠释智者大师遗教破邪显正。天台教法能够中兴，皆是湛然大师的功劳，赞宁的评价可谓中肯。

湛然大师圆寂后，其上首诸弟子有元皓、行满、道邃等，皆广收徒众，相继教化，天台教法，蔚然中兴。元皓大师，俗姓秦，字广成，苏州人，少依晋陵灵山寺慧日禅师出家，受具后住龙兴寺。为湛然大师嘱累弟子，初受法华止观已得醍醐妙味，其具体的学修历程，如赞宁的《宋高僧传》中云：

> 皓耽学味道不涉余事，常随然师，听其言说，曾无倦色。分析义理，派流川注，必默记而暗诵。一言不失，数年之后人始知之。然师曰：回也，如愚。②

此中说明元皓大师专心学习，听讲没有倦怠；分析义理，举一反三，有先见之明；被湛然大师媲美为颜回，由此可见其学识之渊博。元和十二年（817）圆寂，授业居士有翰林学士梁肃③、苏州刺史田公敦，比丘僧有智恒、子瑜、道儒、仲仪、仲良五人，比丘尼有识微、道巽、志真、悟极四人。出家弟子，效仿师德，修行禅定，讲经无穷，分化一方，大弘台教。

行满大师，万州南浦人，受戒后先参石霜禅师，后依湛然大师学教，居华顶峰智者院，任茶头服务大众，修行多有神异，随众少食四十年不便溺，临终念文殊名号默然坐化。道邃大师，俗姓王，长安人，二十四岁受具足戒，大历年间（766～779）南下依湛然大师学教，五年后洞悟幽玄无有疑惑，被湛然大师授以《止观辅行》，辞师后在扬州讲法华三大部数遍，后入天台山又讲三大部数遍，被尊为天台宗第十祖，法传广修大师、最澄大师。广修大师，俗姓留，东阳夏昆人，早年入道邃大师之门精研止观，笃信实修，日诵《法华经》《维摩诘经》《金光明经》《梵网经》《四分律》等为常课，六时行忏悔法，会昌三年（843）二月十六日终于禅林

---

① （宋）赞宁等撰《宋高僧传》卷六，《大正藏》第50册，第739页下。
② （宋）赞宁等撰《宋高僧传》卷六，《大正藏》第50册，第740页中。
③ （宋）赞宁等撰《宋高僧传》卷六，《大正藏》第50册，第740页中。

寺。登门弟子甚多，最出名者为物外大师。最澄大师，俗姓三津首，日本近江国滋都人，汉献帝后裔。十五岁得度，二十岁受戒，入比叡山修行，认真研读鉴真和尚带来的天台章疏，推崇一佛乘思想，励志学习天台。公元804年，经日本天皇批准，率弟子义真，随日本遣唐使入唐。九月到临海，见台州刺史陆淳，时道邃大师于隆兴寺讲天台教法，最澄大师从邃大师学《摩诃止观》。朝礼国清寺，到佛陇寺随行满大师学习，后又返隆兴寺继续学习，并抄写大量天台章疏。道邃大师还亲为其授菩萨戒，密传修习天台止观诀窍。最澄归国后，在比叡山大兴天台教义，正式创立日本佛教天台宗，改变了日本佛教当时的格局，开启了日本僧人参礼天台的传统。

天台法脉传至广修大师时，受安史之乱、韩愈反佛、会昌法难等影响，盛极一时的佛教宗派遭受重创，唐武宗毁佛寺四千六百余所，招提、兰若四万余所，还俗僧尼二十六万五百人，没收寺院奴婢十五万人、田产千万顷。又经过黄巢起义，于佛教而言，无疑雪上加霜，又是一种悲惨的折磨。此时的天台法脉，在勉强地维持着，广修大师传物外大师。物外大师，俗姓杨，福建侯官人，从广修大师学止观。时唐宣宗大中末年（860），天下饥荒，百姓乞讨艰难，物外跏趺一室入正定，谓弟子曰："汝若不死，至五谷登时，可击磬引我出。"① 一年余，闻击磬遂从定起。唐僖宗中和五年（885）三月十五日，终于国清寺，葬于智者塔院之侧，上首弟子为元琇、敬休、慧凝，皆传道于世以绍家学。元琇大师，天台人，依物外大师学止观，达圆顿究竟之旨，善于调转物情妙说诸法，每讲法不以学徒多少而二其心。时天下方乱，学教之徒忽聚忽散，故少有人能得定慧之业，唯清竦、常操，承事日久洞达无遗。此时唐朝灭亡，北方先后出现后梁、后唐、后晋、后汉、后周五个朝代；江淮以南及山西，先后建立前蜀、后蜀、南吴、南唐、吴越、闽、楚、南汉、南平、北汉十个割据政权，史称五代十国。

天台山国清寺，是天台宗的根本道场，处吴越国天台县境内，历代驻锡高僧以光大智者大师遗教为毕生志愿。吴越国统治者笃信佛教，治国有方，开展兴佛政策，境内人民安居乐业，佛教得到了稳健的发展，为后来宋代佛教的兴盛奠定了基础。此时的天台法脉，延续至清竦大师。清竦大师，天台人，依元琇大师精修止观，日夜不懈，担任国清寺住持。时钱氏建吴越国，百姓丰衣足食，僧人得以一心修行，师领众励志曰："王臣外护得免兵革之忧，终日居安，可不进道以答国恩！"② 每长日临座高论不已，众莫敢有倦色，门人世业者义寂、志因、觉弥。义寂大师，后梁末帝贞明五年（919）己卯生，温州永嘉人，俗姓胡，字常照。十九岁落发受戒，先到会稽山学律，通达持犯，后往天台山依清竦大师学止观，于梦中见己与观音合

① （宋）志磐大师撰《佛祖统纪》卷八，《大正藏》第49册，第190页中。
② （宋）志磐大师撰《佛祖统纪》卷八，《大正藏》第49册，第190页上。

一，自此以后乐说无有穷尽。六十岁时寝疾，嘱门人不准哭泣，圆寂后迁葬于国清东南隅。僧夏五十，传法弟子百余人，外国十人，义通实为高弟。师讲三大部各二十遍，讲《维摩诘经》《金光明经》《梵网经》《金刚錍》《法界观》《永嘉集》各数遍，述《义例》《十不二门》科节数卷。安史之乱后，天台教典流散遗失，诸学人四处寻找孤本以资演讲，后吴越忠懿王读《永嘉集》中"同除四住，此处为齐，若伏无明，三藏则劣"，询问天台德韶国师。国师云此乃天台典籍，应询问螺溪义寂。钱王具问寂师此段大意，寂师详为解答，陈述一家教典始末。在义寂大师的天台振兴愿望、忠懿王求法意志以及天台德韶国师护法恒心等相互作用下，钱王委托商人携带重宝前往日本、韩国求取天台典籍。大量教典的回归，为后继者们的弘法提供了内在支撑，开启了宋初天台的全面复兴。

三　论争维持时期——宋代

宋初天台教法的再度中兴，得益于宋太祖的兴佛政策、天台教典的海外回归以及宝云义通的大力弘扬。宝云义通，高丽国人，族姓尹氏，幼从龟山院释宗为师，受具后学华严、起信，为国宗仰。汉周之际游学中国，先到天台山参访德韶国师，忽有契悟，后到螺溪义寂处学一心三观，自叹云"圆顿之学毕兹辙矣"，学成后辞别同学归国弘法。临行之际太守钱惟志盛情挽留，归国因缘不成，驻明州安心弘法，宣讲其师求取的天台典籍，敷扬教观二十年，大力弘扬净土法门，升堂受业者不可胜记。端拱元年（988）十月二十一日右胁而化，主要受业弟子为四明知礼与慈云遵式。二者继承先师遗志，分别在理论建树、忏仪实践等方面普及天台教学，在各自德行的感召下，徒众云集，法鼓大振，使湛然大师圆寂后没落的天台宗重兴。整个宋代最为重要的天台史事，就是以知礼大师、遵式大师为核心，山家山外之争为线索的动态宗派史。正是在相互的争论中，深化了各自对天台教义的不同解读，形成了庞大的对立阵营，丰富了天台教义的多样性，促进了宋代天台宗整体的重兴。山家山外之争明确了后世天台宗传播的走向，起到了承上启下的作用，下面围绕此问题说明整个宋代的法脉传承。

（一）各自传承

山家、山外的传承，可分为法脉传承与义理传承。法脉传承，二家的源头是清竦大师，清竦大师传义寂大师与志因大师。义寂大师传宗昱大师、义通大师。宗昱大师在天台山弘法，义通大师在四明山弘法。义通大师传知礼大师、遵式大师，知礼大师传本如大师、尚贤大师、梵臻大师，此为山家派。志因大师传晤恩大师，晤恩大师传文备大师、洪敏大师、源清大师，源清大师传智圆大师、庆昭大师，此等为山外派。义理传承，后世的天台弟子，捍卫知礼大师学说的为山家派，与之对立论辩的为山外派。

（二）争论焦点

山家派、山外派争论的起因是《金光明经玄义》广略本问题①。广本有上下两卷，上卷是教义诠释，下卷是观心实践，略本只有上卷。山家派认为略本为真，山外派认为广本为真，以晤恩大师为代表的山外以及知礼大师为代表的山家，往复五次论争，历经七年告一段落。第二场争论围绕湛然大师《十不二门》中"别理随缘"问题展开，山家派主张妄心观，山外派主张真心观。第三场争论围绕《请观音疏》中"理性之毒"展开，山外派认为理毒、性恶相待，山家派认为理毒、性恶相即。第四场争论围绕知礼大师著《观无量寿佛经妙宗钞》中"色心实相论"展开，山外派主张心具三千，不许色具三千；山家派主张心具三千，色也具三千。后山家派的论战主将仁岳大师，背离其师知礼大师学说，二者多次书信论辩，后知礼大师圆寂，徒孙希最作《评谤》，仁岳大师复不论争，其被称为后山外。二家争论的深层理论原因是，唐末天下丧乱，台宗典籍流散海东，当时学者兼讲华严以资饰说，隆兴年间台宗晦暗。螺溪义寂、宝云义通时代，智者大师遗文回归，当时虽开启讲解先河，而曲见之士习气未移，故晤恩大师、源清大师兼业于前，庆昭大师、智圆大师异议于后，继齐大师、咸润大师增益前后，仁岳大师背叛师说，如是等人混乱法门，壅塞祖道。故知礼大师以上圣之才，东征西伐，再清教海，中兴法运。综合看二家纷争，实质上是天台宗、华严宗教理分歧在天台宗内部的一种体现，也是其故有论争在新的历史条件下的一种继续。四十几年的论战，以知礼大师为主的山家派为最后的胜利者，山外派的传承逐渐消失，但其思想仍在不同的程度上影响着山家派。后世的法脉传承以山家派为主。

（三）中兴神足

宋代天台宗之所以全面兴盛，与知礼大师、遵式大师有直接关系，二者被称为宝云大师座下二神足。在师兄弟二人的大力弘扬下，天台教在宋代大放异彩。知礼大师，字约言，七岁依太平兴国寺洪选师出家，十五岁圆具后专探律部，二十岁时依宝云大师学天台止观。跟宝云一月，自讲《心经》，听者服其速悟。出家五年，其父梦知礼大师跪宝云前，宝云以瓶水注入其口，此后圆顿之旨一受即了。大师一生教观双美，因观心问题，与山外派展开四十多年论战，彼此争论丰富了天台义学的发展。一生以修忏为常业，修《法华忏》三七期五遍，《光明忏》七日期二十遍，《弥陀忏》七日期五十遍，《请观音忏》七七期八遍，《大悲》三七期十遍，结十僧修《法华忏》三年，十僧修《大悲忏》三年，燃三指供佛。六十九岁时，建《光明

---

① 具体的争论过程，详见董平《天台宗研究》，上海古籍出版社，2002，第256~302页。

忏》七日为顺寂之期，至五日结跏趺坐，召大众说法毕，骤称阿弥陀佛数百声奄然而逝，寿六十九，夏五十四，露龛二七日，颜貌如生，爪发俱长，舌根不坏。其主要的著作有《金光明经文句记》《金光明经释难扶宗记》《观音玄义记》《四明十义书》等，传法弟子分别为梵臻大师、本如大师、尚贤大师。纵观知礼大师的一生，其对天台宗的重要贡献有如下几个方面。第一，诠释天台五小部。释《观音玄义》著《观音玄义记》，释《观音义疏》著《观音义疏记》，释《金光明经文句》著《金光明经文句记》，释《金光明经玄义》著《金光明经玄义拾遗记》，释《观无量寿佛经疏》著《观无量寿佛经疏妙宗钞》。通过对五小部的系统解释，在普及天台教义的基础上，与时俱进积极创新，使天台的思想更具广大包容性。第二，积极论争。以知礼大师为主的山家派，与以晤恩大师为主的山外派，因《金光明经玄义》广略本问题，围绕观心真妄、别理随缘、色具三千等问题展开了四十几年的讨论，最后山家派彻底胜出。知礼大师以上圣之才，厘清了天台内部华严思想的渗透，保持了山家教派的纯粹性，指明了后世理论发展的方向。第三，树立标榜。知礼大师一生都在讲经、修忏，从事教化活动。徒众甚多，以本如、尚贤、梵臻等为主。其圆寂后，三弟子分别传灯化物，继承先师遗志，大兴教门。宋代的天台法脉，大多是知礼大师三家子孙，以梵臻系最为兴盛。

遵式大师，俗姓叶，字知白，天台宁海人。七月大时能随母诵观音名号，稍长依义全大师出家。二十岁受具足戒，二十一岁依守初律师学戒，于国清寺普贤像前燃指供佛，誓传天台教观。依义通大师学教，义通圆寂后，返天台山修《请观音忏》七七日，后感观音现前得大成就，声若洪钟，肌如白玉。一生修行多有神异，以修忏驰名于世，曾与同学修《请观音忏》祈雨大有应验，常领众修念佛三昧，往返杭州、天台等地讲法。多次为驸马、丞相等宣讲佛法，陈写《教藏随函目录》，蒙受恩准入藏流通。受章懿太后礼请，于山中为国修忏祈福。六十九岁时示疾，不用医药，说法勉众，请阿弥陀佛像以证其终，夜间奄然坐逝，入殓七日形貌如生，夏腊五十，后追谥号法宝大师、忏主禅慧法师，葬于寺东月桂峰下。嗣法弟子慧才、悟恩、祖韶、本融、法涧、文昌、清鉴等，主要著作有《金园集》《天竺别集》《金光明护国仪》《往生净土忏愿仪》等。考察遵式大师一生，对天台教法的贡献不逊于知礼大师，主要功绩有如下几个方面。第一，丰富天台忏法。忏法是天台修法中最为重要的行门，佛教以三学为修行主要内容，忏是步入戒的阶梯，因"忏法若成，悉明清净，戒净障转，止观易明"，故遵式大师特别重视忏法的自利利他。自利，其七七日修《请观音忏》感观音现前证悟。利他，整理天台各种忏仪，修治《法华三昧忏》，依教典修改讹误部分，重新整理流通。增科金光明法，《国清百录》中原金光明法事相简略，为更好地推广此忏，以《法华三昧忏》为参照，作《金光明忏法补助仪》。此外，还根据《国清百录》《摩诃止观》整理《请观音忏》，使此忏单独流通。第二，创立净土忏法。受宝云义通的影响，教归天台，行在净土，为使天台与净土融合更加紧密，收摄散修与专修两种根机，遵式大师分别作《往生净土决疑行愿二门》《往生净土忏愿仪》，此二忏后被收录《净土十要》中。尤其是《行愿二门》中第二门《发愿文》，被编入《禅门日诵》暮时课诵，提名为《慈云忏主发愿文》，为天下僧人讽诵，导日常修行为菩提资粮，助临终心不颠倒往生净土。第三，强化智者大师信仰。在宗派流传的过程中，祖师信仰是维持法脉延续的根本。为强化智者大师的地位，遵式大师据其一生的弘化历程著《智者大师斋忌礼赞文》，通过固定节日的祭拜，修习礼拜忏悔等法，让人在修行中深化祖师信仰，牢记一家传承的不共性。第四，制定僧团规约。遵式大师为更好地规范僧团，使僧和合安住，在制戒十义精神的指导下，《立制法》《训知事人》等基础上，结合时代特质，作《天竺寺十方住持仪》《别立众制》《凡入浴室略知十事》《篆示上厕方法》等制度规范教团管理，丰富了天台的教制内容。第五，奏请天台典籍入藏。遵式大师修行精进，被各级官员仰慕，后在内臣杨怀古的帮助下，书写《教藏随函目录》，奏请天台教典入藏，恩准入藏流通。宋太祖信仰佛教，雕刻经版流通藏经，天台典籍入藏，表明身份得到了官方的认可，也为教典的流通提供了合法性。正是基于遵式大师和知礼大师的共同努力，宋代的天台教法再次得到了中兴，犹如生命活力旺盛的森林，既有绿意盎然的参天古树，又有生命旺盛的活泼动物，给人以生生不息的感觉。

（四）知礼后裔

知礼大师的后裔，以广智尚贤、神照本如、南屏梵臻三系为主。尚贤大师，四明人，赐号广智。依知礼大师学教观，闻讲《净名经》，顿悟性相之旨。见知礼大师最早，亲近时间最长，为弟子中高足，后继任延庆寺住持，讲经说法道化圣行。与雪窦山重显禅师交好，日僧绍良于其座下学修三年，常与净觉仁岳辩论捍卫师说，主要传法弟子有继忠、惟湛、鉴文等。其徒孙从义大师，慧解高超，精于辩论，理论反其师祖学说，被称为后山外。从尚贤大师一系弟子的生平来看，虽能贯彻执行知礼大师的学说，但在传承的过程中再次发生分裂，这也反映了山外派对其法脉的影响。这一系的天台宗祖师们，践行忏法，偏修念佛三昧代替止观，注重天台与净土融合。

法师本如，四明句章人，初依知礼学教，担任三年执事后，其师严厉喊其名字豁然有悟，悟道诗云："处处逢归路，头头复故乡，本来成现事，何必待思量。"蒙受知礼大师认可。后被遵式大师选中，住持天台东山能仁寺。居寺三十年，僧众常有五六百，讲《法华经》《涅槃经》《金光明经》《观无量寿佛经》《观音玄义记》《止观》《金钅卑》《观心论》等六七遍，尝集百僧修《法华忏》一年，屡见灵瑞，朝廷赐号神照法师。皇祐三年（1051）五月十八日微疾，升座说法与众诀别，清晨右胁安庠而逝，寿七十，腊五十三，嗣法弟子处咸等。此系传持教观的高僧有了然、智莲、与咸、圆智等，从这些高僧的生平来看，传承至两三代已丧失了教理研究的兴致，虽奉行天台教义，传承止观的修行宗旨，但大多关注净土的实践，以往生西方为毕生追求。

梵臻大师，钱塘人，受具足戒后问道知礼，时知礼已是暮年。亲闻其师讲《法华玄义》《法华文句》，大有启发。知礼大师圆寂后还乡，以不亲闻止观为恨，乃焚香礼拜师像，阅章疏二十余遍以表师承。先后居上天竺、金山寺、兴教寺，每讲经综括名理贯穿始终，举一义则众义洽然，穷一文则诸文允会。梵臻大师博闻强记，初与苏东坡交好，每谈经史子集有遗忘处，师皆能应声诵之。崇宁年间（1102~1106），谥号实相禅师。知礼大师三家徒众中，梵臻一系最为兴盛。后系主要弟子有从谏、择卿、可观、宗印等。这一系的高僧，在传承天台教观的同时，注意吸收禅宗的简约精神与教观融汇，喜与禅僧交往，同时将禅宗接引人的方式、说法风格以及清规制度引入天台宗内部，教禅结合表现得尤为突出。

总体看宋代天台传承，得益于国家良好的政策，海外教典的回归，以及螺溪义寂、宝云义通、四明知礼、慈云遵式等高僧的努力，经历山家、山外之争，使从唐至宋沉寂百年的天台宗再一次中兴。天台宗在宋代三百二十多年的传承中，经历了北宋、南宋的社会变迁。在国耻、战乱等阴影笼罩下的黎民百姓，对禅与净土情有独钟，禅征服了精英阶层，净土征服了大众阶层，知礼大师的三系子孙，在传承天台理念的同时，均重视戒律持犯、止观实践以及念佛求生，统一性中的多样性以及多样性中的统一性，是这个时期的主旋律。其代表人物大多旁通儒典，佛学研究中的理论表述亦更多地援儒家义理，儒佛合一之趋势愈趋明显。但传承至数代后法运又走向了衰落，这个阶段的特征是论争与维持。

四　回退退守时期——元明清

知礼大师寂后，传承其法脉的三家子孙，对教相研究的兴趣越来越淡，有"语言文字皆秕糠""妙达禅那不役名相""胶于章句鼓于颊舌"等腔调出现，诸宗融汇已是大势所趋。受宋代佛教的影响，诸宗融汇、儒释道调和等思想在元明清佛教中的表现尤为明显。尽管如此，元明清天台宗的祖师们依然在努力地弘传教观，但与宋代天台宗相比，总体的趋势是回退与退守，下面将分段论述。

（一）元代传承

元朝（1271~1368年）由蒙古族建立。1206年铁木真建立蒙古汗国，1260年忽必烈即位大汗并建元"中统"，1271年忽必烈取《易经》"大哉乾元"之意改国号为元，1279 年灭南宋，统一全中国。后因统治腐败、民族压迫，导致农民起义，1368 年明军攻占大都，元朝在全国的统治结束，残余势力退回蒙古高原，史称北元。元代的天台宗传承，以北峰宗印的法脉为主，具体的传承如图 1 所示。

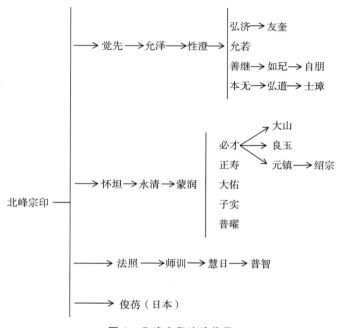

图1　北峰宗印法脉传承

通过图 1 我们可清晰地看出，元代的天台宗传承，以北峰宗印的三支为主，分别是觉先系、怀坦系、法照系。三系中，皆有杰出人才的出现。觉先系，以性澄大师最为出名。怀坦系，以蒙润大师最为出名。法照系，以慧日大师最为出名。性澄大师（1265～1342），字湛堂，号越溪，俗姓孙，绍兴会稽人。四岁常戏拈笔为佛像，授以佛经即能成诵。至元丙子年（1276），投石门殊律师祝发受具，通达开遮持犯。至元乙酉年（1285），初依佛鉴铦公习天台教观。又于南天竺寺谒允泽法师学台教三观，通达一家旨趣，被器重委任要职。因天台山国清寺易教为禅，不远千里奔走京师，具奏国清寺建置之始，元世祖赐玺书复之。大德丁未年（1307），吴越大旱，师说法祈雨应验。至治辛酉年（1321）应召入京校正大藏经，事毕特赐金襕衣。白莲寺建水陆法会，丞相东平忠献王请升座说法，赐号佛海大师。先后住天竺寺、云外寺、佛果寺，弘扬天台教观，弘法盛况，如《续佛祖统纪》中云：

师所至学徒坌集，诸方宿衲素有时名者争趋其座下，海迪奖励未尝少怠。台乘四书大小部讲彻则复始，雄谈博辨风驶涛涌，有疑而未决者折以数语，莫

不冷然意解。①

性澄大师是元代最著名的天台宗高僧，宋濂对其推崇备至，如其所云："台衡之学，至佛海大师澄公，光明俊伟，如日出扶桑，四方之人无不瞻仰。"② 至正二年（1342），端坐而逝，传法弟子有弘济、允若、善继、本无等。

蒙润大师（1275～1342），号玉冈，海宁人，俗姓顾。十四岁依永清出家，授以经书应口成诵。从清师学天台《金刚铍》《十不二门》诸书，即能了其大义。后依性澄大师受教，因苦学患疾，修《请观音忏》七七日，灵应现前疾病痊愈。主海盐德藏寺，大兴佛法，乃至长夏讲《法华经》，听者一千余人。迁主演福寺，宗风益振。归隐白莲庵，专修念佛三昧，依之者众。受宣政院委派，修复下天竺寺，不以繁忙荒废教业，昼夜演讲没有疲劳，率同志修法华三昧，感普贤放光现瑞。后回白莲庵终老。师一生以践行忏法为务，如《续佛祖统纪》记载云："修常坐三昧以九十日为期者七，法华、光明、大悲、净土诸忏法不计期数。"③ 由此可见其修行历程，修常坐三昧九十天七次，修《大悲忏》《金光明忏》《净土忏》等诸忏法不计期数。至正二年十二月二十六日示寂，临终开示弟子止观安心之法，称佛号安然而逝，世寿六十八，僧腊五十四，传法弟子必才等，主要著作有《天台四教仪集注》。其具体的社会影响，天目山中峰明本国师评价其为"能以芬陀利香充塞宇宙"。国师以莲花之香充塞宇宙来评价其德行，由此可见其影响之深远。

慧日大师（1291～1379），号东溟，天台赤城人，宋丞相贾魏公后裔。志慕空门，依广严寺等公落发为僧，随子庭大师修学天台止观。后受子庭大师指引，其与杭州上下天竺最为有缘，即持瓶锡渡浙河，拜竹屋净公于上天竺。因才华出众，慧根卓越，被委以管理僧籍重任。净公圆寂后，湛堂自演福来继其席，师延居后堂班首。后去吴山参学，湛堂念之不舍，复招还山处第一座仪表四众。后为四众讲法，听学之士动以千百计，师随其性窦浅深而疏导之。后受官府礼请，复住荐福历三寒暑。下天竺寺被火焚毁，至正元年（1341）宣政院使高公，礼请师修复下天竺寺，师深知与此寺有大因缘，故不敢懈怠，积极募款修建，建大殿、山门、鼓楼、讲堂等。帝师大宝法王嘉师之行，赐以金襕法衣及慈光妙应普济大师之号。后又修建南京瓦官寺，建好后辞归天竺山，每日虔修西方净业，洪武十二年（1379）秋七月示寂，世寿八十九，僧腊七十三，塔全身于西峰妙应塔院，嗣法者思齐、行枢、妙修等。

———————————

① 《续佛祖统纪》卷一，《卍续藏经》第 75 册，第 743 页下。
② 《续佛祖统纪》卷一，《卍续藏经》第 75 册，第 721 页中。
③ 《续佛祖统纪》卷一，《卍续藏经》第 75 册，第 744 页中。

（二）明代传承

明代的天台法脉，大多是元代三家法脉之延续，觉先系的高僧有方舟友奎、独庵自朋、一庵一如、太朴如玘、原璞士璋、竺隐弘道等。怀坦系有止堂大山、荆山良玉、遂初绍宗等。法照系的高僧，慧日大师的弟子众多，门叶繁茂，嗣法弟子有思齐、行枢、允鉴、良谨、普智、文会、元琇、景梦、妙修等人，寻诸史籍，多存姓名而无事迹，至今有传记者，唯有普智大师。传承至明朝中期，天台宗明确的师资传承已无踪迹，如冯梦祯感慨云：

> 宋时天台之教盛行，无论僧徒，即号为士大夫者，类能言之……今相去四百年，而海内缁流无能举天台一字一言者，况士夫呼！①

冯居士的感慨，未免有些偏颇，实际上天台法脉并未中断，少数证悟的禅僧，仍发心弘扬天台宗，维持祖道不断，如万松慧林、千松明得、百松真觉、无尽传灯、智旭蕅益等人。纵观整个明代的祖师传承史，明得、真觉、传灯、蕅益诸师最为杰出。

明得（1531~1588），号月亭，湖州人，俗姓周，十三岁投双林庆善庵学瑜伽教，十七岁出家。为求出离生死，首参百川海公不契，后单衣布鞋参访南北诸师，旅途艰辛，无有所得，自恨业障深重，般若缘薄，于上天竺观音殿，志祈值遇明师，经中天竺闻万松慧林说法，依慧林学教，朝参夕叩久无所入，林师不得已授以楞严大旨，于是苦心研究，至"清净本然，云何忽生山河大地"处，即大开圆解，遂作偈呈曰："楞严经内本无经，见面何须问姓名？六月炎天炎似火，寒冬腊月冷如冰。"松颔之嘱曰："汝既悟教乘，异日江南讲肆无出尔右。"万松圆寂后，明得大师守塔三载。初悟开席讲法，僧众云集，有疑未除，孤身往径山凌霄峰力参三年，一日跏趺静坐，豁尔心境冥会疑滞冰释。自此四方学者云集，外道归化不计其数，天台之教又被中兴。师为人修干孤高，性度刚毅，以传法为志，故祸患不避其身，欣戚不形乎色，万历戊子年（1588）正月望后二日吉祥而逝，世寿五十有八，僧腊四十六，荼毗于径山，主要著作有《金光明经文句记会本》《金光明经文句科》《金光明经玄义拾遗记会本》等。

真觉（1537~1589），别号妙峰，苏州昆山人，俗姓王。母梦天衣覆体怀孕，父梦道人取钵降生。少不乐俗，已迎娶妻。二十一岁时，偶随僧游杭州，遂出家受沙弥戒，月余又往苏州受具足戒。受具后于上海崇明寿安寺掩关读《楞严经》。后与虚白禅师论义，机锋势不可当，举荐其参访明得，师于明得坐下听《法华》，后受

---

① （明）真觉略解《三千有门颂略解》卷一，《卍续藏经》第57册，第338页上。

天台山礼请弘法。天台道俗初信邪教，师以妙辩导邪归正，四众皆知念佛法门，临终往生有明验者甚多。师居天台二十六年，岁无虚席，宏宗演教，所讲《楞严》若干座、《法华》若干座、《妙宗钞》若干座，唯《法华玄》一座而已。神宗万历十七年（1589）五月初九日，临终作刹那三省，正念现前，一心不乱，安详示寂，世寿五十三，僧腊三十二，主要著作有《三千有门颂略解》《楞严百问》《法华披荆钺》《净土梦谭记》，重排《观无量寿经疏妙宗钞科》，传法无尽传灯、守庵性专、戒山传如。

传灯大师（1554~1628），字有门，号无尽。俗姓叶，浙江衢州人。师早年业儒，读《龙舒净土文》萌发出尘之志，其母不允。万历七年（1579），二十六岁时大病，母虑命危同意出家，投进贤寺映庵禅师披剃出家。读《永嘉集》，修天台止观，听讲《楞严》《楞伽》，后参访遍融、古清诸善知识，听理于千松明得，得旨于百松真觉。询问楞严大定，百松瞪眼周视，师契入耳根圆通。阅藏万年寺，六时诵《法华经》，过午不食，常坐不卧。万历十四年（1586）至天台幽溪住持，重兴高明寺，弘天台教观。得檀越资助，师潜心致力经营三宝，如铸铁佛、刻旃檀香像、募炉镜、幢幡、圣像。又建大殿、禅堂、僧房、楞严坛、山门、两廊、钟楼、藏经阁等。还赎置官田80亩，民田97亩，丰厚寺院经济。大师学识高超，一生著作甚多，有《弥陀经略解圆中钞序》《永嘉禅宗集注》《不瞬堂前长松记》《传佛心印记注》等。师从始至终凡41个春秋，讲经于台、温、宁、绍、金、处、苏、杭、嘉、湖间，年有重席，岁无虚筵。曾讲《妙宗钞》《净土生无生论》《法华经》等。于崇祯元年（1628）五月二十一日示寂，寂前令僧众手书"妙法莲华经"五字，并高唱经名，侍者进粥，忽敛手足如入定，世寿七十五岁，僧腊五十岁，住幽溪四十三年。

传灯大师对天台宗的贡献颇多。第一，重视《楞严经》。从宋代开始，天台宗的高僧特别重视《楞严经》，传灯大师在孤山智圆、虎丘怀则等人的基础上，穷尽毕生精力注释《楞严经》，分别作《楞严玄义》四卷，《楞严经圆通疏》十卷，《楞严经圆通疏前茅》二卷，《楞严海印三昧仪》，如是大力注释此经，丰富了天台教义的摄法内涵，形成了独特的天台楞严理论诠释与观心实践体系。第二，大力阐扬性恶思想。性恶思想历来被天台宗视为至宝，历代祖师皆以此为豪，传灯大师著《性具善恶论》，认为"性具善恶"的具，是具足的意思，含藏一切善恶种子伏于此性中。作为一种纯粹的存在，本身不局限于善恶的范畴，是一种绝对的中道理体。善恶只有在经验世界中呈现才有意义，故修行必去恶存善，通达善恶，如此才会明白一家性具之义。第三，发挥天台圆教的圆融精神，以天台来吸收诸家思想。著《净土生无生论》，以一念三千等基本教义为前提，发挥唯心净土思想，说明一念心具弥陀依正庄严；著《天台传佛心印记注》，调和天台与禅宗的法统争端，强调二者之间义蕴同一；著《永嘉禅宗集注》，说明禅宗与天台一致，消除两个宗派在流传过程中生出的罅隙。正是基于如此渊博的学识，其以高明寺为中心，通过四十余年的弘扬，改变了天台宗长期以来的疲敝颓势，吸引了幻由正路、午亭正时、璧如正镐、休远正复等一大批优秀人才，这些解行并重的高僧分居各地绍隆教法，故传灯大师被称为明代天台宗中兴之祖。

与此同时，处在同时代的蕅益大师，虽与传灯大师有一面之缘，因当时禅病未消，未悟圆顿之理，故不屑与其交往。传灯大师寂后，蕅益大师已开圆解，悔恨当初，作《供无尽师伯文》，以私淑天台为归。蕅益大师（1599～1655），七岁茹素，十二岁通儒学，矢志不移誓灭释老。十七岁，阅《自知录序》及《竹窗随笔》，乃不谤佛。二十岁时，大悟孔颜心法，丧父闻地藏本愿发出世心。二十二岁，专志念佛，尽焚窗稿二千余篇。二十四岁礼雪岭禅师剃度出家，法名智旭。听闻性相二宗不可融汇，带此疑惑往径山坐禅，逼拶功极豁然开悟，入圆教名字即佛位，一切佛法无有疑惑。二十六岁，受菩萨戒。二十七岁阅律藏，方知举世积伪。二十八岁母葬事毕，弃笔往山掩关，关中大病，乃以参禅功夫求生净土。三十岁，始述《毗尼事义集要》及《梵室偶谈》。三十一岁，送惺谷至博山剃发，随无异禅师至金陵，见宗门近时流弊，乃决意弘律。律解虽精，烦恼习强，舍比丘戒。三十二岁，拟注《梵网》，作四阄问佛，分别为宗贤首、宗天台、宗慈恩、自立宗，频拈得台宗阄，于是究心台部，而不肯为台家子孙，以诸家各执门庭，不能和合故也。三十三岁秋，惺谷、璧如二友去世，始入灵峰过冬，为作请藏因缘。此后数年，居住不同地方著述，分别著《占察行法》《戒消灾略释》《梵网合注》《大佛顶玄义文句》《金刚破空论》《蕅益三颂》《斋经科注》《大乘止观释要》等书。五十七岁，正月二十日病复发，二十一日晨起病止，午刻跌坐绳床角，向西举手而逝，世寿五十七岁，法腊三十四。

蕅益大师对天台宗的主要贡献，分别有如下几个方面。第一，批判教相传承过程中出现的烦琐、破碎，回归到学说源头，重彰天台教观核心精神，因此著《法华会义》《法华玄义节要》《法华经纶贯》《教观纲宗》《教观纲宗释义》《大乘止观法门释要》等书。第二，建立地藏信仰体系。蕅益大师与地藏菩萨宿有因缘，是地藏信仰的集大成者与推动者，运用天台教理诠释《占察善恶业报经》作《占察善恶业报经义疏》《占察善恶业报经玄义》形成理论诠释系统；以《法华三昧忏仪》为参照，诸大乘经为依据，著《占察善恶业报经行法》《赞礼地藏菩萨忏愿仪》，形成地藏信仰修行实践系统。地藏信仰学修体系的建立与完善，丰富了天台教义的多样性。第三，提倡佛法圆融归宗净土，主张教是佛言，律是佛行，禅是佛心，批判学教者有教无观，学禅者漠视戒律教相，在整体著作中阐扬禅、教、律三学同源，以此汇归净土。第四，总结净土著作，将自己所著《弥陀要解》以及历代高僧的净土著作，编辑成《净土十要》，形成系统性知识体系，在理论与实践中，凸显净土法门的究竟、殊胜。第五，为让儒学者知佛，蕅益大师还作《论语点睛》《大学直指》《中庸直指》《周易禅解》等书，以天台和禅解释上述典籍，将佛儒的心性之学融为一体，指出一切现象皆为自心所现，故人当于自心中求自性，明不变随缘、随缘不变之妙真如心。第六，重视《楞严经》，其长期研究《楞严经》，在前人的基础上，著《楞严玄义》二卷、《楞严文句》十卷，认为智者大师的《摩诃止观》与《楞严经》有异曲同工之妙，评价《楞严经》为教海司南，宗乘正眼。第七，重视大小乘戒律，戒是三乘根本，关乎佛法命脉，均等对待出家戒、在家戒。为普及出家戒律，立足于律学原典，著《沙弥十戒威仪录》一卷、《重治毗尼事义集》十七卷、《四分律大小持戒犍度略释》一卷、《毗尼珍敬录》二卷，通过诠释原典，精准理解佛陀制戒本意，通达开遮持犯，从而在日常生活中更好地持戒解脱。除诠释出家戒外，还非常重视菩萨戒，解梵网系菩萨戒，著有《梵网经玄义》一卷、《梵网经合注》七卷、《梵网经忏悔行法》一卷。解瑜伽系菩萨戒，著有《菩萨戒羯磨文释》一卷、《菩萨戒本经笺要》一卷。通过二系菩萨戒的系统诠释，让人了解律相差别，选择适宜之戒本受戒。蕅益大师以天台教为根本，融汇诸家，导归净土，明末后形成了独特的天台宗灵峰净土派，其本人成为天台教学史上最后一位卓有建树的思想大家。

（三）清代传承

蕅益大师后的天台宗，教观法脉一直延续，并未涌现出高僧大德。根据《天台山高明寺法系相承谱》记载①，清以后的天台宗传承，有受晟大师，清代比丘，与受登大师同门，曾往天台幽溪受法，专弘天台教，其生卒、姓氏、里籍、事迹，均无史传可考，位列台宗三十二祖；三十三祖灵明、三十四祖岳洪、三十五祖心珠、三十六祖宗乘、三十七祖一辅、三十八祖乘勋、三十九祖顿永、四十一祖印鉴等生平事迹均无从考证，仅有四十祖观竺大师、四十二祖定融大师有少许传记。根据史料记载，清代弘扬天台宗著名的高僧有受登、灵耀、灵乘、性修等人。

受登大师（1607~1675），落发于碛石广惠寺，受沙弥戒于天通密云和尚，圆比丘戒于曲水古德和尚，得法于龙树桐溪和尚，三十四岁时住天溪大觉寺，专心修持天台教观，讲解忏法寒暑不断，四方学子纷纷皈仰，法席盛况空前。登师日常行持笃严，以研修教观为常事，睡在人后，起在人前，数十年如一日，供养等钱财充入常住，逢人不说一句虚词，于《法华玄义》《摩诃止观》用功最深。住大觉寺三十七年，不蓄沙弥居士，足不踏尼尘俗舍，平时不苟言笑，言行不犯威仪，光明正气凛凛逼人。凡海内僧人来杭，皆参学问道聆听教诲，四方禅教弘化者，一半亲近过登师。师一生唯以弘宣教部、维持法门为常务，每登台讲法，必以教观启迪后人。康熙乙卯年（1675）六月九日寂于大觉寺，寿六十九，主要著作有《琼绝老人颂古

---

① 详见慧岳法师《天台教学史》，《现代佛学大系》第37册，台湾弥勒出版社，1983，第318页。

直注序》《准提三昧行法》《摩诃止观贯义科》《瑜伽集要焰口施食仪》《药师三昧行法》等，主要传法弟子有灵耀。灵耀的生平事迹不详，活跃于康熙年间（1662～1722），主要著作有《四教仪集注科节》《随缘集》《观世音菩萨普门品脉说》《释签缘起序指明》《金刚般若波罗蜜经部旨》《药师经直解》《盂兰盆经折中疏》《楞严经观心定解》《楞严经观心定解科》《楞严经观心定解大纲》等。从这些著作中，可大概知道如下信息。第一，为天溪受登的传法弟子，在其座下熏修多年，为当时弘扬天台宗的得力干将。第二，精读天台教部，为传持天台教观第五代，一生以弘扬天台教典为事业，且有大量著作传世，促进了清代佛教义学的繁荣。第三，继承传灯大师、蕅益大师等治学传统，重视《楞严经》的诠释与弘扬。灵乘的生平事迹不详，同为弘扬教观第五代弟子，主要著作有《地藏经纶贯》《地藏本愿经科文》《地藏菩萨本愿经科注》。受蕅益大师的影响，弘传地藏信仰，以天台教理注释流行最广的地藏三经之一《地藏菩萨本愿经》，丰富了天台地藏信仰的内涵。还有性修大师，不遗余力注释天台宗入门书《天台四教仪集注》，名为《天台四教仪注汇补辅弘记》，对蒙润大师注释本中幽深难懂的词进行再释，对天台教相的普及功不可没，至今仍是《天台四教仪集注》最权威的注本。

观竺大师，清末比丘，又名观仪，其故里、氏族、生卒不详。竺师崇法天台，弘教于上海龙华寺，与宁波天童广显、金陵妙空、杭州玉峰、嘉兴济延四人，并称为"当代法门龙象"。咸丰初年（1851），住持上海龙华寺，因寺宇年久失修，师于咸丰三年（1853），劝募修建大雄宝殿等，寺貌焕然一新。咸丰十年（1860），寺宇毁于兵火。师于同治九年（1870），与弟子所澄募建大悲楼房五楹等。同治十三年（1874），进京请《乾隆大藏经》一部。由于竺师多次修建龙华寺，弘扬天台教观，被尊为"龙华寺中兴之祖"，主要受法弟子为印鉴。竺师为弘传天台教观作出了不懈的努力，被奉为天台宗第四十世祖。定融大师，清末比丘，号迹端，其生卒、姓氏、里籍均不详。融师为台宗四十一祖印鉴弟子，清光绪十二年（1886）时，曾为上海龙华寺住持，任职期间，募建伽蓝殿、客堂、斋堂，并付法谛闲为传承天台教观之门人，有"迹端融祖"之誉，后被奉为天台宗四十二世祖，余事迹不详。清代的天台宗整体而言，受大的社会环境影响，处于衰微低迷的状态，虽有一些大师级人物出现，如受登、灵耀、灵乘等，犹如暗夜中一闪而过的流星，美丽匆忙地划过夜空，转瞬即逝，又回到漫天的昏暗中。

五　维持待兴时期——近现代

民国时期，是近代重要的转折点，在我国历史发展中具有非凡的意义。民国实行民主共和制度，西方民主、科学文化思潮侵入，传统文化遭受质疑。中西文化相互交汇渗透，国民经济收入稳定，城市化不断推进。如是等大的社会环境，促进了佛教的革新与自省。民国时期，传承天台宗的主要人物为谛闲大师。谛闲大师，浙江黄岩人，俗姓朱，讳古虚，号卓三。九岁时父亲病逝，由母亲一人独自抚养。十六岁学习医术，十九岁悬壶济世，在黄岩以经营药铺为生。成家立业后，先丧妻子，后母亲辞世，悟药不医命之理，二十岁时于宁海礼成道法师出家。二十四岁时在国清寺受具足戒，二十六岁时依止敏曦法师学教。二十八岁亲近晓乘法师习《妙法莲华经》（下简称《法华经》），近大海法师习《楞严经》。同年受同学邀请，到杭州六通寺升大座讲《妙法莲华经》，讲至《方便品》开佛知见时，忽然深入禅定，出定后辩才无碍，后到慈溪圣果庵闭关阅藏。二十九岁时，受迹端定融大师授记付法，为传持天台教观第四十三世。四十六岁首次担任永嘉头陀寺住持，自此历任绍兴戒珠寺、上海龙华寺、宁波观宗寺、天台山万年寺等住持，后于南京设立佛教师范学校，任校长。民国初年，到北京为知识分子弘法，抵抗庙产兴学运动保全寺院。1919 年，大师在观宗寺开创观宗学社，传授天台诸部教法，其主要弟子有宝静、倓虚、常惺、仁山等。大师一生说法四十余年，岁无虚日，每日诵《普门品》《金刚经》等五部经，日诵佛号万声，皈依弟子十余万人，圆寂于观宗寺，世寿七十五，僧腊五十五，后建塔于慈溪五磊寺。

生平著作，主要有《圆觉经讲义》《圆觉经亲闻记》《大乘止观述记》《教观纲宗讲义》《金刚经新述》《楞严经叙指疏》《始终心要略解》《念佛三昧宝王论义疏》等。梳理谛闲大师一生的弘教历程，我们会发现其有如下特质。第一，教理通达，戒行精严，定慧等持。大师受戒于国清寺，于禅堂坐禅深有所得；一生闭关阅藏三次，四处讲经说法；每日佛号一万声，诵《圆觉经》《观无量寿经》《普门品》等经，几十年不曾间断；教宗法华，行在弥陀，最后跏趺往生；继承清初蕅益大师遗风，是传统高僧的典范。第二，高瞻远瞩，积极响应时代号召，顺应社会发展趋势，不仅具有开拓性，还具有革新精神，如组织成立中国佛教总会，开办观宗学社，培养后继人才，为中兴天台贡献了毕生精力。第三，不固执宗派门户之见，不但醉心于天台典籍的宣扬，还解弘唯识典籍，作《八识规矩颂》注释，以天台教理解释唯识，以唯识思想阐释止观，体现了天台教法的包容性。第四，积极回应他人批判。因当时佛教有革新思潮，欧阳竟无以唯识思想批判传统宗派佛教。深受居士佛教思潮的影响，不断有人对天台宗的性恶思想质疑。谛闲大师针对他人的批判，积极给予回应，作《性具善恶辩》《略显性具善恶义》等文据理论争，为宗派思想的相互交流做出了积极贡献。在谛闲大师自身人格魅力的感召下，天台宗在民国又一次重兴。其主要的传法弟子有宝静大师、倓虚大师，宝静大师在南方弘化，倓虚大师在北方弘化。值得一提的是，倓虚大师在北方建寺安僧，开办多所佛学院，大力弘扬天台宗，打破了智者大师立教一千多年以来未在北方弘扬的局面，成为北方佛教天台宗的始祖。

第四节 结语

综上所述，我们将天台宗的祖师传承进行了大致的说明。从中国早期的法统言，印度没有清晰的法统观念，法脉的传承与戒律有密切关系，中国法统的形成与宗法制以及佛道争论有关。从宗派构建的缘由言，祖师传承是构成宗派的核心要素。师资传承的相续，是法脉延续的内在动力。若缺乏明确的师资传承，不建立系统的相承体系，则教法会在流传中湮没于历史长河。章安大师为延续智者大师的教法，故开创了天台祖师传承谱系。从法脉的构建过程言，在几代人的共同努力下才形成定论，经历了章安大师的提出、湛然大师门人的完善、志磐大师的定论，确立以知礼大师为中心，上溯至湛然大师，形成天台宗十七祖谱系。从不同时期的法脉传承言，法脉传承人是僧，僧是宗派的核心灵魂，高僧涌现，宗派才得以辉煌。经历了一千四百多年的传承，先后经历了酝酿与创建、发展与守成、论争与维持、衰落与退守、命脉维持与待兴等阶段，涌现了章安大师、湛然大师、知礼大师、遵式大师、传灯大师、蕅益大师、谛闲大师、倓虚大师等诸大师，诸祖薪火相传，灯灯相继，演绎着一部动态的天台传承史，维护与光大智者大师的学说，导引更多的人开示悟入佛之知见。一部动态的传承史，兴盛与衰落并存，梳理祖师传承可大致掌握其基本规律，凡讲说盛行，忏法大兴，止观不辍，规矩严格等，皆是教门兴盛的标识。

思考与练习题

1. 佛教法统出现的内外因素是什么？

2. 宗派概念的共同特质是什么？

3. 天台法统确立的因由是什么？

4. 章安大师是如何提出法统的？

5. 湛然大师的徒众是如何完善法统的？

6. 志磐大师是如何确立法统的？

7. 简述智者大师的悟道因缘。

8. 章安大师对天台宗的贡献有哪些？

9. 湛然大师对天台宗的贡献有哪些？

10. 山家、山外的各自传承是什么？

11. 简述山家、山外的争论过程。

12. 山家和山外争论的焦点是什么？

13. 知礼大师对天台宗的主要贡献有哪些？

14. 遵式大师对天台宗的贡献有哪些？

15. 简述元代天台宗三家传承的主要情况。

16. 简述传灯大师对天台宗的贡献。

17. 简述蕅益大师对天台宗的贡献。

18. 简述受登大师的修道事迹对你的修学有何启发。

19. 谛闲大师的生平有何特点？

第三章　天台宗的典籍

【本章导言】

　　天台宗在传承的过程中，以祖师信仰以及传世典籍为依据，师徒相授延续至今。典籍，不仅记载了祖师的教观思想，还是对佛法的权威解读。后世弟子通过对传世典籍的阅读，了知佛法真谛，资增自我信心，指引规划未来的修行路线。正是因为典籍的存在，天台宗后裔们在祖师德行的感召下，以熏习、践行、弘扬祖师的遗教为毕生事业，形成庞大的宗派团体，分灯各地弘法利生，谱写出生生不息、生命觉悟的篇章。

【讲授内容】

　　天台宗的传世典籍，是祖师们修学思想的宝贵总结，同时也是解读佛法的权威著作，是维系宗派传承不衰的重要保障。本章以现存藏经中天台典籍为范围，按照宗派典籍的特质以及时间的先后顺序，将其划分为源流性典籍、根本性典籍、补充性典籍三类进行说明；然后对根本性典籍中核心典籍《法华玄义》《摩诃止观》《法华文句》进行介绍，使读者通过本章的阅读，能在脑海中清晰地呈现出典籍知识脉络图，并掌握其核心内容辅助自我修行。

第一节　天台宗的典籍范围

典籍，记载了宗派内重要人物的思想与言行。天台宗是中国本土化宗派，以祖师信仰维持法脉传承，祖师圆寂后遗留的著作，便成为后世传承弟子学习、修行、弘扬的对象。在传承过程中，历代中兴之祖，会根据社会的发展趋势，佛教的自身走向，宗派发展的盛衰情况，与时俱进对自宗教典进行再释，天台宗的典籍则随着时间的推移在不断增加。截止到清代，被收录藏经中的天台典籍大约有二百种。通过对这些典籍的研读，我们可了知天台宗的教相阐释、修行实践以及流传历史。为更好说明天台典籍，下面按照宗派的自身特点及历史顺序，将其分成源流性典籍、根本性典籍、补充性典籍进行说明。

一　源流性典籍

天台宗的创建者是智者大师，其思想来源于佛、龙树菩萨以及慧思大师，这些人的著作我们称之为源流性典籍。

（1）后秦·鸠摩罗什译：《妙法莲华经》七卷，T①7。

（2）北凉·昙无谶译：《大般涅槃经》三十六卷，T12。

（3）后秦·鸠摩罗什译：《大品般若经》二十七卷，T8。

（4）佛驮跋陀罗译：《大方广佛华严经》六十卷，T9。

（5）龙树造，鸠摩罗什译：《中观论》四卷，T30。

（6）龙树造，鸠摩罗什译：《大智度论》一百卷，T25。

（7）隋·慧思撰：《随自意三昧》一卷，X②55。

（8）陈·慧思撰：《诸法无诤三昧法门》二卷，T46。

（9）陈·慧思说：《大乘止观法门》四卷，T46。

（10）陈·慧思说：《法华经安乐行义》一卷，T46。

（11）陈·慧思撰：《南岳思大禅师立誓愿文》一卷，T46。

智者大师的修行思想，主要来源于慧思大师。《摩诃止观》中记载，慧思大师传智者大师圆顿止观、渐次止观、不定止观，故我们将慧思大师的著作，称为源流性典籍。又从天台法门的构建而言，湛然大师在《止观义例》中说，天台宗以《法

---

① T指《大正藏》。

② X指《卍续藏经》。

华经》为宗骨,《涅槃经》为扶疏,《大品般若经》为观法,《大智度论》为指南,故这些经论亦是源流性典籍。一念三千,是天台宗的极谈,《华严经》中性具思想为其重要思创来源,故《华严经》也是天台宗的源流性典籍。可以说,三藏教典都是智者大师的思想来源,皆可列入源流性典籍范畴,但考虑到篇幅关系以及佛典数量,我们仅罗列其中几部具有代表性的重要经典。读者欲了知天台教部佛典的引用情况,可详阅天台原典,此不再赘述。

二 根本性典籍

智者大师是天台宗的实际创造者,其学说被章安大师结集,形成内容浩瀚的天台教部。天台宗的继承者根据传世遗著,熏习、修行、弘扬智者大师教观双美的理念自利利他,形成代代相传有别于他的宗派体系,故我们称智者大师的遗著为天台宗的根本典籍。《大正藏》《卍续藏经》中收录智者大师的著作有三十五种,现分别罗列如下。

(1) 隋·智颛说,灌顶记:《妙法莲华经玄义》十卷,T34。

(2) 隋·智颛说,灌顶记:《妙法莲华经文句》十卷,T34。

(3) 隋·智颛说,灌顶记:《摩诃止观》十卷,T46。

(4) 隋·智颛说,灌顶记:《观音玄义》二卷,T34。

(5) 隋·智颛说,灌顶记:《观音义疏》二卷,T34。

(6) 隋·智颛说,灌顶记:《金光明经玄义》一卷,T39。

(7) 隋·智颛说,灌顶记:《金光明经文句》六卷,T39。

(8) 隋·智颛说:《佛说观无量寿佛经疏》一卷,T37。

(9) 隋·智颛撰:《维摩诘经玄疏》六卷,T38。

(10) 隋·智颛撰:《维摩诘经文疏》二十八卷,X18。

(11) 隋·智颛说,灌顶记:《菩萨戒义疏》二卷,X38。

(12) 隋·智颛说,灌顶记:《请观音经疏》一卷,T39。

(13) 隋·智颛说,灌顶记:《仁王般若经疏》五卷,T33。

(14) 隋·智颛说:《觉意三昧》一卷,T46。

(15) 隋·智颛说:《金刚般若经疏》一卷,T34。

(16) 隋·智颛撰:《修习止观坐禅法要》一卷,T46。

(17) 隋·智颛说:《释禅波罗蜜次第法门》十卷,T46。

(18) 隋·智颛出:《六妙法门》一卷,T46。

(19) 隋·智颛说,灌顶记:《四念处》四卷,T46。

(20) 隋·智颛说:《天台智者大师禅门口诀》一卷,T46。

（21）隋·智颛述：《观心论》一卷，T46。

（22）隋·智颛撰：《法界次第初门》六卷，T46。

（23）隋·智颛撰：《四教义》十二卷，T46。

（24）隋·智颛说：《方等三昧行法》一卷，T46。

（25）隋·智颛撰：《法华三昧忏仪》一卷，T46。

（26）隋·智颛出：《禅门章》一卷，X55。

（27）隋·智颛出：《禅门要略》一卷，X55。

（28）隋·智颛撰：《三观义》二卷，X55。

（29）隋·智颛述：《观心食法》一卷，X55。

（30）隋·智颛说：《观心诵经法》一卷，X55。

（31）隋·智颛撰：《天台智者大师发愿文》一卷，X55。

（32）隋·智颛撰：《普贤菩萨发愿文》一卷，X55。

（33）隋·智颛撰：《净土十疑论》一卷，T47。

（34）隋·智颛撰：《五方便念佛法门》一卷，T47。

（35）隋·智颛撰：《阿弥陀经义记》一卷，T37。

以上是进入藏经的三十五种根本性典籍，此外，《国清百录》中还收录了几部著作，如《训知事人》《立制法》《普礼法》等。其中《佛说观无量寿佛经疏》《净土十疑论》《阿弥陀经义记》《金刚般若经疏》《四教义》《五方便念佛法门》《禅门章》《普贤菩萨发愿文》八种存疑。① 《佛说观无量寿佛经疏》，根据望月信亨的研究，疑为唐人伪著。《净土十疑论》，引用玄奘大师的《杂集论》及弥勒净土之文多与原文相违，疑为湛然大师著。《金刚般若经疏》，内容层次不分明，缺乏天台教理特质，近代学者疑为伪著。《阿弥陀经义记》，根据孤山智圆的研究，为日本人托名之作。《四教义》，根据道宣律师《大唐内典录》的记载，为章安大师所作。但值得说明的是，这些被认为伪的作品，已进入历史视野，产生了广泛的影响，故应给予高度的评价以及肯定。

三 补充性典籍

佛传心印于祖，祖传相印于师，师随机益物，开权显实，分灯教化，故佛法弘扬四方。天台宗的后继者，以学习、修行、弘扬智者大师的遗教为毕生事业以及衡量自身是否为台宗后裔的标准。在台宗传承的过程中，诸师为光大教门，会随时结因缘，阐释开山以及中兴之祖的著作，维持一家学说弘化不绝。我们将诠释根本性

---

① 具体的论述，详见潘桂明、吴忠伟《天台宗通史》，凤凰出版社，2008，第95~100页。

典籍、中兴之祖的著作、依天台教理诠释的其他著作皆称之为补充性典籍。收录在诸本藏经中的补充性典籍大致有：

（1）隋·灌顶撰：《大般涅槃经玄义》二卷，T37。

（2）隋·灌顶撰：《大般涅槃经疏》三十三卷，T38。

（3）隋·灌顶撰：《天台智者大师别传》一卷，T50。

（4）隋·灌顶纂：《国清百录》四卷，T46。

（5）隋·灌顶撰：《观心论疏》五卷，T46。

（6）隋·灌顶撰：《天台八教大意》一卷，T46。

（7）唐·湛然述：《法华玄义释签》二十卷，T34。

（8）唐·湛然述：《法华文句记》十卷，T34。

（9）唐·湛然述：《止观辅行传弘决》十卷，T46。

（10）唐·湛然述：《始终心要》一卷，T46。

（11）唐·湛然述：《维摩诘经疏略》十卷，T38。

（12）唐·湛然述：《维摩诘经疏记》三卷，X18。

（13）唐·湛然述：《华严经愿行观门骨目》二卷，T36。

（14）唐·湛然述：《观心诵经法记》一卷，X55。

（15）唐·湛然述：《涅槃经会疏》三十六卷，X36。

（16）唐·湛然撰：《法华三昧行事运想补助仪》一卷，T46。

（17）唐·湛然述：《三大部科文》十六卷，X27。

（18）唐·湛然述：《法华五百问论》三卷，X56。

（19）唐·湛然述：《止观义例》二卷，T46。

（20）唐·湛然述：《止观大意》一卷，T46。

（21）唐·湛然述：《十不二门》一卷，T46。

（22）唐·湛然述：《金刚𬬮》一卷，T46。

（23）唐·湛然述：《摩诃止观辅行搜要记》十卷，X55。

（24）唐·湛然述：《授菩萨戒仪》一卷，X59。

（25）唐·法藏撰：《摩诃止观科节》一卷，X55。

（26）唐·道邃说，干淑集：《摩诃止观记中异义》一卷，X55。

（27）唐·道邃录出：《十不二门义》一卷，X56。

（28）日·最澄问，唐·道邃答：《天台宗未决问答十》，T56。

（29）唐·行满述：《学天台宗法门大意》一卷，X56。

（30）唐·行满述：《六即义》一卷，X56。

（31）唐·梁肃述：《天台智者大师传论》，X55。

（32）唐·梁肃述：《删定止观》，X55。

（33）唐·明旷记，辩才会：《金刚錍论私记》二卷，X56。

（34）唐·道暹述：《法华天台文句辅正记》十卷，X28。

（35）唐·智云述：《妙经文句私志诸品要义》二卷，X29。

（36）唐·智云述：《妙经文句私志记》十四卷，X29。

（37）高丽·谛观录：《天台四教仪》一卷，T46。

（38）宋·源清述：《法华十妙不二门示珠指》二卷，X56。

（39）宋·源清述：《法华龙女成佛权实义》一卷，X56。

（40）宋·智圆撰：《涅槃经治定疏科》十卷，X36。

（41）宋·智圆撰：《般若心经疏诒谋钞》一卷，X26。

（42）宋·智圆撰：《般若心经疏》一卷，X26。

（43）宋·智圆述：《请观音经疏阐义钞》四卷，T39。

（44）宋·智圆述：《涅槃玄义发源机要》四卷，T38。

（45）宋·智圆述：《佛说阿弥陀经疏》一卷，T37。

（46）宋·智圆集：《金刚錍科》一卷，X56。

（47）宋·智圆集：《金刚錍显性录》四卷，X56。

（48）宋·智圆著：《闲居编》五十一卷，X56。

（49）宋·智圆述：《维摩经略疏垂裕记》十卷，T38。

（50）宋·智圆述：《涅槃经疏三德指归》，X37。

（51）宋·智圆述：《南山祖师礼赞文》一卷，X74。

（52）宋·知礼述：《观音玄义记》四卷，T34。

（53）宋·知礼述：《观音义疏记》四卷，T34。

（54）宋·知礼述：《观无量寿佛经疏妙宗钞》六卷，T37。

（55）宋·知礼述：《金光明经玄义拾遗记》六卷，T39。

（56）宋·知礼述：《金光明经文句记》六卷，T39。

（57）宋·知礼述：《观无量寿佛经融心解》一卷，X22。

（58）宋·知礼述：《妙宗钞科文》一卷，X22。

（59）宋·知礼述：《十不二门指要钞》二卷，T46。

（60）宋·知礼撰：《四明十义书》二卷，T46。

（61）宋·知礼集：《礼法华经仪式》一卷，T46。

（62）宋·知礼集：《金光明最胜忏仪》一卷，T46。

（63）宋·知礼集：《千手眼大悲心咒行法》一卷，T46。

（64）宋·遵式述，慧观重编：《金园集》三卷，X57。

（65）宋·遵式述，慧观重编：《天竺别集》三卷，X57。

（66）宋·遵式集：《金光明忏法补助仪》一卷，T46。

（67）宋·遵式述：《天台智者大师斋忌礼赞文》一卷，T46。

（68）宋·遵式再治：《请观世音菩萨陀罗尼三昧仪》一卷，T46。

（69）宋·遵式撰：《炽盛光道场念诵仪》一卷，T46。

（70）宋·遵式述：《释普门品重颂》一卷，X35。

（71）宋·遵式述：《净土决疑行愿二门》一卷，T47。

（72）宋·遵式述：《往生净土忏愿仪》一卷，T47。

（73）宋·仁岳撰：《释迦如来涅槃礼赞文》一卷，T46。

（74）宋·仁岳述：《十不二门文心解》一卷，X56。

（75）宋·仁岳述：《首楞严经集解熏闻记》五卷，X11。

（76）宋·仁岳撰：《南山祖师礼赞文》一卷，X74。

（77）宋·仁岳撰：《释迦降生礼赞文》一卷，X74。

（78）宋·仁岳撰：《观自在菩萨如意轮咒课法》一卷，L①135。

（79）宋·继忠集：《法智遗编观心二百问》一卷，T46。

（80）宋·继忠集：《四明仁岳异说丛书目次》七卷，X56。

（81）宋·处元述：《摩诃止观义例随释》六卷，X56。

（82）宋·处谦述：《法华玄记十不二门显妙》一卷，X56。

（83）宋·有严述：《摩诃止观辅行助览》四卷，X55。

（84）宋·有严笺：《法华文句记笺难》四卷，X29。

（85）宋·有严述：《玄签备捡》四卷，X28。

（86）宋·从义撰：《摩诃止观义例纂要》六卷，X56。

（87）宋·从义排：《摩诃止观义例科》一卷，X56。

（88）宋·从义撰：《四教仪集解》三卷，X57。

（89）宋·从义注：《始终心要注》一卷，X56。

（90）宋·从义注：《法华三大部补注》十四卷，X28。

（91）宋·从义注：《金光明经玄义顺正记》三卷，X20。

（92）宋·从义注：《金光明经文句新记》七卷，X20。

（93）宋·了然述：《大乘止观法门宗圆记》五卷，X55。

（94）宋·了然述：《十不二门枢要》二卷，X56。

（95）宋·了然述：《律宗问答》二卷，X59。

（96）宋·了然述：《释门归敬仪通真记》三卷，X59。

（97）宋·与咸述：《复宗集》一卷，X57。

---

① L指《乾隆藏》。

（98）宋·与咸述：《梵网菩萨戒经疏注》三卷，X38。

（99）宋·善月述：《金刚錍论义解之中》一卷，X56。

（100）宋·善月述：《台宗十类因革论》四卷，X57。

（101）宋·善月述：《山家绪余集》三卷，X57。

（102）宋·善月述：《大部妙玄格言》二卷，X28。

（103）宋·善月述：《法华经文句格言》三卷，X29。

（104）宋·善月述：《金刚般若波罗蜜经会解》二卷，X24。

（105）宋·善月述：《楞伽阿跋多罗宝经通义》六卷，X17。

（106）宋·善月述：《仁王经疏神宝记》四卷，T33。

（107）宋·宗晓编：《四明尊者教行录》七卷，T46。

（108）宋·宗晓注：《三教出兴颂注》一卷，X57。

（109）宋·宗晓编：《施食通览》一卷，X57。

（110）宋·宗晓编：《宝云振祖集》一卷，X56。

（111）宋·宗晓编：《法华经显应录》二卷，X78。

（112）宋·宗晓述：《金光明经照解》二卷，X20。

（113）宋·宗晓编：《乐邦遗稿》二卷，T47。

（114）宋·宗晓编：《乐邦文类》五卷，T47。

（115）宋·宗翌述：《注法华本迹十不二门》一卷，X56。

（116）宋·法照述：《法华经三大部读教记》十三卷，X28。

（117）宋·时举释，明·海眼会：《金刚錍论释文》三卷，X56。

（118）日·最澄等问，唐·道邃等答：《天台宗未决》六卷，X56。

（119）宋·元悟编：《螺溪振祖集》一卷，X56。

（120）宋·如吉编：《重编天台诸文类集》一卷，X57。

（121）宋·可观述，智增证：《山家义苑》二卷，X57。

（122）宋·可观撰：《竹庵草录》一卷，X57。

（123）宋·宗印撰：《北峰教义》卷一，X57。

（124）宋·可度解，明·正谧会：《指要钞详解》四卷，X56。

（125）宋·可度笺：《楞严经笺》十卷，X51。

（126）宋·可度科：《科南本涅槃经》一卷，X37。

（127）宋·志磐述：《宗门尊祖议》一卷，X57。

（128）宋·志磐撰：《法界圣凡水陆胜会修斋仪轨》六卷，X74。

（129）宋·志磐撰：《佛祖统纪》五十四卷，T49。

（130）宋·法登述：《圆顿宗眼》一卷，X57。

（131）宋·法登述：《议中兴教观》一卷，X57。

（132）宋·义铦述：《不可刹那无此君》一卷，X57。

（133）宋·普容集：《台宗精英集》五卷，X57。

（134）佚名：《台宗教观撮要论》二卷，X57。

（135）元·自庆编述：《增修教苑清规》二卷，X57。

（136）元·元粹述：《四教仪备释》二卷，X57。

（137）元·蒙润排定：《四教仪集注科》一卷，X57。

（138）元·蒙润注：《天台四教仪集注》九卷，P①189。

（139）元·怀则述：《天台传佛心印记》一卷，T46。

（140）元·怀则述：《净土境观要门》一卷，T47。

（141）明·明得排定：《金光明经玄义科》一卷，X20。

（142）明·明得整理：《金光明经玄义拾遗记会本》二卷，X20。

（143）明·明得排定：《金光明经文句科》一卷，X20。

（144）明·明得整理：《金光明经文句文句记会本》八卷，X20。

（145）明·真觉略解：《佛说观无量寿佛经疏妙宗钞科文》一卷，X22。

（146）明·真觉略解：《三千有门颂略解》一卷，X57。

（147）明·传灯注：《天台传佛心印记注》二卷，X57。

（148）明·传灯述：《性善恶论》六卷，X57。

（149）明·传灯辑：《法华玄义辑略》一卷，X28。

（150）明·传灯述：《楞严玄义》四卷，X13。

（151）明·传灯述：《楞严圆通疏前茅》二卷，X14。

（152）明·传灯注：《楞严圆通疏》十卷，X12。

（153）明·传灯注：《维摩诘经无我疏》十二卷，X19。

（154）明·传灯注：《永嘉禅宗集注》二卷，X63。

（155）明·传灯撰：《净土生无生论》一卷，T47。

（156）明·传灯撰：《弥陀经略解圆中钞》二卷，X22。

（157）明·传灯注：《观无量寿佛经图颂》一卷，X22。

（158）明·传灯集：《礼吴中石佛起止仪式》一卷，X74。

（159）明·正寂注：《净土生无生论注》二卷，X61。

（160）明·受教注：《净土生无生论亲闻记》一卷，X61。

（161）明·一如集注：《妙法莲华经科注》，X31。

（162）明·仁潮录：《法界安立图》六卷，X57。

（163）明·如惺撰：《大明高僧传》八卷，T50。

---

① P指《永乐北藏》。

（164）明·如惺撰：《得遇龙华修证忏仪》四卷，X56。

（165）明·智旭述：《教观纲宗》一卷，T46。

（166）明·智旭述：《教观纲宗释义》一卷，X57。

（167）明·智旭述：《妙玄节要》二卷，X28。

（168）明·智旭述：《法华会义》七卷，X32。

（169）明·智旭述：《大乘止观法门释要》四卷，X55。

（170）明·智旭述：《梵网经忏悔行法》一卷，X60。

（171）明·智旭集：《占察善恶业报经行法》一卷，X74。

（172）明·智旭述：《赞礼地藏菩萨忏愿仪》一卷，X74。

（173）明·智旭解：《阿弥陀经要解》一卷，T37。

（174）明·智旭述：《大乘起信论裂网疏》六卷，T44。

（175）明·智旭撰：《楞严经玄义》二卷，X13。

（176）明·智旭撰：《楞严经文句》十卷，X13。

（177）明·智旭撰：《楞伽经玄义》一卷，X17。

（178）明·智旭撰：《楞伽经义疏》四卷，X17。

（179）明·智旭撰：《占察善恶业报经玄义》一卷，X21。

（180）明·智旭撰：《占察善恶业报经义疏》二卷，X21。

（181）明·智旭撰：《佛说盂兰盆经新疏》一卷，X21。

（182）明·智旭撰：《金刚般若经破空论》一卷，X25。

（183）明·智旭撰：《金刚般若经观心释》一卷，X25。

（184）明·智旭撰：《般若心经释要》一卷，X26。

（185）明·智旭撰：《佛遗教经解》一卷，X37。

（186）明·智旭撰：《八大人觉经略解》一卷，X37。

（187）明·智旭撰：《梵网经菩萨心地品玄义》一卷，X38。

（188）明·智旭撰：《梵网经菩萨心地品合注》七卷，X38。

（189）明·智旭撰：《菩萨戒本经笺要》七卷，X39。

（190）明·智旭撰：《菩萨戒羯磨文释》一卷，X39。

（191）明·智旭撰：《毗尼珍敬录》二卷，X39。

（192）明·智旭撰：《重治毗尼事义集要》十七卷，X40。

（193）明·智旭撰：《四分律大小犍度略释》十七卷，X44。

（194）明·智旭撰：《佛说斋经科注》一卷，X44。

（195）明·智旭撰：《大乘百法明门论直解》一卷，X48。

（196）明·智旭撰：《成唯识论观心法要》十卷，X51。

（197）明·智旭撰：《唯识三十论直解》一卷，X51。

（198）明・智旭撰：《观所缘缘论直解》一卷，X51。

（199）明・智旭撰：《观所缘缘论释直解》一卷，X51。

（200）明・智旭撰：《因明入正理论直解》一卷，X53。

（201）明・智旭撰：《唐奘师真唯识量略解》一卷，X53。

（202）明・智旭撰：《八识规矩直解》一卷，X55。

（203）明・智旭撰：《六离合释法式略解》一卷，X55。

（204）明・智旭撰：《沙弥十戒威仪录要》一卷，X60。

（205）明・智旭撰：《在家律要广集》三卷，X60。

（206）明・智旭撰：《律要后集》一卷，X60。

（207）明・智旭撰：《见闻录》一卷，X88。

（208）明・智旭撰：《蕅益三颂》一卷，J①20。

（209）明・智旭撰：《周易禅解》十卷，J20。

（210）明・智旭撰：《绝余编》四卷，J4。

（211）明・智旭撰：《阅藏知津》四十四卷，J31、32。

（212）清・成时编：《灵峰蕅益大师宗论》十卷，J36。

（213）明・智旭撰：《选佛谱》六卷，B②24。

（214）明・智旭编：《法海观澜》五卷，B24。

（215）清・天溪说，灵耀补定：《摩诃止观贯义科》二卷，X56。

（216）清・天溪集：《药师三昧行法》一卷，X74。

（217）清・天溪集：《准提三昧行法》一卷，X74。

（218）清・天溪集：《瑜伽集要焰口施食仪》一卷，J19。

（219）清・灵耀著：《随缘集》四卷，X57。

（220）清・灵耀节：《四教仪集注节义》一卷，X57。

（221）清・灵耀述：《观世音菩萨普门品肤说》一卷，X35。

（222）清・灵耀述：《释签缘起序指明》一卷，X28。

（223）清・灵耀述：《金刚般若波罗蜜经部旨》二卷，X25。

（224）清・灵耀述：《药师经直解》一卷，X21。

（225）清・灵耀述：《盂兰盆经折中疏》一卷，X21。

（226）清・灵耀述：《楞严经观心定解》十卷，X15。

（227）清・灵耀述：《楞严经观心定解科》一卷，X15。

（228）清・灵耀述：《楞严经观心定解大纲》一卷，X15。

---

① J指《嘉兴藏》。

② B指《大正藏补编》。

（229）清·达默集：《净土生无生论会集》一卷，X61。

（230）清·性权记：《四教仪注汇补辅宏记》二十卷，X57。

值得说明的是，上述罗列的补充性典籍，并非天台宗的全部，还有诸多未被收录其中。如《大日本佛教全书》《天台宗全书》中公布了未入藏的天台宗补充性传世文献。在日本比叡山的藏书库中，还有大量未公布于世的传世文献。近代天台宗中兴之祖谛闲大师及其门下传承弟子的著作，也是补充性典籍。当代弘扬天台宗大德的著作，也可列入补充性典籍范畴。因篇幅的关系，未予录入，可自行查阅。从上述罗列的传世补充性典籍来看，除源流性、根本性典籍外，唐代的灌顶大师、湛然大师以及宋代的知礼大师，已成为补充性典籍中的权威，形成阐释三大部、五小部最为权威的传统。从补充性典籍的范畴来看，宋代的著作最多，大多围绕知礼大师展开论述，其天台宗修行理念，影响着后世的发展方向，台、净合流已是大势所趋。到了明末清初，蕅益大师出世，以天台理论诠释众经，不仅解唯识、戒律、因明、净土，还大力弘扬地藏法门，充分发挥了天台宗圆教摄法的普遍性，其著作多达五十余部，可以说是天台宗最后的大家，其思想至今仍在影响着我们。

第二节　天台宗的核心典籍

《大正藏》《卍续藏经》中收录智者大师的著作有三十五种，其中八种存疑。在众多的典籍中，以《法华文句》《法华玄义》《摩诃止观》为主，世称法华三大部。《法华文句》，是智者大师对《法华经》的解释，讲于陈祯明元年（587），由章安灌顶记录。《法华玄义》，隋开皇十三年（593）于荆州玉泉寺讲说，由章安灌顶记录，解释《法华经》经题。《摩诃止观》，于隋开皇十四年（594）在荆州玉泉寺讲出，弟子灌顶笔录成书，宣说圆顿止观修行次第，是其一生修行方法的总结。三大部中，《法华玄义》与《摩诃止观》二书，构成了天台宗圆教哲学的理论诠释与修行实践体系，《法华玄义》是正说教相门，旁及观心门；《摩诃止观》是正说观心门，旁说教相门；二者是智者大师对整体佛法的重新阐释，可以说是天台教义的精髓所在。下面就三大部的内容做简单的说明。

一　《法华文句》简介

《法华文句》，是智者大师对《法华经》逐字逐句的解释。按照《法华经》的内容，判前十四品为迹门、后十四品为本门。迹门，如来为本垂迹，开权显实，开三乘之权，显一乘之实。因众生难解佛乘，故运用无缘慈、同体悲，分别说声闻乘、缘觉乘、菩萨乘，开方便之权门，示真实之妙理，会三乘归一佛乘，令众生开示悟入佛之知见。后十四品为本门，如来开近显远，开近化迹显本之久远，说明释迦佛非于菩提树下初成正觉，三千尘劫前已成究竟佛果。智者大师继承道安大师的三分法，判迹门、本门，各有序分、正宗分、流通分。于迹门言，第一《序品》为序分、第二《方便品》、第三《譬喻品》、第四《信解品》、第五《药草喻品》、第六《授记品》、第七《化城喻品》、第八《五百弟子授记品》、第九《授学无学人记品》为正宗分；第十《法师品》、第十一《见宝塔品》、第十二《提婆达多品》、第十三《劝持品》、第十四《安乐行品》为流通分。于本门言，从第十五《从地踊出品》开始到"汝等自当因是得闻"为序分，从同品"尔时释迦告弥勒"以下，到第十七《分别功德品》"弥勒说十九行偈"为正宗分；第十八《随喜功德品》、第十九《法师功德品》、第二十《常不轻菩萨品》、第二十一《如来神力品》、第二十二《嘱累品》、第二十三《药王菩萨本事品》、第二十四《妙音菩萨品》、第二十五《观世音菩萨普门品》、第二十六《陀罗尼品》、第二十七《妙庄严王本事品》、第二十八《普贤菩萨劝发品》为流通分。

《法华文句》中，智者大师运用因缘释、约教释、本迹释、观心释四种体例释经。因缘，也称为感应。众生无入佛机缘，佛在身边，亦不可闻法；众生有入佛机缘，佛在远方，慈善根力，也可闻法修行，故用因缘释经。佛法中以求解脱人为当机众，婆婆众生耳根偏利，佛以音声为佛事，广开甘露法门，灭众生炽热烦恼，故用约教释经。教有权实浅深不同，须置指存月，亡迹显本，故用本迹释经。学习佛法，寻迹迹广，徒自疲劳；寻本本高，高不可及；应观己心，心法合一，破除惑业，故用观心释经。

以"如是"为例。将经文中"如是"，举为所闻法体；"我闻"，判为能持之人；"一时"，是闻持和合，非异时也；"佛"，说明经从佛闻，是说法之主；"王城耆山"，说明讲法的地点；"与大比丘众"，是闻持的法侣。此等皆因缘和合相生，方能成就讲法圣会，故分别法义，用因缘释经。智者大师除用因缘相生诠释外，还以四悉檀诠释"如是"一段，三世佛经，皆有如是我闻，诸佛道同，不与世争，生他欢喜，故是世界悉檀；《大智度论》中说，经文举时间、地点等要素，能令人生信，故是为人悉檀。又为破斥外道"阿欧"，不如不是，说如是我闻，此是对治悉檀。又"如是"者，信顺之词，信则所闻之理会，恒顺则师资道成，如此即第一义悉檀。约教解"如是"，三世佛经初皆有如是，每一佛教化众生的仪式有顿、渐、秘密、不定，教化众生的方法有藏、通、别、圆，故要对佛法进行教相判释，否则权实不分，以渐释顿，错解法义，此以渐教分别"如是"。佛言真无文字，俗有文字，阿难尊者传佛俗谛文字，与佛所讲无异为"如"，因此俗文入真谛理为"是"，此是三藏教经典所明"如是"。佛言色即是空，空即是色，色空、空色，二无差别。

空色不异为"如",即事而真为"是"。阿难传佛,文不异为"如";能权即所权为"是";此是通教经典所明"如是"。佛说生死是有边,涅槃是无边;出生死有边,入涅槃无边;出涅槃无边,入于中道。阿难传此,与佛说无异,故名为"如";从浅至深,无非曰"是";此是别教经典所明"如是"。佛言生死即涅槃,亦是中道。真如法界,实性实际,遍一切处,皆是佛法。阿难传此与佛无异为"如",如如不动为"是",此是圆教经典所明"如是"。

约本迹释"如是",如是含义甚广,三世十方,横竖如是;过去远远,现在漫漫,未来永永,皆悉如是;何处为本?何处为迹?此中以释迦佛最初成道,经初的"如是"为本;中间示现作佛,今日所讲经"如是"为迹。约观心释"如是",将前诸因缘释、约教释、本迹释诸义理,转化为观心实践,产生破惑证真的效用。此中以前诸"如是"义,悉是因缘生法,为通观,即析空观;"因缘生法即空即假"为别观,即体空观;"二观为方便,入中道第一义谛"为亦通亦别观,即假观;"上来悉是中道"为非通非别观,即中观。《法华文句》中经文的诠释,运用因缘、约教、本迹、观心四释,可以说四释是《法华文句》的特色,权威的注释本为湛然大师的《法华文句记》。

二 《法华玄义》简介

《法华玄义》,是智者大师安居期间为僧众讲《法华经》经题之作品,有中国佛教历史上"九旬谈妙"的美誉。《法华玄义》,详明《法华经》纯圆独妙的要旨,确定其一代时教中经王的位置。《法华玄义》的开头,详明经题的含义。妙,即不可思议法。法,即十界、十如、权实之法。莲华,譬权实等法,因妙法难解,故以莲华为譬加以说明。以莲华生长的过程,譬权实、本迹关系,从而形成著名的莲华六譬。为莲故华,譬为实施权、为本垂迹。华开莲现,譬开权显实、开迹显本。华落莲成,譬废权立实、废迹立本。权实是迹门三譬,本迹是本门三譬,说明释迦如来教化之始终,本迹之幽远。全文,智者大师从通别两个角度阐释。通的角度是七番共解,别的角度是五重玄义。利根,七番共解即可悟道。钝根,广历五重玄义方可证道。七番共解,分别是标章、引证、生起、开合、料简、观心、会异。标章,标列章节,层次分明,使研教者,容易记忆,避免忘记,令起念心。引证,所有言论,引证佛经,使人深信,杜绝怀疑,令起信心。生起,五重各说,次第井然,生起有序,学者不散,令起定心。开合,将五重玄义与不同概念进行对比,分说、总说,彰显五重释经的普遍性。料简,为断疑生信,定慧均等,以问答的方式,反复抉择法义,令慧解增上。观心,所有法义,不离观心,为免说食数宝,故将法义落实观心,依教修观,断除惑业。会异,以四悉檀为依,会种种差别成无差别,将五重与四悉融为一体。如是七番共解,"标章"生起念心,"引证"生起信心,"生起"涵养定心，"开合""料简""会异"生起慧心，"观心"生起精进心，如是五心成五根，排五障，成五力，入三解脱门。

正说五重玄义，第一为释名，解释经的名义以及含义，其中又分为四段：一是判通别，分别经的通名和别名，"妙法莲华"是别名，经是通名，通别二名，包含教、行、理三意。二是定妙法前后，若从义便，应先法后妙；若从名便，应先妙后法；今为解释义理，故先法后妙。三是出旧解，略明道场观师、会稽基师、北地某师、光宅云师，四家旧解。四是正解《妙法莲华经》，"法"即十界、十如、权实之法，亦即宇宙间一切法，论其范围不外乎众生法、佛法、心法三种，依《法华经》一心三观的义旨，三法无差别，圆妙不可议。"妙"分为相待妙与绝待妙。与粗相对待而称为妙，叫相待妙，例如半满相对，半字是粗，满字是妙；不因与粗相对待而称为妙，叫绝待妙。众生法、佛法、心法，都具备相待、绝待二妙，所以称为妙。更开迹门、本门，此二门亦具相待妙、绝待妙。

迹门十妙有（1）境妙，智的对象，境即理境，以十如境、十二因缘境、四谛境、二谛境、三谛境、一谛境等为观照对象，此境是心佛及众生三无差别，不可思议也，故《法华经》中云，唯佛与佛乃能究尽诸法实相，所谓诸法如是相、如是性等是也。（2）智妙，观境而生起，因境妙故，智亦随妙，境智相应，不可思议，故《法华经》中说，我所得智慧，微妙最第一。（3）行妙，即所修之行也。因观境，故生起智，智能导行。智不可思议，故行随智也不可思议，故《法华经》中云，行此诸道已，道场得成果。（4）位妙，即修行所经历的位次，分别是十住、十行、十回向、十地。因位妙不可思议，则所历之位亦不可思议，故《法华经》中云，乘是宝乘，游于四方。（5）三法妙，三法，即真性、观照、资成。真性是理，众生本具天然性理。观照是慧，以般若为眼目。资成是定，勤修六度，资成般若。三法中，观照指导资成，资成反益观照，相辅相成，显现真性。此三法，是佛所证，不可思议，故《法华经》中云，佛自住大乘，如其所得法，定慧力庄严。（6）感应妙，感即众生，应即是佛。众生以圆机感佛，佛以妙应应之，众生是不求而求，佛是不应而应。譬月普现千江水，水不上升，月不下降，不可思议，故《法华经》中云，一切众生，皆是吾子。（7）神通妙，天然慧性，彻照无碍，称之为神通。如来应众生因缘，无谋之应，善巧方便，适其机宜，变现自在，不可思议，故《法华经》中云，今佛世尊入于三昧，是不可思议现稀有事。（8）说法妙，如来具一切种智，能种种分别众生根机，演说大小乘偏圆等法，令众生悟入佛之知见，故《法华经》中云，如来能种种分别，巧说诸法，言辞柔软，悦可众心。（9）眷属妙，诸佛出世教化众生，十方诸菩萨皆来辅助，有神通生眷属、业生眷属、愿生眷属、应生眷属等，故《法华经》中云，但教化菩萨，无声闻弟子。（10）眷属利益妙，诸佛说法，一切众生得大利益，入佛知见。犹如时雨普洽大地，一切草木皆得恩泽，故《法华经》中云，现在未来，若闻一句一偈，我皆与授阿耨多罗三藐三菩提记。迹门十妙，有其相生次第，境妙、智妙、行妙、位妙是自行之因，三法妙是自行之果，感应妙、神通妙、说法妙是化他之能化，眷属妙、眷属利益妙是化他之所化。

本门十妙有：（1）本因妙，本佛最初修行之因，从发菩提心开始算起，故《法华经》中云，我本行菩萨道时所成寿命，今犹不尽。（2）本果妙，以最初因修行六度，福慧圆满时成就的佛果为本果，故《法华经》中云，我成佛已来，甚大久远。（3）本国土妙，成就佛道，必有所依国土，故《法华经》中云，自从是来，我常在此娑婆世界说法教化。（4）本感应妙，本佛既已成道，以救度众生为用，众生三业所感，感诸佛不应而应，故《法华经》中云，若有众生来至我所，我以佛眼观其信等众根利钝。（5）本神通妙，本佛为成就最初的众生，示现神通妙用济拔苦厄，故《法华经》中云，如来秘密神通力，或谓示己身他身，示己事他事。（6）本说法妙，本佛悟道初，最初所说的法为本说法妙，故《法华经》中云，此等我所化，令发大道心，今皆住不退。（7）本眷属妙，本佛最初成道，说法教化的对象，为本眷属妙，故《法华经》中云，此等是我子，我则是其父。（8）本涅槃妙，本佛涅槃常住，本来具足，为化众生，示现涅槃，故《法华经》中云，然今非实灭度，而便唱言当取灭度。（9）本寿命妙，本佛最初成道住世，观察住世因缘，自由示现成道、涅槃，称为本寿命妙，故《法华经》中云，处处有说名字不同，年纪大小。（10）本利益妙，本佛最初的业生、愿生、神通生、应生等眷属，得法利益，安住大乘为本利益妙，故《法华经》中云，皆令得欢喜。本门中次第，本因妙为自行之因，本果妙、本国土妙、本涅槃妙、本寿命妙为自行之果，本感应妙、本神通妙、本说法妙为他之能化，本眷属妙、本利益妙为他之所化。

以上是对释名的解释。第二是辨体，全文分为正显经体、广简伪、一法异名、入体之门、遍为众经体、遍为诸行体、遍为一切法体七段说明，显此经以诸法实相为体。妙有、真善妙色、实际、毕竟空、如如、涅槃、佛性、如来藏、中道、第一义谛等名，皆是实相的异名。第三是明宗，全文分为简宗体、正明宗、众经同异、明粗妙、结因果五段阐释，正明此经以一乘因果为宗。第四是论用，全文分为明力用、明同异、明历别、对四悉檀、悉檀同异五段阐释，正明此经迹门以断权疑生实信为用，本门令断近疑生远信为用。第五是判教，先批判南三北七旧说，次立五时八教教判，判《法华经》为超八教纯圆独妙，并以涅槃五味中的醍醐为譬。该书末尾附有《记者私录异同》一篇，是灌顶记录其师所说后的附记，其中分为杂记异闻与推尊师说两段。杂记异闻中又分为阐明《般若》与《法华》的同异、阐明经论中诸藏的离合、阐明四教名义的依据、批判古时七阶五时教判的穿凿。《法华玄义》在后世流传的过程中，教义艰深难懂，湛然大师著《法华玄义释签》释之。《法华玄义释签》也成为《法华玄义》最权威的注解。湛然大师还根据《法华玄义》中本门十妙、迹门十妙，别列十不二门，使法义归结于一念心，以示观法大纲发其深意。十不二门，分别为色心不二门、内外不二门、修证不二门、因果不二门、染净不二门、依正不二门、自他不二门、三业不二门、权实不二门、受润不二门。后知礼大师著《十不二门指要钞》，开示天台修行之窍诀，此书在后代备受重视，成为解《十不二门》最权威的著作。

三 《摩诃止观》简介

《摩诃止观》，智者大师于湖北荆州玉泉寺安居期间为众僧宣讲，后由章安大师记录成现十卷流通本。全书由两部分构成，分别是叙说和正说。叙说部分，说明金口相承、经论相承、今师相承。金口相承，以《付法藏因缘传》为依据，说明从佛到师子比丘间二十三祖圣师传承，此等圣师皆佛金口玉言，能随机说法利益众生。经论相承，说明慧文大师读龙树菩萨《大智度论》以及《中观论》证悟一心三观，后将此观法传慧思大师，故将龙树菩萨立为高祖。今师相承，说明慧思大师事师慧文大师，授一心三观修法；智者大师事师慧思大师，承受一心三观要旨；后智者大师光大教门，创立天台宗。正说部分，分别由大意、释名、体相、摄法、偏圆、方便、正观、果报、起教、旨归等构成。

第一，大意章，分别由发大心、修大行、感大果、裂大网、归大处等构成。发大心，说明修学圆顿止观的发心，智者大师从"简非"与"显是"两重角度加以说明。于简非言，智者大师将人在日常生活中所起之心归纳为地狱、畜生、鬼、修罗、人、天、摩罗、外道、色无色、二乘十种，告诫行者修学圆顿止观所不应发之心。为避免在修学过程中产生执性的现象，故以感应道交论发心。诸佛以四悉檀为因缘说法，令众生蒙受法益。又诸佛住诸法实相，因众生机感不应而应，故菩提心不从自性、他性、共性、无因性生。于显示言，分别以四谛为境、四弘为愿、六即为位诠释菩提心，此三者在修学中是密不可分的整体。因人根机千差万别，所迷的法性有亲疏，能迷的苦集有厚薄；能解的法性有巧拙，所解的道灭有利钝，故导致四谛与四弘各有四种差别。借观境的宽窄、智慧的浅深以相待凸显绝待，故圆顿止观正依无作四谛发无作四弘誓愿。

修大行，即修常坐、常行、半行半坐、非行非坐等四种三昧，入圆教初住无功用道位。常坐三昧，依《文殊说般若经》《文殊问菩提经》为依据，常坐九十天修无我想。常行三昧，以《般舟三昧经》为依据，九十天不休息念阿弥陀佛。半行半坐三昧，分别由方等三昧和法华三昧构成。方等三昧，以《大方等陀罗尼经》为依据；法华三昧，以《普贤观经》为依据；二者在行法上，分为身论开遮、口论说默、意论止观。非行非坐三昧，分为作法修与随自意修。作法修，以《请观世音菩萨消伏毒害陀罗尼咒经》为依据，修行方法等同半行半坐三昧；随自意修，以介尔所起之心为观照对象，历行、住、坐、卧、语、默等，看心从何处来，到何处去，后观心无心入诸法实相。感大果，说明修行圆顿止观所得的果报，若恒顺中道之理，则有胜妙果报现前。虽未出分段生死，但所得的修行果报，已异于小乘七方便，何况是未来的华报呢？此中的义理，在后第八章中广说。裂大网，说明修行圆顿止观的断惑功用，若内在智慧逐渐通达，破惑如除微尘得大千经卷，恒沙佛法一心中得，此中的义理在后第九章中广说。归大处，说明修行圆顿止观的最终目的，圆顿止观是成就佛道的唯一途径，以归涅槃三德为最终去处，此中的义理在第九章中广说。第一章大意中的五略，已包含后九章的内容，由略可以知广的内容。因智者大师讲到第七境后，即停止宣讲，故看略可以知广。

第二，释名，解释止观之名，分别从相待、绝待、会异、通三德四重维度说明。从相待的角度言，止观各具三义，止具息义、停义、对不止止义。观亦有三义，贯穿义、观达义、对不观观义。说明绝待止观时，运用龙树菩萨的四句推检，分别从横与竖两方面说明。从横的角度言，四句相望，没有浅深。从竖的角度言，以生生、生不生、不生生、不生不生四句相望，有浅有深。会异，止观有种种异名，会种种差别成无差别。通三德，延伸止观的摄法内涵，与种种名义相会，通向三德涅槃。

第三，体相，解释止观体相，体相幽隐难知，以教相、眼智、境界、得失四科显体。于教相显止观体相，教相为能诠之教，圆顿止观为所显之体。教相门所诠释的内容不外止观，为显示圆顿止观体相，运用相待思维，次第止观与不次第止观为说明对象，以不次第止观为能诠教相显圆顿止观体。于眼智显止观体相，止观为能修之因，眼智为所证之果，以三止三观为因，次第止观、非次第止观为果，显一心止观成佛眼佛智圆顿止观体相。于境界显止观体相，分别从"境界义""境智离合"两方面说明。在说明"境界义"时，于自行言，从法义的本身看，诸法寂灭，无有定性，不可言有，不可言无；于化他言，众生根机无量，佛以四悉檀为缘，随情说、随智说、随情智说为方式，施设无量法门，故不可定执法有可得之相。说明"境智离合"时，智者大师从境离合与智离合两方面进行阐释，分别从横竖两个角度对二谛与三谛以及二谛与四谛的离合之相进行拣择，又约化法四教与六即进行说明，使行者了知所证之相。说明智离合时，分别从智与谛的关系，从四方面进行拣择，还约化法四教与六即进行说明，显所证之智。于得失显止观体相，此中的得，是不可思议，破四性之过；此中的失，是可思议，堕入四性之中。智者大师认为，若执四性，则轮回生死，无有出期。若不执四性，则生死可了，圆顿可证。

第四，摄法：说明止观总摄一切法，分别从摄一切理、摄一切惑、摄一切智、摄一切行、摄一切位、摄一切教展开说明。止观分别摄六法，此六种法代表全体佛法，全体佛法的内容不外乎止观。六法间的相互涵摄，说明了佛法的圆融与无碍，每一法皆具足其他五法，彰显了圆顿止观的真实体相与无边妙用。

第五，偏圆，拣择止观体相，于大小、半满、偏圆、顿渐、权实五组概念拣择圆顿止观的体相。此五组概念中的每一组，皆可拣择全体佛法，运用这些相待概念，其目的是显示绝待止观的不可思议与无限广大，从知见上展示圆顿止观的体性，为后面的修行打下坚实的基础。

第六，方便，以二十五法为主要内容，证圆教五品弟子位为主要目的。方便的含义是，以微少善根，获无量解行，速入菩萨位。二十五法，分别是具五缘、呵五欲、弃五盖、调五事、行五法。具五缘，指持戒清净、衣食具足、闲居静处、息诸缘务、得善知识。助缘已具，应呵五欲，呵色、呵声、呵香、呵味、呵触。外弃嗜欲，内净心神，弃绝五盖，弃贪欲盖、弃嗔恚盖、弃睡眠盖、弃掉悔盖、弃疑盖。盖复已除，心神寂静，当调五事，调食令不饥不饱、调眠令不节不恣、调身令不宽不急、调息令不涩不滑、调心令不沉不浮。四科已备，更行欲、精进、念、巧慧、一心五法。欲，欲得禅定智慧；精进，六时精进无懈怠；念，思禅定智慧可重可贵；巧慧，筹量禅乐得失轻重；一心，明见世间过患，知智慧殊胜功用。此二十五法，是一切禅慧方便必须具足的。

第七，正观，即正修止观，此中以十种境界与十乘观法为主要内容。十种境界，分别为观阴界入境、烦恼境、病患境、业相境、魔事境、禅定境、诸见境、增上慢境、二乘境、菩萨境。此中的十境，以阴界入境为母体，衍生如下九境。阴界入境，无论观与不观，常自现前。其他九境，随人福德、因缘不同，所发相貌没有限定，有时次第发，有时非次第发，有时同时发，有时个别发，又称为发所观境。十种境界中，阴界入境无论观与不观，常自现前，故称为现前对境。阴界入境，以五阴、十二入、十八界为观境，为便于起修，以五阴中识阴为观境，又于识阴中取无记为观境。烦恼境，对贪、嗔、痴、等分，四种烦恼引起之境作观，观察烦恼之由来。病患境，对五藏相增成病、四大相增成病、五藏体减成病、五行相克成病、六神缺少成病等病患境作观，观病相、病因与治病方法等。业相境，内有宿世善恶业因，在外在因缘的作用下，显现的业相千差万别，但总的来说善不外乎六度，恶不外乎六弊，以六度、六弊为具体观修对象。魔事境，以天子魔为观修对象，将魔分为恼惕鬼、时媚鬼、魔罗鬼，详明其相貌、具体的对治方法。禅定境，以四禅、十六特胜、通明禅等诸禅为观修对象。诸见境，以佛法外外道、附佛法外道、学佛法成外道为观境，说明诸见过患。增上慢境，过诸见境，执此状态为涅槃，起骄慢心，故以此为观境。二乘境，过见境、慢境，生满足感，偏执空理，不入大乘，堕落二乘，故以此为观境。菩萨境，过二乘境，心静止时，有菩萨法界现起，以圆教下菩萨法界为观境。

于此十种境界中每一境界，修观不可思议境、起慈悲心、巧安止观、破法遍、识通塞、修道品、对治助开、知次位、能安忍、无法爱十乘观法。第一，观不可思议境，以性德境与修德境进行说明。性德境中，说明介尔所起之心具三千诸法；修德境中，依性德境起修，含自行、化他两部分。第二，起慈悲心，即真正发菩提心，在观不思议境的基础上，了知一切苦，悲悯己与他往昔所造的一切恶业，起广大慈悲心，依圆融三谛之理起菩提行愿。第三，巧安止观，即善巧安心止观，使止观安于法性，止观是能安，法性是所安，使能安的止观安于所安的法性。第四，破法遍，上善巧安心，定慧开发，若未相应，则有执法之障，须加以破斥，以三观破除三惑。第五，识通塞，行者在修破法遍时，未入中道第一义谛，在观行的过程中，爱着观空的智慧，妨碍了圆顿止观的修证，故要识通塞。法义通途而言，六度是通，六弊是塞；三观是通，三惑是塞；若于通起执，则通也成塞。第六，修道品，即道品调适，行者修破法遍、识通塞后，若未悟入中道第一义谛，应检查所修的方法为何不与中道相应，故修道品调适。此中的道品主要指四念处、四正勤、四如意足、五根、五力、七觉支、八正道等三十七道品，分为对位道品、相生道品、当分道品、相摄道品。第七，对治助开，行者修上观法，若未悟入，须修事助行，对治障弊，故要设立六度助道法门，破除障碍，证入圆教初住位。第八，知次位，行者在观阴界入境时，修观至对治助开，应深知自己的位次，避免增上慢的产生，故要修知位次。第九，能安忍，行者由观修不思议境乃至识次位，业障消除，智慧转增，神智利爽，易外露才智，须安忍诸事，深修三昧，如此方可成就大事。第十，无法爱，通过九境的修习，已能安忍内外障，此时应证真入位。若不入者，因有法爱执着，故舍离法爱，证入真位。

智者大师的《摩诃止观》，是天台宗最具代表性的圆顿止观修行体系，勾勒出了以四种三昧为外在方式，二十五法为远方便，十种境界为近方便，十乘观法为主体的圆顿止观修行次第，通过渐次中有圆顿、圆顿中不舍渐次双重奏的说明，利根当下悟入佛之知见，钝根具历诸法修行渐入佛之知见，由此体例的说明上，可窥测出一代祖师的慈悲行愿。《摩诃止观》文本深奥，若非上根利智，则难以窥测堂奥，深入修学。湛然大师恐一家教法湮没无闻，运无碍智著《止观辅行传弘决》释之，此书也成为《摩诃止观》最为权威的注疏。

第三节　结语

综上所述，我们将天台宗的典籍进行了说明，天台典籍分布在诸本藏经中。按照宗派自身的特点以及时间的先后顺序，我们将源流性典籍、根本性典籍、补充性典籍进行了说明，并具体标列出其范畴。在智者大师传世的三十五种典籍中，八种著作存在较大争议，《法华文句》《法华玄义》《摩诃止观》等书最能代表其思想理念与修行方法，后人将此三书称为法华三大部。《法华文句》，是智者大师对《法华经》的解释，运用因缘、约教、本迹、观心四释诠释经文，通过整体性的阐释，可知法华的殊胜圆妙。《法华玄义》，是智者大师对《法华经》经题的解释，以七番共解、五重玄义为主要内容，迹门十妙、本门十妙为具体阐释对象。《摩诃止观》，是智者大师一生修行经验的总结，以五略、十广为主要内容，四种三昧、二十五方便、十种境界、十乘观法等为重点展开次第、圆顿双重奏说明。后世的传承者们围绕天台宗三大部以及其他教典，熏习、修行、讲说，通过历代高僧的不断努力，使天台宗这一古老的佛教宗派在华夏这片沃土上得以延续。

思考与练习题

1. 何为源流性典籍？

2. 何为根本性典籍？

3. 何为补充性典籍？

4. 何为五重玄义？

5. 何为七番共解？

6. 何为迹门十妙？

7. 何为本门十妙？

8. 何为五略、十广？

9. 何为十乘观法？

10. 何为十种境界？

11. 何为四意消文？

12. 《法华文句》中迹门的序分、正宗分、流通分如何划分？

13. 《法华文句》中本门的序分、正宗分、流通分如何划分？

第四章　天台宗的教团制度

【本章导言】

　　中国的丛林寺院素有"冬参夏学"的传统，"冬参"的特色在禅寺中可以见到，而"夏学"因其以讲经说法为主要特征而大都保留在教寺。天台宗以教观双美为修行理念，重视经典的讲说和义解，历代祖师皆立足于寺院将讲经作为一种重要的修学制度确立下来，制订了各种培养弘法人才的方案，可以说天台宗在讲学方面已积累了足够的经验，其讲学的内容和形式也随着时间的积淀越来越丰富完整。从智者大师开始，到谛闲大师结束，在一千四百多年的动态发展史中形成了多种不同类型的教团制度。本章从一个宏观的角度，对现有天台教团制度归纳、分类与解读，按性质的不同分为根本型、补充型、革新型三类。正因这些教团制度的存在，以僧为主的天台僧团，才得以规范三业，六和安住，人才辈出，教观相续。教团制度，是僧团的防腐剂，起到了净化、和合、安住的作用，故学习教团制度对于修行而言意义重大。

【讲授内容】

　　教团制度，是在戒律的基础上，弥补其随方不足，因地制宜，制定规范僧人言行和修学之规章制度。本章分别从天台教团制度的含义及其思想来源、天台教团制度与戒律的关系、天台教团制度的具体内容等角度加以详明，使读者能概知动态发展史中天台教团制度之全貌。

第一节　天台教团制度的含义及其思想来源

　　教制，是由佛制演变为祖制的结果，是祖师针对本土文化条件之不同，据"随方毗尼"的应用原则，在戒律上所做的适度调整。戒律在中国佛教早期并未完全认真执行过，源于部分戒条不适应中国国情，在律制随方的摸索中促发了佛教团体制度的产生。佛教自传入中国，所制定的教团制度，先后有道安的《僧尼轨范》，慧远的《社寺节度》《外寺僧节度》《比丘尼节度》，慧光律师的《四分律疏》《羯磨戒本》《仁王七诫》《僧制十八条》，灵裕的《受菩萨戒法》《僧制寺诰》，僧璩的《十诵僧尼要事羯磨》。除僧人自制外，居士中也有制定僧制的例子，如文宣王萧子良撰有《僧制》《布萨净行法》，忏仪方面有《净住子净行法门》，梁武帝制定的《出要律仪》，等等。其中《僧尼轨范》为中国最早的僧团制度，后失传不知其具体内容。据《出三藏记集》卷五《道安传》的记载，道安大师所制定的《僧尼轨范》为三例，第一例是行香定座、上经上讲之法，第二例是日常六时行道、饮食、唱时法，第三例是布萨、差使、悔过等法。道安大师制定的这些规矩，对僧团的管理，起到了很大的作用，如东晋名士习凿齿云："师徒肃肃，自相尊敬，洋洋济济，乃是吾由来所未见。"[1]

　　智者大师在道安大师等前辈的基础上，以"十事利益"为根本依据：

　　　　有十事利益故，诸佛如来为诸弟子制戒、立说波罗提木叉法。何等十？一者摄僧故，二者极摄僧故，三者令僧安乐故，四者折伏无羞人故，五者有惭愧人得安隐住故，六者不信者令得信故，七者已信者增益信故，八者于现法中得漏尽故，九者未生诸漏令不生故，十者正法得久住，为诸天人开甘露施门故。以是十事，如来应供正遍知，为诸弟子制戒、立说波罗提木叉法。[2]

　　他借鉴前人的僧团管理经验，结合天台宗行持法门的特点，为后人制定了《立制法》《训知事人》等具体僧团管理制度。《立制法》规定了僧人从早到晚日常的修学事宜，如六时礼佛、四时坐禅等。《训知事人》，是对管理层的训导，警诫知事人，应明辨因果，服务大众，增上僧团。此两种教团制度，是对戒律适用性的具体补充，即日常的行为以戒律为准绳，居住在僧团中，遵守规约，相互增上，共同精进。

---

　　① （梁）释僧祐撰《出三藏记集》卷十五，《大正藏》第55册，第108页中。
　　② （东晋）佛陀跋陀罗与法显共译《摩诃僧祇律》卷一，《大正藏》第22册，第228页下。

第二节　天台教团制度与戒律的关系

天台教团制度，以僧人为主要对象。僧，也可称为比丘僧，是佛法的住持者、弘扬者，依佛陀制定的戒律安住。僧人，通过白四羯磨，在三师七证前如法受具足戒。成为具戒比丘后，用五年的时间如法学戒，通达开遮持犯后，方可听教参禅。律典有五部，汉地大多以《四分律》为主。现流行的比丘戒，有二百五十条。内容可分为五篇，即波罗夷、僧残、波逸提、波罗提提舍尼、突吉罗。世尊依法摄僧，聚集众僧，使其过和乐清净的僧团生活。僧人若犯戒，则以忏悔形式向僧众发露过错，表改往修来之意。悔过法，主要有布萨与自恣两种。布萨，同住比丘每半个月共聚一处，读诵戒本，逐条反省过去半个月内是否犯戒。若犯戒，除四重外，其余均可依法忏悔。若犯戒未被察觉，也不表白、忏悔，则障碍禅定，难证道果。自恣，即自陈己过，恣他举罪。每年雨期，僧众集中安居三个月，精进修行三学。安居临近圆满时，通过自恣对众忏悔，圆满结束安居。安居最后一天，大家集于一堂，就见、闻、疑三事，检讨过去九十日内，各自言行有无犯戒。众僧互指对方行为方面的错失，借以反省修养。若有犯戒，则要忏悔赎罪，这便是自恣。僧人在持戒的基础上，依靠忏悔维持僧团的清净和合，再修行声闻解脱道次第。

菩萨戒，为诸佛本源、菩萨根本，故智者大师除重视比丘戒外，也异常重视菩萨戒，亲撰《菩萨戒义疏》，多次任戒师给帝王授戒。菩萨戒的内容为三聚净戒，即摄律仪戒、摄善法戒、摄众生戒。摄律仪戒，摄大小乘一切戒。摄善法戒，总摄一切诸善功德，修行一切善事。摄众生戒，又名饶益有情戒，广度无量无边众生。三种戒中，以摄律仪戒为基础，能善摄律仪，总摄善法，方可饶益一切有情。据《梵网经》记载，菩萨戒的内容分为十重戒、四十八轻戒，其根本精神是发菩提心，以菩提心为戒体。菩萨戒有别于比丘戒，菩萨戒重在利他、行善，比丘戒重在自利、止恶。戒法虽有大小乘之分，但在行持上，二者互相成就。智者大师将菩萨戒判为别教行法，从一心三观出发，以持戒为止观初缘，提出观心持戒理念，强调空观持戒、假观持戒、中观持戒，成为天台宗弘扬菩萨戒的思想根源。后天台宗历代祖师皆重视大乘菩萨戒，湛然大师、遵式大师、知礼大师等皆有菩萨戒仪轨流传于世，大乘菩萨戒的流行与天台宗历代祖师的努力密不可分。

智者大师在著作中，并未特别强调比丘戒、菩萨戒哪种更为重要，而是根据《法华经》的权实精神，将戒融入修道次中，成为修道初门。智者大师对戒律的改造，可从如下方面论述：其一，将戒纳入修道体系中，形成以二十五法为前方便、四种三昧为外在方式、十乘观法为能观、十种境界为所观的圆顿止观修道次第。在二十五法中，将持戒放入第一位，并引用《大智度论》中不缺、不破、不穿、不杂、随道、无着、智所赞、自在、随定、具足十戒为说明对象，并对此十戒进行判位，前三种戒是律仪戒，每个人皆能执持，包含比丘戒的主要内容。第四种是定心持戒，依戒生定才能执持，以修定为前提条件，包含四禅八定。第五种是破除见惑的初果圣人才能执持，非凡夫所能持也。第六种是破见思惑的三果圣人所持，则非二果所能执持。第七种和第八种是从空出假的菩萨所持，包含菩萨戒主要内容。第九种和第十种是圆教初住以上的位次才能执持。此十戒修证体系，以凡夫为对象，包含比丘戒、菩萨戒，修行次第从浅至深，蕴含小乘解脱道、大乘菩萨道，符合法华为实施权、开权显实、废权立实的宗旨。其二，针对僧人，在比丘戒的基础上，对利钝两种根机施设行法。利根者，根机聪利，别行四种三昧，修渐次、圆顿、不定三种止观，不犯威仪，安心进道，皈命修行。钝根者，将忏悔、礼佛、坐禅紧密联系，构建完整的日常行持仪则，从朝至暮不令修学间断，制定《立制法》《训知事人》《敬礼法》《普礼法》。僧团由僧人构成，运转依靠组织架构，其构成包括知事和清众。对知事层，宣示《训知事人》，令以身作则，明了因果，服务大众，培植资粮。对清众层，宣示《立制法》，制定六时礼佛、四时坐禅、二时斋仪等规约，通过时间上的连续规范，僧众在遵守规章制度的同时，即可心法相应，迅入修行轨道，不负此生出家的初心。《敬礼法》《普礼法》，是对《立制法》的具体补充。通过确立四种僧团制度，规范知事、清众，上行下效，大众和合，安心进道。

第三节　天台教团制度的具体内容

智者大师曾亲近慧旷律师两年，通达戒律开遮持犯，故其制定的教团规约，在戒律行持的基础上，因地制宜适当添加，旨在弥补律制随方之不足。如前文所述，智者大师将戒作为共学，纳入修道次第内，赐予其重要的地位，遵循别行解脱与依众共修路线，为僧团制定了具体的规章制度，旨在保证僧人和合安住修学。智者大师是天台宗的实际创立者，后世弟子传承其遗教弘化不绝，故其制定的教团制度，称为根本制度。后世弟子以祖制根本教团制度为依据，因地制宜制定新的僧团管理制度，称为补充制度。又民国时期是中国社会的转折期，西学东渐，传统社会转型，此时的弘法巨匠谛闲大师及其门下弟子制定的僧团规约，与传统根本制度、补充制度相比，称为革新制度。为说明天台僧团管理制度的主要内容，本节从广义的角度，对现存的三种类型僧团管理制度做一简单的说明。

一　根本类制度

天台教团初创时期，智者大师善言慰譬，巧妙说法，徒众策心进道，严持戒律，不犯威仪，故不需制定教团制度约束身心。其晚年重返天台山时，见后学心猿意马，懈怠松散，道风低靡，为鞭策后学，安心办道，规范修行，于开皇十七年（597）四月，立御众制法十条公布于众。其文载于《国清百录》。考察智者大师的教团制度，主要有《立制法》《训知事人》等，分别载于《国清百录》卷一中。《立制法》，规范清众。《训知事人》，规范知事。二者相互配合，明确各自的责任和义务，和合安住，共同修行。下面围绕《国清百录》，详明其僧团管理制度内容。

（一）《立制法》

《立制法》，是天台宗非常重要的文献，是智者大师第一次制定的僧团规约，共有十条，也是其僧团管理制度。现根据《国清百录》说明如下。

1. 制定缘由

新衣无孔，不可补之以线。宿值善根，不犯众过，不可加之以罚。智者祖师初出家，中途弘法金陵，后入天台修道，前来学法徒众，外持戒律，内依定慧，不须劝进，如法修行。晚年再入天台，观见晚学，心猿意马，若不制定管理规范，任其放纵，日积月累，荒废修道。故制定《立制法》十条，训导后学，鞭策入道。日后有异，据其精神，适当变通，旨在维持僧团和合与清净。

2. 验明身份

智者大师认为人的根性不一，有独修得道，有依众解脱。若依众解脱，当修三行，禅堂坐禅、别行忏悔、听僧差遣。禅堂坐禅，六时礼佛，四时坐禅。别行忏悔，独自居住，修三昧法，身论开遮，口论说默，意论止观。听僧差遣，居住僧团，遵守六和，听僧差遣，如法安住。若比丘具足僧伽梨衣（一般指九条衣）、郁多罗僧衣（一般指七条衣）、安陀会衣（一般指五条衣）、钵、尼师坛（敷布坐卧之具）、滤水囊（饮水所用）六物，随行一法，具足六物，允许安住。若不能别行依众解脱三法，不具比丘六物，则不共住。

3. 禅礼时间

规定依堂坐禅僧众的修习时间，智者大师规定僧人应四时坐禅，六时礼佛。四时坐禅，指一日中四次定时坐禅。依《永平清规》卷上《办道法》所说，以黄昏（下午八时）、后夜（凌晨二时）、早晨（上午十时）、晡时（下午四时）之坐禅称为四时坐禅。关于六时，有两种说法，印度将一昼夜分为六时，晨朝、日中、日没，为昼三时；初夜、中夜、后夜，为夜三时。若依中国历法，一昼夜为十二时。参考《国清百录》卷一《敬礼法》可知，六时礼佛应指中国昼夜六时。此处六时，为一天时间，相当于现在二十四小时。中国古代每一时辰，相当于现在两小时。六时礼佛，按现在时间算，为十二小时礼佛。四时坐禅，按现在时间算，为八小时禅修。僧人日常修行，禅礼十时，不可缺少。若别行四种三昧行法结束后，休息三日还依僧修行禅礼。若礼佛不及一时，罚三礼对众忏。若全失一时，罚十礼对众忏。若全失六时，罚一次维那。四时坐禅亦如是，参考礼佛可知。若身体抱恙，可与知事请假，请假者不罚。

4. 礼佛行仪

规定礼佛行仪，僧人日常礼佛应披七衣，不得披沙弥缦衣，三下钟后，大众聚集禅堂，席地而坐，手执香炉互跪，未唱诵不得唱诵，不得随意闲谈杂话。如有"叩头弹指，顿曳屣履，起伏参差"等不威仪行为，悉罚十礼对众忏。

5. 关于别行

共修四种三昧行法，因随众共行，破惑缓慢，为克期求证，故别行三昧行法，用功加行，破惑证真。若假托道场，不行四种三昧行法，知事人调查属实，罪在维那监管不力，罚维那一次以儆效尤。

6. 知事职能

明确知事职能，僧团中僧分两类，分别是知事僧、清众僧。知事是管理者，清众是被管理者，二者共遵六和安住。智者大师训诫知事僧，应以服务大众、任劳任怨、修德培福为要。若不能利益大众，滥用私权，割众润己，自任恩情；若不禀众，非理侵占一毫，调查核实，情况属实，不得共住。

7. 二时行斋

对僧人日常过堂进行规定，主要有三方面。第一，对过堂提出要求：若身体不适，卧床休息，请僧送食。若身体康复，随众过堂。第二，对食器的规定："食器听用铁瓦、熏油二器，瓯碗匙箸，悉不得以骨、角、竹、木、瓢、漆、皮、蚌，悉不得上堂。"① 此中铁瓦，指钵的材质。熏油，植物压榨的油，一般用来供佛或食用。瓯，饮茶用的小碗。碗，盛饮食的器具。匙，喝汤用的勺子。箸，吃饭用的筷子。瓯、碗、匙、箸等均不得以骨、角、竹、木、瓢、漆、皮、蚌等为材质，不得将名贵饮食器具带入斋堂。第三，过堂时仪态的要求：饮食以静肃为要，不得钵中挑饭，不得大团食，不得张口待食，不得遗落饭食，不得手把散饭食；取钵放钵，匙箸不得出声；不得抓头，不得以手挑牙，不得嚼饭啜羹作声；等等。

8. 僧行规定

对外出的规定，智者大师指出，大僧要遵守小戒，天台僧团的比丘僧，无论寺内、寺外，近行、远行，皆应遵守僧人威仪，不得饮酒吃肉，非食而食。除有病，为疗身体，依戒开缘，出外不罚。

9. 和合同住

对平时相处的规定，智者大师指出，僧名和合，和合的含义是柔忍、义让。日

---

① （隋）灌顶纂《国清百录》卷一，《大正藏》第46册，第793页下。

常接触，若高声争论，丑言动色，两者各罚三十拜，对众忏悔。若打架斗殴，肢体冲突，不问轻重，摈除僧团不共住。若一方动手，一方不动手，动手者出院不共住，不动手者不罚。对于诬告的规定，若犯重罪，依律文惩治。若被诬告，被诬者不罚，作诬告者不共住。若人自谓是比丘僧，入僧团学法，犯重罪诬告他人，诬告者摈除僧团不共住。

10. 别明慈悲

智者大师指出，制定僧团规约的本意，是调服心猿意马的新学，令其具足惭愧、知出离、乐学戒，少欲知足。若犯错误，屡次惩戒，不知悔改，则摈除僧团，避免贻害整体。若改过自新，勇猛精进，还可入众修学。

（二）《训知事人》

《训知事人》，是智者大师对僧团管理人员管理理念的开示，现从三方面展开说明。

第一，以身作则，率先垂范，说明自己的修行经历：其少年勤苦，履历艰辛，修道三十余年，冬夏一件衲衣蔽体。上至天子，下至庶民，所有布施，受而不私。乃至一果，入库房后，尚不希念。三宝是福田，若能增益，则是甘露苑。若是侵损，自饱自伤，颠倒因起。

第二，说明修行的下手处：发心修行，有诸多行法，不外读诵、听学、经行、忏悔、供养等。上述诸行法，没有首尾，随人能力，尽力修持，莫令间断。若间断，则有违初衷。日后再有所作，依然重复前法，此时诸多障碍生起，后续修行困难。修行贵在专精，间断为修行大忌，应竭尽全力，善始善终。如此行持，罪业消除，善法圆满。

第三，举例明不昧因果，智者大师举两则故事阐述。其一，昔有一寺，师徒数百，昼讲夜禅，时不虚弃。有一净人，窃听说法，闻已用心，心存系念，烧火做饭时，观火烧柴，念念就尽，无常迁逝，寂然入定，数日后出定，向上座陈述内在境界，证宿命通，自说往昔因果：

> 前世之时，乃是今日徒众老者之师，亦是少者之祖师。徒众所学皆昔所训，尔时多有私客，恒制约不敢侵众，忽有急客，辄取少菜，忘不陪备。由此谴责，今为众奴。前习未久，薄修易悟。[①]

此中说明因有急客盗取常住饮食，故受报为众人奴役。因昔有解脱种子，故今生一闻即悟。因果之事，丝毫不爽。其二，又举自己同学照禅师为例说明，照禅师

---

① （隋）灌顶纂《国清百录》卷一，《大正藏》第46册，第799页上。

与智者大师同学慧思大师门下，其苦行禅定最为第一，因盗用众僧一撮盐作斋饮，修行方等三昧时罪相现起，三年增长总计数十斛，为消除罪相变卖衣服买盐偿众。最后智者大师又以自身的历程，教育大家道：

> 吾虽寡德行，远近颇相追寻，而隔剡岭难为徒步。老病出入，多以众驴迎送。此是吾客，私计功酬直令彼此无咎。吾是众主，驴亦我得。既舍入众，非复我有。我不合用，非我何言？举此一条，余事皆尔。①

此中说明智者大师作为僧团的领导者，以身作则的具体事例，意在告诫知事人，为众服务，要明辨因果，若非法侵损常住丝毫，日后皆要加倍奉还。修行应严于律己，发广大心，服务大众，修福润慧，破惑证真，此才是知事人应有的心态。

综上所述，我们将智者大师的教团制度进行了大致的说明。僧团以僧为本，日常运营分别由知事和清众维持，《立制法》规范清众，《训知事人》规范知事，二者皆依六和安住。智者大师规定僧人六时礼佛、四时坐禅，在日积月累的连续修行中，令心法相应相续，得佛法真实受益，不负此生出家的因缘。

二 补充类制度

天台宗在后世流传的过程中，传承弟子们在根本教团制度的基础上，与时俱进，适当变通，制定的僧团管理制度，称为补充性教团制度。以此为衡量标准考察现存传世文献，遵式大师、知礼大师、传灯大师、自庆大师等皆有教团制度流传于世，但知礼大师的住持五德以及传灯大师的丛林六条，都是宽泛的理念，未有具体的实施细则，故不纳入说明范围。下面就遵式大师、自庆大师的具体僧团管理制度做一说明。

（一）遵式大师的教团制度

遵式大师制定的教团制度，主要有《天竺寺十方住持仪》《别立众制》《凡入浴室略知十事》《纂示上厕方法》。四种制度中，《天竺寺十方住持仪》是针对住持的规定，《别立众制》是针对清众的规定，《凡入浴室略知十事》《纂示上厕方法》是对《别立众制》的具体补充。四种教团制度中，《天竺寺十方住持仪》《别立众制》对后世的影响最大。通过上下规范，堂内诸僧严持戒律，六和安住，不负暇满人身。

1. 《天竺寺十方住持仪》

遵式大师，自大中祥符八年（1015）建天竺寺，经过十七年弘法传教，越发感到制定规章的重要性，其自云：

---

① （隋）灌顶纂《国清百录》卷一，《大正藏》第 46 册，第 799 页上。

虽有王救作十方传教住持，然其隆替存人，聚散依法。倘人无规矩，摄众何言？众若不存，法将谁寄？及至尘生高座，苔覆修廊，牵复无门，空嗟来口，故立制数章冀存长久。[①]

正是由于认识到寺院住持、法主是佛法兴衰的关键，因此在他"齿发凋落，知死非遥"的暮年，也即宋天圣八年（1030）正月十五日，制定了数章有关一寺之主的行持法度。《天竺寺十方住持仪》是天台宗最为重要的制度文献之一，现简单说明其内容。

（1）法主德行：遵式大师引《法华经·法师功德品》中法师三轨，说明担任法主应具的德行。法师三轨，分别是入如来室、着如来衣、坐如来座。如来室，慈悲心是。如来衣，柔和忍辱心是。如来座，一切法空是。担任法主应德学博富，忍衣被体，莫为名利破心；慈室安人，无有恚慢之念；虚心说法，不执讲功报；如此堪可为众依止，任一寺之主。

（2）当行五法：遵式大师认为，法主内具三轨，外无十过，徒众过多，妨碍修行。讲说佛法，当行五事，规整外缘，资己进道。第一，摄僧平等：财法均平，依戒安住，修行为务，令僧欢喜。第二，平等居住：不于寂静处别立房舍令有德者居，众僧平等居住，堂内僧无故不得进知事房间。第三，慎选化缘：寺庙运行，离不开檀越布施，差僧出外募化，谨慎选择，无贪有德者任之，杜绝发生有辱教门之事。第四，束僧外出：严禁出家人如世俗一样，参加俗间吊庆以及别请；闲暇时僧人不得频出城市，防止言行不当引起他人诽谤。第五，善巧引导：软语慰喻，择机说法，令僧安住法门，策心修道；不得背后相互说人长短，起种种是非，影响僧团修学氛围。

（3）得度出家：凡投寺出家者，只允许法主一人得度。其他人不准私借别寺私度，不得带外愚钝者入寺听学。出家年龄，二十岁以上，还俗者不得再行剃度。豪势、檀越以及知识家，送眷属子嗣出家，年幼者悉不得受。年纪超过五十者，不得出家为僧，因年老不适合学修弘化。

（4）新学所行：教门得度弟子，所行唯有三事，入堂听学、僧事营福、持诵焚修。入堂听学，听上座、法主讲法，习天台典籍。僧事营福，为众劳役，听僧差遣，行打扫殿堂、厕所等事，修福资慧。持诵焚修，行礼佛、修忏、坐禅、诵经等法。懈怠懒惰，不能僧事营福，交与祠部，任从所适，驱除出院。假装修行，庇身在寺，检查虚实，虚者留寺，实者驱除。僧人有功于庙，僧团负责养老，不得无故嫌弃，

---

① （宋）遵式大师：《天竺十方住持仪》，《卍续藏经》第57册，第46页上。

摈除僧团。若犯罪过，检查得失，依律惩治，不得以功庇过。

（5）辅助住持：法主应辅助住持，随其劳役，分配房舍。训诫众僧，无故不得恼乱主事。若主事者，为人处世，刚愎自用，难调难伏，恼乱众僧，当罢其位，别求能者任之。若主事者，老病不能随众，当以常住物供给，不得缺少。寺庙诸僧，若有老病，皆与主事者待遇一样。

（6）善待后学：法主所度行者，应行供众、学教等事。若出家者，家境贫寒，缺少修道物品，众僧当捐献供济。僧受别请，所得施利，无论多少，十分之一入库。寺庙废弃物卖钱，入常住供新学行者。入库钱财，首座、维那，共同掌管，不得借贷与人收息。钱财出入，必须签字，公开透明。每到春冬，寺庙拿出一贯钱给新出家行者，若有剩余，储备给予后来者。若钱不够，现前僧出钱补足。

（7）不得邪命：遵式大师还规定，出家人不得畜养马、牛、驴、猫、犬等动物，此等行为伤害慈心，违背《菩萨戒》。出家人，不得买卖田庄、种植庄稼等邪命自活。应遵守戒律，正命修行。

（8）常住物品：讲堂内床榻、诸殿堂供具，并是三宝法物，无故不得杂用。若将供养佛前花果盘盂等，私自筵席待宾供僧等用深为不可。常住一切物品，法主与主事僧一一检校，详载登录名册。若破损，找人修补。若全破，填单处理。置办新者，申请置换。训诫僧人，爱护常住物，如护眼中珠，不得故意破损。

（9）招待宾客：天竺寺为灵山遗迹，多有远方官员进山敬香，无论身份高低，一律均等接待。招待时，知客当值，吩咐照客，热情周到，周旋妥当；安置仆驭，茶饭卧铺等，不得缺失，有损礼节。客入室，知客失候，余僧见之，急往迎接。若礼请升堂，报告知客、法主，不得遗忘。

（10）举荐贤能：法主责任，务在行教，光大教门，传承不断。法主应具德解、福缘、众德。有德有解，堪为大众轨范。虽有德解，须具福缘；缘少，学人不聚；福少，缺乏供养。纵有福缘，亦应善勉众德；众德不具，滥竽充数，人才不出，法门湮没。缺一缘，尚不可弘法，何况传承天台宗？担任法主者，当反思德行，若不堪此重任，当另求有德者。若法主不肯退位，当张贴公告，令其卸任。此非人情，关乎教门命脉。不可当作人情，礼请无德者居法主位。当法主者，必须是天台宗法脉传承，不得请他宗硕德担任法主。

以上十条，对住持者方方面面进行规定，从所具德行，传法度僧，日常管理，一直到举荐贤能。遵式大师受智者大师的影响，认为唯有具德者才可担任法主。人能弘道，非道弘人，可以说天台宗命脉，大众慧命，皆在法主一人。若法主自身不具德解、修行不具福缘、处众不具众德，势必无法承担佛法弘化的重任，故遵式大师认为法主关乎教门延续，故制定十条规章制度，保障教门千古传承。

2.《别立众制》

遵式大师认为，解行二科，是修行的核心内容。后生无知，于己修行，如同公事，敷衍了事。为益大众，规范后学，严治懈怠，故制《别立众制》。从《别立众制》的内容看，主要是针对清众。通过日常的严格规定，根机聪利，自可安心进道。根机愚笨者，防微杜渐，规矩束心，也可笃实行持。现据十八条内容，简明其含义。

（1）早课规定：晨朝以礼佛、十念、诵经为常课，堂头鸣钟二十下内，早起洗漱。若维那巡寮时不起，礼佛七拜。众僧集，磬声响起后，迟到者罚礼佛七拜。早课一半到，罚礼佛十四拜；全缺早课，罚礼佛二十一拜；黄昏礼诵、参后，小磬声响起不到者，罚礼佛七拜。一时礼拜如此，其他二时礼拜，惩罚情况如上，若中途偷偷早退，罚礼佛二十拜。

（2）看读规定：集众看读，鸣钟二十下，必须集合到堂。迟到，罚礼佛七拜。中间缺，罚礼佛十四拜；全缺，罚礼佛二十一拜；未打钟前随意到，罚礼佛十四拜。

（3）讲读规定：开讲，法主、上座讲天台典籍。点读，读诵天台典籍。当集众听讲、读经时，若有疾病，当与值日、维那请假。若无故缺席不请假，罚礼佛七拜。若缺席在寮房休息者，罚礼佛二十八拜。若替人做事，或有重病，无法参加讲读，与当值者请假。若有事不请假，准病假罚。

（4）病愈修行：若生病一日以上，愈后先告首座、维那、值日、参堂，若缺，罚礼佛七拜。若全缺，罚礼佛三十拜。

（5）请假制度：若有急事，无法参加礼佛、看读，求免一番，出同利钱十文，二番二十文，依此类推。但仍须和首座、维那、值日请假。若不请假，随缺、全缺，准开讲、点读罚。

（6）饮食规定：堂内吃粥食，勺筷不得相触作声喧众，犯者罚礼佛七拜。堂内不准说话、论义、语文，如有事可出堂，犯者礼佛二十一拜。堂内不得非时于床铺上吃果食，犯者罚礼佛二十一拜。若斋后于床铺上吃果食，犯者罚一百拜。粥饭时，当值维那为施主回向，如法念诵供养文。出食僧，站圣僧右肩接食，如法观想供养到外出食，若侍奉失礼罚礼佛七拜。

（7）日常行仪：堂内诸僧，恭敬知事，回避上座、维那、外宾客，不得无礼在僧堂前后诸处大声喧哗吵闹，犯者罚礼佛二十一拜。不得到他人床铺上坐，犯者罚礼佛三十拜。到他人床上卧者，出寺不共住。若集体出坡劳动，不到、早退，罚礼佛二十一拜。若相互间谩骂同罚；被骂不还口，一罚一不罚。若相互出手打架，同出寺不共住。若被打不还手，打人者出寺不共住。若偷盗他人物品，报官依法惩治。若盗物不多，愿留寺忏悔，集众抉择；情节严重，打二十竹棍，收拾衣袍出寺不共住。

（8）外出制度：若比丘僧欲去园上、附近寺院，须将所为事向首座、维那、当值知事请假，批准后方可离寺。若不批准，擅自离去，罚礼佛二十一拜。若缺课诵，准如上罚。若堂内僧有事外出一夜，先交同利钱十文及名事牌到堂司，批准后方可离庙。若请假外出一晚，住两晚，罚钱一百文。若堂僧请假进城，必须住下院，上报主事人，一般十日一报。若住其他地方，罚礼佛五十拜。若再犯，罚礼佛一百拜。三犯，出寺不共住。

《别立众制》共十八条，专为清众制定，规定了早晚课诵、平时学习、二时斋仪、日常行仪以及请假制度等，通过日常生活、威仪、修学等规范，大众循规蹈矩，安心办道。僧团的日常运转，不仅要满足日常的修行与弘法，还要满足僧侣间的自由与平等，为达到六和的要求，保障教门的清净，树立良好的道风表率，故遵式大师制定规范，鞭策后学，安住身心。

（二）自庆大师的教团制度

自庆大师所编撰的《增修教苑清规》，是天台宗历史上一部比较完整的清规戒律。自庆大师，严持戒律，弘传天台，于上天竺山白云堂，发现《教苑清规》旧刻本，已漫漶不明，"乃取故所藏本，重加诠次，正其舛误，补其阙轶，而参考乎禅律之异同，为后学复刻焉"①。此中说明自庆大师以《教苑清规》为底本，同时参考《敕修百丈清规》《律苑事规》，重新编订《增修教苑清规》。其所编《增修教苑清规》共十门，分上、下两卷。卷上收祝赞门、祈禳门、报本门、住持门、两序门、摄众门六门，卷下收安居门、诫劝门、真归门、法器门四门，各门之下又设细目加以评述。下面围绕《增修教苑清规》，简明其大意。

第一，祝赞门。记载圣节、每日祝赞、景命四斋目祝赞、藏殿祝赞、千秋节、善月等对帝王圣寿万岁之祈愿，此系国家权力管辖下的宗教教团仪礼。因"普天之下，莫非王土；率土之滨，莫非王臣……当尽其职，无或怠焉"②，又僧尼不劳作，全赖帝王护持，故当思报国土恩。通过祝愿，为帝王祈福，报国土供奉之恩。

第二，祈禳门。记载佛教祈愿仪式，功效是祈福禳灾，包含祈祷、接官、祈晴、祈雨、祈雪、救日、救月、遣蝗、谢晴、谢雨。因"佛以慈悲为化，天以好生为德，然而下民自孽，致感失经背常之事"③，故为报众生之恩，怜悯其苦，代民祈祷，救众生之苦，令祸消福至。

第三，报本门。倡扬报佛、诸祖之恩，佛法是僧人修行及度生之本，此门包含如来降生、如来成道、如来涅槃、国祭、智者大师祭、诸祖祭、开山历代祖祭、嗣

---

① （元）自庆编述《增修教苑清规》卷上，《卍续藏经》第 57 册，第 298 页中。

② （元）自庆编述《增修教苑清规》卷上，《卍续藏经》第 57 册，第 301 页上。

③ （元）自庆编述《增修教苑清规》卷上，《卍续藏经》第 57 册，第 302 页下。

法师祭、檀越祭。报本门中，如来降生、成道、涅槃日祭供，与《敕修百丈清规》所述基本类同。现今所举行的佛祭中，以四月初八如来诞辰日最为隆重，并演变为信众欢喜的"浴佛节"。

第四，住持门。对住持如何受请、付承嗣法衣、交割什物、住持上堂说法等规定。包括议举住持、请新住持、新住持入院、住持常用、退院五大目，其中请新住持、新住持入院、住持常用等又有许多细目规定。第一目议举住持中，寺院提供候选名单，申报官府。第二目请新住持，包括发专使、专使到彼山、专使特为新命煎点、山门管待住持并专使、新命辞众上堂茶汤、西堂头首受请、专使特为受请新命煎点、付承嗣法衣、山门管待受请人并专使、受请人辞众十个细目，说明寺院专使如何去他寺迎请新住持，新住持与专使的礼仪应酬及向所在寺院辞别僧众的种种规矩。第三目是新住持入院，也称晋院或进院，新住持入住某寺。若住持卸职，则称为退院。故在住持门中，特别有退院的说明。《增修教苑清规·住持门》提到住持常用有朔望上堂、朔望僧堂并寝堂点茶、会两序耆旧茶汤位次、会西序茶汤、特为大诸山煎点、诸山到方丈煎点住持、施主入山、诸山相访（尊宿、尊长、法眷、嗣法、平交、邻对）八事，主要是关乎住持说法及代表寺院与其他丛林来往、信众应酬等事，其中以朔望上堂，最契丛林清规以弘修为本意。

第五，两序门。古禅林中，在佛殿法堂正式举行佛门仪式时，序列于两侧僧众称为两序，即东序和西序。东序选精通世事者担任，称为知事；西序选学德兼修者担任，称为头首。东序为主位，西序为宾位。直接为住持工作的丛林知事待以主礼，列于东序；辅助住持工作的待以宾礼，列在西序。西序头首，包括前堂首座、后堂首座、忏首、书记、维那、知客、侍者（烧香、书状、请客、附、衣钵）；东序知事，包括都监寺、监寺、副寺、典座。分工职能中，又以承担职责轻重分为列职与序职。列职，侧重办事能力以及工作需要列其职别；序职，侧重出家资历以及修持功夫定其位次。《教苑清规》中有列职，没有序职，列职包含知殿、知藏、知浴、净头、水头、庄主、监收等。

第六，摄众门。主要是沙弥得度、登坛受戒护戒、道具形式、新戒参堂、游方参请、挂单求住、求法请益等从剃度出家到游方参学的种种规定，包括十一项目。依戒律规定，出家修道者须剃去须发，披着僧衣。剃度仪式在《教苑清规》中，分白席、请师、谢恩、策导、礼佛、落发、圆顶授衣、皈依、开发教诫、祝赞十门详明。剃度后，便是受戒、护戒，其次第是先受五戒，次受十戒，乃至进受比丘戒和大乘菩萨戒。受戒后，要辨认道具，道具是随身物，能增长善法，道具分别是三衣、坐具、钵、偏衫、裙、直裰、滤水囊、锡杖、主杖、如意、拂子、净瓶、香炉奁、刀子、数珠。具备道具，可游方参学，故教授游方参请、求住、参堂、大名胜作住、江湖名胜求住、迁斋、谢挂塔、请益等规矩。

第七，安居门。规定了天台宗修持和讲学制度，共分为二十条，分别为出草单、出图帐、启沙水、结制、都寺特为住持首座大众汤、清规榜、住持特为首座大众茶、前堂特为住持后堂大众茶、住持两班点行堂茶、值日须知、修《大悲忏法》、住持开讲、经行讽诵施生、布萨仪、都讲头首开讲、维那点读、三科习读、锁试、兰盆会、解制（附广仪、略仪）。分为三部分，一为安居准备仪式，包括出草单、出图帐、启沙水、结制、值日须知、兰盆会、解制等。其中草单，指安居时的戒腊簿，出草单即登记戒腊。出图帐，按戒腊分别给僧众安居期间重新编排位次，如行道位图、修忏位图、僧堂钵位图、讲筵位图等上下位次的排列。启沙水，指洒净仪式。结制与解制，即正式安居与安居期满，解除夏安居之制。二是安居期间的修持制度，主要内容是修持《大悲忏法》。三是教寺讲学，主要有都讲头首开讲、维那点读、三科习读、锁试等内容。

都讲头首开讲，《增修教苑清规》中保持了智者大师时代重视讲经的习惯，丛林中有住持讲经的传统，但在住持讲经三五日后，会礼请都讲、头首讲经。首先提前礼请、布置法堂、设立法座、挂开讲牌、迎请法师、入法堂烧香、执拂揖众、下座、炉前问讯等过程。但此中不设拜坐，因坐着听法，恐不恭敬。

维那点读，《增修教苑清规》中，罗列四种天台宗入门书，分别为《天台四教仪》《法界次第初门》《梵网菩萨戒疏》《童蒙止观》。礼请维那为大众消文解义，名为典读。迎请同上，但不礼拜、不登座、不鸣鼓、不鸣椎，在座中设位。但此中仍有迎请仪式，起鸣廊板各三下，鸣大板三下代替法鼓，维那烧香入位。开讲前，鸣尺两下云："稽首天台教主佛陇禅师，惟愿他心道眼无碍，见闻冥勋加被。"[1] 接着念"南无旋陀罗尼菩萨"，众和三声，执拂揖众，讲解完离座。

三科习读，为光兴教门，绍隆法种，讲经后要进行三科习读，培养人才。三科，分别为复讲、开科、诵文。

对于复讲的要求，如《增修教苑清规》中云：

> 复讲之法，应覆住持当日所讲之义，不得别有异议，过于穿凿。若果有发明，符合文旨，则无在也。[2]

此中说明复讲的含义，重复当日住持所讲法义，不得有异议，穿凿附会。若有发明，应符文旨。

对于开科的要求，如《增修教苑清规》中云：

① （元）自庆编述《增修教苑清规》卷下，《卍续藏经》第57册，第334页下。
② （元）自庆编述《增修教苑清规》卷下，《卍续藏经》第57册，第334页下。

然开科者，乃开住持次日所讲之文，须预于请益师处，讲明文义，点对句读及收开等法，毋致临时猖獗也。①

此中说明开科的含义，讲住持次日所讲之法，为便于讲解，应先请问上座，点对句读，依文解义，合理开合，不得临时猖獗。

对于诵文的要求，如《教苑清规》中云："所诵之文，须言词精熟，详缓合谊。"② 此中说明诵文的含义，诵分两种，读诵和背诵，无论何种，皆应言词精熟，急缓合宜。习读的过程，主要分为五步，其一，征选人员，住持于未开始前，准备榜文，发放到各寮口，推荐相关人员参与三科习读。其二，各寮口呈名单给方丈，在开始之日，挂习读牌。其三，住持讲毕归方丈室，侍者至住持前做三科阄，分别写上相应的法名，封存盒子内，放法堂前。其四，开始日，大众云集法堂，方丈至，简单问讯，直入法座，侍者与当值，将阄、讲卷、静尺放桌子上。其五，值日者问讯两下，鸣引两下，知客令行者给大众点汤。点大众汤毕，住持鸣尺两下，大众缓看经卷，后住持再鸣尺两下，准备抓阄，进行三科习读。

讲经完毕后，一般还要进行锁试以勘辨人才。锁试，是天台宗考核学人水平的一种途径，以笔试的方式考核，监考制度也相当严格，"不许怀带消文私叶"，由监寺进行巡视，考场外挂静牌，"闲人毋得擅入喧杂"，考试的时间为一天。这一天备有午饭点心，皆不得离场，甚至"若欲净手，俱在近便一处，不许托缘归斋"。考毕后，试卷封号，"斋名双讳"。考完次日，由住持评判优劣，"若说义纯正，深于理致者，则当称赏之，拟擢职事。或言词疏谬，答不称问者，当以诚勖。若他白者，示以弹呵。"③ 具体步骤为：1. 住持备纸，抄录复讲、开科名单，参加锁试。2. 考试地点，设智者大师像，陈设供养。3. 于考桌上，放置天台四书，以供翻阅。4. 提前一天布置锁试图，挂锁试牌。5. 礼请首座、头首、都寺、名德、西堂首座、东序尊宿、老者（六十岁以上）等为监考。6. 参加考试人员按座就位，不许带与考试相关的消文；监寺巡查，无关人员禁止入内。7. 等候住持入场，念诵"南无旋陀罗尼菩萨"，烧香礼拜毕，进入考位，等候住持出题。8. 住持的出题范围，或就讲次文中难辞，或就诸部祖文疑难处试问二章，意在词简。9. 侍者抄写天台教部中难辞，文意深远者，送复讲人开科。预科者，各备笔墨纸砚，广引诸部，仔细答对。10. 若欲如厕，须在指定场所，有专人跟随，完事后回考场。11. 为防止作弊，在考场用餐。考试结束后，封存试卷，问讯智者大师像，交给衣钵侍者呈现住持，评判优劣，

---

① （元）自庆编述《增修教苑清规》卷下，《卍续藏经》第57册，第335页上。
② （元）自庆编述《增修教苑清规》卷下，《卍续藏经》第57册，第335页上。
③ （元）自庆编述《增修教苑清规》卷下，《卍续藏经》第57册，第335页中。

给予奖惩。12. 优秀者，给予奖励，担任知事。词不达理，批评教育。13. 评判结束后，鸣板集众，参加考试者云集考场，当面核对考卷。

第八，诚劝门。收录了天台祖师关于教制的文章，包括智者大师所制的《立制法》《训知事人》两篇，知礼大师和遵式大师的《授菩萨戒仪》，以及遵式大师《天竺别集》中的《别立众制》。另外，尚有教诫僧众精进修学的几篇警策文，有《警策将来》《日用轨则》《坐堂》《普请》《训童行》《月分须知》等几篇。《日用轨则》，包括从早到晚生活起居时应保持威仪和系念佛法的心态。《坐堂》，指僧堂坐处的规定。《普请》，指寺院中普请大众令从事作务劳役，现今一般称出坡。《训童行》，指和尚于每月初一、十五日，召各局务之行者于寝堂听受训示。《月分须知》，指僧众每年月中，定期定时应修学或举办的僧事。

第九，真归门。关于寺院住持示寂及亡僧后事处理和追荐仪式。佛教寺院的丧葬礼仪，因住持或普通僧众而有所不同。住持的丧葬在寺院中是一件大事，当住持病重，预感自己即将圆寂，会主动搬出方丈室，住进东堂，留下遗嘱安排后事。住持后事处理的仪式有入龛、请主丧、请丧司职事、孝服、佛事、移龛挂真读遗偈、大夜上祭、系念、出丧挂真奠茶汤、茶毗、全身入塔、灵骨入塔、唱衣、下遗书、管待主丧及丧司执事人等项。普通僧众圆寂，丧葬礼仪虽不像住持那般隆重，但也有其自身仪则。亡僧的后事处理仪式有抄札衣钵、浴亡入龛讽诵、请佛事、估衣、伴灵、大夜上祭系念、送亡、茶毗、唱衣、入塔、板帐等。

第十，法器门。关于钟、板、木鱼、椎、磬、铙钹、鼓等号令法器的说明及其打法的规定，为日常行事、生活作息中集合大众，或于法会、仪式中领众所用。

《增修教苑清规》的内容是一个非常完整的系统，它比较全面而具体地反映了寺院的组织和宗教生活、日常行事的全貌与细节，并尽可能地将天台宗僧人的日常生活和一切修行活动纳入"礼制"的范围之中，使一切有礼可循，有制可依，实现僧众的和合共住，并希望结束天台作为教寺因长期缺乏如禅宗那样统一实行的清规而变得僧团行事无所适从的状况，实行具有天台教寺特色的丛林制度。作为天台教寺的《增修教苑清规》，其大部分仪式规制与禅宗的《敕修百丈清规》有相似之处，但它也有独具的鲜明特色，那就是教寺特别重视天台教观的学习和教理的宣讲。相对于禅宗的每日参禅，《增修教苑清规》则将天台忏法和研教观心定为僧众的日用轨则。此外，对于僧众日常生活的规定也充满了天台教寺的特征。

综上所明，我们将补充性制度的内容进行了详细的说明，补充性制度从内容上言，以根本制度为本，与时俱进，因地制宜，适当变通，重新制定教团规约。遵式大师的《天竺寺十方住持仪》《别立众制》等具体教团制度，形成完整的相互补充深化系统，彼此间相互补充，和谐共处，建立了以住持为主、知事和清众为辅的平等居住的温馨画面，共同推进着天台宗的弘化不绝。自庆大师编撰的《增修教苑清规》，是天台教制史上的集大成之作，在智者大师、遵式大师教团制度核心精神的基础上，参考其他清规，在保留自身特色的同时，兼容并济，使教寺更具有包容性。尤其是祖师诞祭、讲习制度的确立，真正彰显了教门寺院的不共性。祖师诞祭，确立祖师信仰，尤其是智者大师祭、诸祖祭等祭祀仪式的确立，弥补了前代文献中祖师信仰的缺失，开启了祖师祭的习俗，强化了以祖师信仰为凝聚力的宗派自主意识。还形成了完整的讲习制度，规定入门四书，都讲、头首讲学，维那点读，三科习读，锁试，等等一系列复杂的学习过程，从而保障了教门讲学之风的兴盛。

三　革新类制度

民国时期的佛教发展，与社会变迁有密切关系。当时的政治、经济、文化等社会环境的变化，为佛教的发展提供了外在推力，僧俗两界出现了革新派与保守派。革新派的代表人物有欧阳竟无、太虚；保守派的代表人物有虚云、谛闲、印光等。西学东渐、庙产兴学的大背景，为各种知识的融汇提供了平台，教理、教产、教制改革已是大势所趋，加之受基督教办学模式的启发以及日本佛学研究兴盛的刺激，在社会先进知识分子革命思潮的影响以及僧界自身利益的维护下，各地的佛学院、佛学研究社、佛教社会慈善团体、佛教出版物等如雨后春笋般涌现，教育模式的更新，佛法传播方式的改变，僧人修学模式的蜕变等一系列因素交织在一起，形成了民国时期佛教的发展史。

正是基于这样的背景，谛闲大师复兴观宗讲寺，担任住持，开办观宗研究社，大弘天台教法，在自身人格魅力的影响下，吸引四方学子云集习教。后宝静大师承谛老遗愿，任观宗寺方丈，师徒二人制定了《常住规约》《客堂规约》《禅堂规约》《云水堂规约》《念佛堂规约》《弘法研究社规约》等诸教团制度。相较于根本类、补充类教团制度，二者在前人的基础上，吸收当时新的思想与方式，在那个特殊的年代，维持一家教观之延续，故我们将新时代制定的僧团制度，称为革新类制度。这些制度中，最具代表的是《弘法研究社规约》。

观宗讲寺开办的僧伽教育机构，经过了观宗研究社、观宗学社、观宗弘法社、观宗弘法研究学社、四明观宗佛学院等，经酝酿、产生、发展、兴隆、衰落五个阶段，其中第二、第三、第四阶段最为重要。谛闲大师1913年筹办观宗研究社，1918年去北京讲经，受叶居士等资助，开办观宗学社。1922年，观宗学社三年期满，毕业生宝静大师、授松大师与谛老商榷，改组为观宗弘法社继续招生。1928年，宝静大师担任社长，将二社合并为观宗弘法研究学社，革新理念，形成诸多新的规章制度。这些学修制度的建立，培养了大量弘法人才，使天台宗在民国时期大放异彩。现根据《天台宗观宗讲寺志》中收集的资料，将其制度说明如下。

（一）观宗学社的日常修学情况

初期学社日常的修学情况，已无文可考，倓虚大师的《影尘回忆录》中有少量记载，分为甲、乙、丙三班，每日三点半上殿，课诵两个小时，五点半下殿，稍作休息用斋。八点回讲，大约三个小时。十一点下课，十一点半午斋。结斋后绕佛，然后午休。十三点，大众持经本到经堂，修止观一小时。十四点，谛老开大座讲经，十六点结束。稍作休息上晚殿，时间约两小时。十七点至二十一点，为个人自修时间，每屋三人，共用一张书桌，每人一盏油灯。九点后开大静，二板后一律熄灯，次日凌晨三点起床，继续一天的生活。

（二）《观宗弘法研究社章程》

对观察弘法研究学社性质以及办学做一详明，现就《观宗弘法研究社章程》①简述其内容。1. 定名：以妙观为宗，名与实符，心与言合，固定名为观宗弘法研究社。2. 宗旨：培养弘化人才。3. 地点：以观宗寺为永久地址。4. 组织：设立预科、研究社、弘法社，人才层层递进，预科升研究社、研究社升弘法社。5. 职员：主讲一人，副讲二人，督学二人，会计一人，书记一人。6. 名额：弘法社二十人，研究社四十人，预科名额不限。7. 经费：由观宗讲寺常住负担。8. 年限：教海渊深，研究莫底，故年限不限。9. 祖源：先学天台，为专门学，教观双美，心得益处，后博览余宗。10. 课程设置：研学《法华》为主，多讲《法华经》，读《教观纲宗》《始终心要》。阅《法华玄义》《摩诃止观》《法华文句》以及五小部。有空闲时间，再阅读《大乘止观宗圆记》《四教仪集注》《四念处》《起信论》《裂网疏》等，随力研究。11. 日课：早晚功课，二时斋仪，饭后念佛；午前微研教义，午后修观听讲为正课。12. 例规：年终随众念佛为自利，参加固定佛事为利他。13. 年资：弘法社学员，不事应酬，专心学教，学社给发安心费补助衣单费，按平时表现分为三等发放。超等学员每年二十四元，优等学员每年二十元，平等学员每年十六元。超、优二等，一年一给，平等三年一给，研究社学员不发年资。14. 月需：研究弘法两社人员，一律平等，每月发毫银十角。15. 优待：月待，十四、三十两日，弘法社诸员，与方丈用斋；年待，辞旧迎新三天，两社学员一律上方丈茶节，待遇与首众同。16. 经书：学习用经书，一概学社置办，笔墨纸学员自备。17. 假期：每月阴历三十、初八、十四、二十三放香，不准上街。每年腊月十五起，至来年正月十五止，年假不准回家。18. 升进：入研究社三年满足，升进弘法社，为平等学员。平等学员三年满，升优等学员。优等学员三年满，升超等学员。如程度高尚，资格可嘉，特别升进不例。19. 奖惩：遵守常住规章制度。

---

① 方祖猷编《天台宗观宗讲寺志》，宗教文化出版社，2006，第163~164页。

（三） 观宗弘法研究学社学员入社资格

观宗弘法研究学社，以培养僧人为主，属特殊教育，非世俗一般教育。宝静大师规定，凡欲入本研究社学习者，应抱自利利他之志，持本人戒牒以及保证金五元，到客堂讨单挂号入社，还需要具备如下资格①。一、十八岁以上，曾受具足戒。二、身体健全，无诸嗜好。三、品行端正，能守社规。四、文字粗通，曾听教参禅。五、志愿坚固，不半途而退。具备上述五种资格，即可正常入学。若具备报名条件，入社求学有碍者，可直接与本社办事人面恳，或函商，定予设法。若两社额足，及预科单满，则不收。

（四） 观宗弘法研究学社主要课程

宝静大师担任观宗弘法研究学社社长后，对教务进行了适当的整顿，将课程分为三科②，分别是经学科、行持科、文学科。经学科，专研天台教理，学习经论讲法。每日下午大座，午前抽签覆座。行持科，重于真德实行，定时礼忏修观。除讲经前修观外，朝暮课诵随众，以笃精进。弘法部学员，每晚礼《大悲忏》自修。文学科，教授讲读文艺，练习佛界文学，每月初三、六、九日午前授文学科，每月例假日二次作文。宝静大师认为，以上三科，在实行的过程中，逐渐改良，以渐完美，教学目标是德才兼备，弘法利生。

（五） 观宗弘法研究学社学员分级

观宗弘法研究学社，分为弘法部、研究部、预科。弘法部，此为正级，能具高深程度，有弘法资格者，或由研究部副级升。研究部，此为副级，能具相当程度，有研究佛学资格者，或由预科选入。或另特插入，定四十名。预科，凡初入社，须先入此预科，作正副级之先容，经短期间考察，随时升进。此科无定额，多寡皆可。每学期随其程度浅深及各科成绩优劣，以定先后。除上三级外，宝静大师认为，若能具足道德品行，勤于修持；研习教理，见地清楚；辞言洪亮，讲说无滞；明达观法，兼通文学四点，即认可其弘法布教资格。如有相当时机，或由本社介绍，随处弘化；或在本寺本社，任职弘教，自利益他，分灯设化，以利有情。

（六） 观宗弘法研究学社学员共守规则

宝静大师认为，修行以息心达本为要务，必借五蕴幻身方可完成。教典研习，全赖师长口传心授，方可入耳存心，具如理作意思维。恐久修慧学，定力浅薄，弊端忽生，积习厚重，无法察觉，随波逐流，致使学业难成。僧人学教，若不观心离欲，大多道缘不足，中途退学，流入应酬门庭。虽衣食有地，菩提心退失，佛性沉

---

① 方祖猷编《天台宗观宗讲寺志》，第 165 页。
② 方祖猷编《天台宗观宗讲寺志》，第 165 页。

沦，滥侧僧伦，徒消岁月。兹欲挽救已往颓风，故特创办观宗学社。为铸就法门龙象，故制定诸规矩十四条①。十四条，分为如下几个方面。一、总说规矩：违犯本社章程各条，有违者出社。二、日常学习规定：耳闻直言，妄生讲谤者，出社；执拗不遵约束，不听督学师规诫者，起单；视经如佛，须跌坐看经，不得横身看，倚壁看，掉臂交脚看，违者斥，不服者出社；不在本寮研究本宗，故至他人房中，纵意谈论是非长短者罚；不研究本宗典籍，而反阅各宗及外书者斥，不听者重斥，不服者出。三、日常威仪：斗诤是非，交拳相打，破口相骂者，不论曲直，二俱出社；三五成群，山门外游戏者，责罚；暑天不得裸体看经，不得不缚裤脚出房，违者罚；故意借事起单，挂牌悬示后，不须复入。四、随众修行：上殿过堂，及紧要事，均须随众；无事不得过二堂，不得告病假，不得借病上殿，若有因缘，须告知督学，允已始可；本寺应酬乏人，客堂向督学师请人，由督学于研究、预科学员派到，不得推诿，借事故辞者斥，弘法社不在此例；每晚九时，闻本社钟声休息，一律熄灯。

（七）观宗弘法研究学社会客室规章

因观宗弘法研究学社，以培养弘法人才为要务，宝静大师顾及人之常情，特开辟会客室，给学生十分钟见客时间，结合戒律与寺院的实际情况，制定《会客室规章》②。此条约有八个方面的规定，1. 讲经时不得会客。2. 贵客上楼，适值讲经时，须在边席旁听，勿谈论嬉笑。3. 凡女众小儿，请勿上楼。4. 凡本社学员会友，须在客所叙话，不得领入室中。5. 预科与弘法研究两社各有界限，不得彼此相亲，设有要事，仍须在会客所叙话。6. 尊客来时无知客师指引，诸师不应接待。7. 知客师引导来宾，先通知督学后，方可入会客所叙话。8. 本社无暇泡茶，尊客勿怪。此中的八条规定，重点是杜绝外缘干扰学习。因学生以习教为本，故制定相应的细则，慈悲中有严厉，严厉中有慈悲，保持僧家本色的同时，适当顺应俗情开缘，给人以适当的自由，安顿身心更好学习。

（八）《观宗弘法研究学社书本藏经室恪守条约》

观宗弘法研究学社，不仅有健全的学习制度、课程制度、学生规章管理制度，还有图书借阅制度。经文法宝，是学社僧人内在的精神食粮，图书的储备量是教育的重要组成部分。宝静大师十分重视人才教育，为开佛知见，续佛知见，流传法本千古，故制定《观宗弘法研究学社书本藏经室恪守条约》③，现将规约的内容说明如下。

1. 藏经内容：此部书藏，尚未完璧，再俟数年，常州刻经处经事告竣后，可请

① 方祖猷编《天台宗观宗讲寺志》，第164~165页。
② 方祖猷编《天台宗观宗讲寺志》，第166页。
③ 方祖猷编《天台宗观宗讲寺志》，第166页。

齐备，即今主藏者，最需留心。

2. 日常养护：每逢初伏，须始终翻掀一过，以樟香去旧更新，以免蠹损。

3. 限定身份：书藏只许本寺本社诸师借阅，不得借出山门，恐防遗失。

4. 借阅流程：借经时，先查目录号数，记忆分明；开钥时，伸手便是，自勿留滞时间。诸师借阅，只许一帙，定期半月为度。倘未看毕，亦需送回，改期重阅。诸师借经，宜向主藏者合掌致敬；主藏者询明何经，然后拈匙开柜，或全帙一帙，或内几本，按录挂号，不得错误。

5. 注意事项：凡金、扬所刻之本，俱有句点，即有错处，阅者不得以笔更改。而常州刻本，全无圈点，阅者亦不得任意圈点，更不得于经本内，污诸墨迹，以昭诚重，违者按价倍罚。

6. 借阅时间：凡借零星散本，每本以五日为度。阅毕，即宜送还归号。

7. 嘱咐主藏：主藏者，以弘法为心，人来借阅，多多益善，幸勿厌烦。出则注名，入则销号，倘越期限，借去不送回，主藏者宜向之要还，再借不准，切勿徇情。

8. 经楼驻留：凡研究诸师参考典故，在本经楼上，主藏师允其自行开考翻阅，最久不得过十五分钟。

9. 还书规定：藏经，编定考码，一夹一号，一律书成。凡借经时，即将某夫某号寄存号簿。送经回时，即将原码附转原夹入柜，毋得遗误。

10. 丢损赔偿：借阅藏经，主藏者亲手检交某号某夹，倘有遗失，必须按价倍罚（如每部失一本，须请全部归还，置两部价钱）。倘主藏人知而不追者，同罚。彼借经人不服者，诉明客堂，秉公则摈。

11. 特例说明：今此书藏，原为弘法人才起见。凡阅藏者，必须自优等员以上，或次第升上，或超越擢进。至超等地位，本常住供给安心费，是谓续佛之灯焰也。若谓阅藏培因，请看龙藏，不关此例。

以上，我们将谛闲大师、宝静大师制定观宗弘法研究学社的规章制度进行了说明，从《研究社章程》《入社资格》《主要课程设置》《学员分级》《学员共住守则》《会客室规章》《书本藏经室恪守条约》等看，已具备了专宗佛学院办学的基本条件。观宗学社，课程设置上，以三大部和五小部为主，平时拜《大悲忏法》自修，还辅以世间文学，冬天随常住打禅七，修学模式与前智者大师、遵式大师、自庆大师相比，继承了其根本精神，又有适当的革新，为天台宗在新时代的发展注入了新的活力。观宗学社二十多年中培养了大批弘法人才。这些人才为天台宗的弘传贡献了毕生的精力，换来了天台宗在中国近代的全面复兴，此皆是谛闲大师以及观宗学社的功劳。

第四节　结语

综上所述，我们将天台的教团制度，进行了详细的说明。从天台教团制度的含义以及思想来源看，天台的教团制度，是智者大师根据制戒十义，律典中随方毗尼的指导原则，为弥补戒律在当时适用之不足，晚年时为调伏新学比丘，避免心猿意马荒废道业，故制定《立制法》《训知事人》等教团制度。从天台教团与戒律的关系看，智者大师建立的天台宗教义，包含教相阐释与修行实践两方面内容，修行实践论中以渐次、圆顿、不定三种止观为主。在对待戒律的态度上，根据《法华经》的权实理念，引用《大智度论》中十戒，吸收大乘菩萨戒、小乘比丘戒的内容，纳入止观修行次第中，置于二十五方便法第一科中，列为入道第一门。从天台教团制度的具体内容看，本章从智者大师开始，到谛闲大师结束，以具体的僧团制度为线索，一千四百多年的天台宗传承史为视野，将现存的天台教团制度分为三种，智者大师制定的僧团制度称为根本性制度，遵式大师、自庆大师等制定的僧团制度称为补充性制度，谛闲大师、宝静大师等制定的僧团制度称为革新性制度。三者的关系是，根本教团制度为本，补充教团制度是对根本教团制度的再度诠释与发展；革新教团制度是继承前二者的核心精神，在新的社会环境下，制定的行之有效的新的教团制度。天台祖师们制立并努力推行的教团制度，不但在古代管理僧团与监督僧众的修学过程中曾起过十分积极的作用，对于当前佛教制度的建设，僧人修为的提升，亦有着重大借鉴意义。丛林兴衰关系着佛法兴衰，就历代丛林兴衰的关键点来看，行之有效的寺院管理制度是佛教健康发展的保证。随着社会的发展，寺院的管理理念、管理模式和管理制度都会有着相应的改革和创新，但以戒律为根本，进行定、慧修习来建设僧格的佛教三学制度是不能违背的。因此历代天台宗的教团制度，是今天僧团制度创新的必要参考，具有重要的指导意义。

思考与练习题

1. 佛教传入中国后，祖师制定了哪些僧团规约？请举例说明。

2. 道安大师制定的《僧尼轨范》，其具体内容是什么？

3. 何为制戒十义？

4. 简述智者大师对戒律的改造。

5. 简述《立制法》的内容。

6. 简述《训知事人》的内容，对你的修学有何启发？

7. 《天竺十方住持仪》中，要求法主应具哪些品德？

8. 《别立众制》中，如何规范僧人？请具体说明。

9. 何为三科习读？请简明其流程。

10. 何为锁试？请简明其流程。

11. 《观宗弘法研究社章程》中，主要学习哪些课程？

12. 简述观宗弘法研究学社中的升进制度。

13. 观宗弘法研究学社中，学员应遵守哪些规则？

第五章　天台宗在海外的传播

【本章导言】

　　天台宗教观体系完备、博大精深，影响深远，既是中国佛教哲学和传统文化的重要精神遗产，也是亚洲学者们研究的重点课题。本宗以"五时八教"为判教理论，以"性具实相说""三千互具说""三谛圆融说""止观双修"等为实践理论。尤其是教相论的产生，标志着中国佛教判教理论的逐渐成熟，对佛教的中国化和中国化佛教宗派的产生、发展都有很大的促进作用。佛教中国化后，不仅促进了本国文化的繁荣与更新，同时也给周边国家带来了巨大影响。为了说明天台宗在海外的传播，本章通过历史的梳理，从朝鲜、日本、越南等国说起，详明不同国家不同历史阶段中，天台宗自身的演绎进程。

【讲授内容】

　　天台宗是中国本土第一个佛教宗派，促进了印度佛教的中国化，还对周边国家（如日本、朝鲜等）产生了深远的影响。为说明天台宗在海外的传播，本章以历史发展为线索，实际输入国为考察对象，梳理天台宗传入朝鲜、日本、越南等国后，其自身的发展历程以及实际带来的文化影响。

第一节　天台宗在朝鲜的传播

以《法华经》为宗旨的天台宗，在朝鲜得到了独自的发展，进而形成了海东天台宗，此是东亚佛教历史上值得关注的事。天台宗僧人与朝鲜的渊源，最早可追溯到慧思大师。后朝鲜僧人入华求法，依止传承天台教法的祖师学习，学成后归国弘法，彼此间的相互来往，促进了教法的弘扬与延续。

一　朝鲜天台宗初创及其流传

中国佛教传入朝鲜要比传入日本早，两国僧人交往的历史有更早的文字记载。新罗统一初期，天台宗还未正式成立，南岳慧思大师是弘教的先驱者，跟随慧思大师学法的新罗僧人为玄光。玄光入华登南岳衡山随慧思大师学法华有相行、无相行法门，证入法华三昧承蒙认可，受慧思大师咐嘱归国弘法。后巡锡江南，海路归熊州，居翁山集众传教。又有波若与缘光，师事智者大师学法。波若于公元596年入华求法，初到天台山师事智者大师，受教于华顶峰修头陀行，十六年圆满后下佛陇寺，又至国清寺，未几圆寂于天台山。缘光出身于新罗名门望族，入华随智者大师学《法华经》，学成后归国弘扬《法华经》。天台宗正式在朝鲜传播，据《佛祖统纪》卷七记载，始于唐开元十八年（730），天台宗第八祖玄朗门人，新罗僧法融、理应、纯应三人弘扬天台宗。三人已无生平可考，但可以肯定的是，此等为朝鲜弘扬天台教之先祖。

唐五代至北宋前期，研习天台教观的高丽僧人中最杰出的有四位，分别是道育、义通、谛观和义天。前三人留居中国，弘扬教观，影响虽大，但对高丽的佛学发展并无直接关系。而义天则不同，他在高丽佛学界有广泛影响，对高丽法相、法性、涅槃、戒律、圆融、禅寂六宗均有很深的研究，带着一些不明所以的佛学义理方面的问题来中国向大德请教。他于钱塘慈辩座下受学天台教观，深明本宗义理的圆融真谛，回国后创高丽天台宗，建国清寺，使天台宗在高丽产生了深远的影响。

义天（1054～1101），名煦，字义天，俗姓王氏，高丽国文宗仁孝王第四子。年十一出家，受华严教，与诸宗学僧论道，文宗褒之，封为祐世僧统。宋治平四年（1067），始有入宋求法之志，与杭州慧因寺净源法师有书信往还。至元丰七年（高丽宣宗王元年，1084），义天入内廷，诚请入宋，不许。义天认为天台三观最上真善，而此土宗门未立，甚为可惜。乃言于王太后，太后嘉其诚。义天遂于次年，即元丰八年（1085）率弟子入宋。宋哲宗闻之，令居汴京启圣寺，并召见于垂拱殿。义天请参硕学名德，哲宗许之，首参东京觉严寺有诚法师，行弟子之礼。与有诚法师往返问答，明天台、贤首二宗判教同异。有诚法师以义天乃异国名僧，今航海问道，宜得高识博闻者为师。杭州慧因寺净源法师因"精练教乘，旁通外学"，遂被举荐为义天之师。哲宗许之，差主客员外杨杰护送义天南行。既至杭州，受法诸刹迎饯，皆如行人之礼。净源对义天，倾授华严奥旨。之后，义天又至上天竺寺，见慈辩从谏（1035～1109），执弟子礼，并献云凤磨衲衣、净瓶、经帙等，请授天台教观，尽得一宗经论之旨。宜宗王后因思念，敦促义天归国，从谏以无须为经而背母使其忧忆为由劝导，于是义天有归志。临别之际，从谏授以手炉及如意，以表付法，复赠诗云：

> 醍醐极唱最尊崇，菡萏华奇喻有功。
> 五祖当年亲妙悟，僧王今喜继高踪。
> 戒香流出金炉上，法语亲传麈尾中。
> 他日海东敷演处，智灯烈焰照无穷。[①]

元祐元年（1086），义天抵京师，见哲宗，数日辞阙。再至杭州，于慧因寺听净源讲《华严》大义，净源亦赠以手炉，以表传法之信。旋至天台山，礼智者大师塔，述发愿文，誓之曰："已传慈辩法师教观，还国流通，乞赐冥护。"义天留华一年有余，于元祐元年搭乘本国朝贺使的船回国。

义天回国后，广泛搜集、刊行各种佛典经书。1089年，仁睿太后发愿，在松山西南仿浙江天台山国清寺，建朝鲜天台宗根本道场国清寺，由此天台宗正式成为国家宗派。1092年，宣宗、太后在白州见佛寺设天台宗礼忏法约及万日。1097年，义天住持国清寺，广弘天台教观，来学者近千人，创立天台宗，以从谏为始祖。1101年，朝鲜首开天台宗大选，立义天为主盟，使天台宗基础更加牢固，天台宗为之一振，故义天实为海东天台宗始祖。1101年十月十五日，义天安详圆寂，享年四十七，谥号大觉国师。传法弟子中大德辈出，主要有教雄、德麟、翼宗、景兰、连妙、顺善等。他们继承师志，弘扬宗风，使天台宗在高丽盛传不衰。

教雄曾礼双峰寺翼宗为师，时大觉国师大开天台讲席，教雄与翼宗共至其门下，听闻教旨，修四教三观。天台宗大选初开时，教雄登上上品授任大德，后至国清寺任覆讲师传法，大举天台宗风。高丽天台宗由义天中兴、教雄敷扬之后，又由了世、天因等继承发展。了世，十二岁出家，修学天台教观。二十三岁入僧选，数年间即开圆解。高丽神宗元年（1198），于高峰寺法会升座说法，大众遂服其说。高丽熙宗四年（1208）后，止单药师寺，阐扬天台宗义，行礼五十三佛，修忏十二回。高

---

① （宋）宗鉴集《释门正统》卷八，《卍续藏经》第75册，第902页上。

丽高宗十九年（1232），修法华三昧，求生弥陀净土，弟子三十八人，入社者三百余人。了世隐栖山林五十年，世传其每日唱念《法华经》一部，准提咒一千遍，弥陀佛号一万声，著有三大部节要。继承了世之法华忏法者，为白莲社第二世静明国师天因（1205~1248）。天因，从了世得度，又从慧谌学曹溪禅，归万德山诵《法华经》，入像王山法华社弘扬天台教观。后天台宗又有无畏、义旋、神照、祖丘、玄见、明一、觉恒等名僧续出，直至高丽末代，皆兴盛不衰。高丽天台宗分为两派，一为疏字宗，一为法事宗。疏字宗，始于国清寺住持教雄，因其于国清寺宣讲经论，弘扬天台大法，故称其一脉为天台疏字宗。天台法事宗则是因高丽宣宗九年（1092）六月，修忏一派与太后于见佛寺设礼忏万日为国祈福而得名。疏字宗、法事宗两派之名，沿袭继承至李朝初。高丽时代的始兴宗，亦属天台宗。至李朝太宗（李芳远生卒年为1367~1422年，在位期间为1400~1422年）治世时，实行崇儒排佛政策，削减寺院所属土地，限制新建寺院，定天台宗疏字、法事两派为四十三寺。李朝世宗六年（1424），又整顿诸宗为教禅二宗，将华严、慈恩、中神、始兴四宗整合为教宗，天台宗与曹溪、南二宗整合为禅宗。僧侣选试课目，亦限于禅、华严二宗。新罗、高丽以来的天台宗由此逐渐走向衰落。

二　近代韩国天台宗

天台宗在一千四百多年的发展历程中，与韩国僧人发生着种种关系，发正、玄光、波若、缘光、义通、谛观以及义天等，皆蒙受天台法义的恩泽，为天台宗的发展做出了巨大贡献，被后世弟子称颂至今。为何智者大师的教法在海东独盛，四明草庵法师道因在《天台四教仪缘起》中云：

> 昔智者禅师创放生池于海涯，其放之也，必为授归戒、说大法，然后纵之海中。智者灭后至唐末，中国天台之道浸息，而海东高丽、新罗诸国盛弘此教。①

道因大师从业报的角度说明海东诸国台教独盛的原因，因智者大师住世时，于天台山临海开辟放生池，亲为放生之鱼授戒讲法，故智者大师圆寂后，一直到唐末，放生之鱼转生海东高丽、新罗诸国大弘台教。后继忠大师也意识到道因大师的说法会引起讥讽，对此说进行适当改造时云：

> 智者缘在此方，而教敷于海东者，此必放生池中诸鱼闻教禀戒报生者尔。

---

① （宋）道因法师：《天台四教仪序》，《大正藏》第46册，第774页上。

> 然闻此说者，颇讥以为诞，殊不知教理有凭也。流水十千天子即脱鱼报，岂外此乎！①

此中继忠大师引用《金光明经》中《流水长者子品》来支持道因大师的观点，认为智者祖师所放之鱼转生到海东各国，成为弘扬台教的主力军，彼此间的相互努力铸就了海东台教的盛况。无论理由如何，二位重量级大师都肯定了唐末五代时朝鲜等国盛弘天台宗的事实。

20 世纪中叶韩国天台宗大师上月圆觉（1911～1974）到天台山参拜国清寺，礼智者灵塔，发心在韩国重兴天台宗。他回国后在小白山九峰八门下莲华地创建救仁寺。寺宇规模庞大，有一柱门、天王门、观音殿、仁光堂、光明堂、止观堂、说法殿、香寂堂、钟楼、藏阁等，金碧辉煌，成为韩国佛教天台宗的总本山。数年之内，信徒达数百万，蔚为一大教团。1966 年 8 月的制宪宗会上，被推为第一代宗正。从此，韩国的天台宗大为发展。

20 世纪 80 年代以来，中韩天台宗僧众的文化交流日益频繁。1989 年 9 月，"韩中佛教文化交流团"到天台山国清寺参访。1990 年 7 月，韩国中央博物馆馆长尹乃铉，崇实大学、人文大学金文经等一行 6 人来天台山考察并进行学术交流。同年 10 月，韩国天台宗第二代宗正南大忠率访华团一行 18 人，来国清寺朝拜，并赠送供具。1992 年 4 月，韩国天台宗总务院院长田云德、宗议会议长尹德山率韩国天台宗佛教文化交流访华团一行 18 人参拜祖庭，并提出在八桂峰麓建立中韩天台宗祖师纪念堂以报祖恩，此建议得以落实。纪念堂于 1995 年 6 月建成，建筑庄严典雅。堂内立天台智者大师彰德碑、高丽义天国师杖履遗墟碑和上月圆觉大师重兴韩国天台宗功德碑。南大忠在《天台智者大师彰德碑》碑铭中说："冥冥海东，化雨沾溉。三千大千，光明无碍。猗欤盛哉，日星耀彩。埙箎互应，昭示奕代！"充分表达了韩国天台宗学子对智者大师创宗演教的景仰之心。

第二节　天台宗在日本的传播

日本是与中国隔海相望的邻国，自古就与中国有着政治、经济、文化等方面的密切往来，此中佛教曾发挥过重要的桥梁和纽带作用。538 年，百济圣明王派使者向日本钦明天皇进献金铜佛像、幡盖及佛经，标志着佛教正式传入日本，并开始影响其发展。

佛教传入日本后，形成了自己独有的特色，大致分为以下五种：1. 佛法护国观

---

① （宋）继忠法师：《天台四教仪序》，《大正藏》第 46 册，第 774 页中。

念；2. 神佛同体和一致论；3. 鲜明的宗派意识；4. 念佛和唱题的盛行；5. 世俗化的倾向。其中日本的天台宗对日本古代历史文化曾发生较大影响，日本天台宗比叡山有"日本佛教母山"的美誉。在平安时代（794～1192）末期和镰仓时代（1192～1333）兴起的新佛教宗派中，融通念佛宗、净土宗、净土真宗、日莲宗的教祖，以及日本临济宗、曹洞宗的教祖都曾在比叡山出家或修行。

一　平安时代的天台宗

天台宗是平安时代最盛行的佛教宗派之一，日本最澄大师入唐至浙江天台山亲承天台教法。最澄大师归国后，在比叡山创立大乘菩萨戒坛，弘扬天台法华一乘教法，开创日本天台宗。日本天台宗的创立，对后来各个教派的产生奠定了基础。

（一）天台宗在日本初传

天台宗最早流传到日本是在隋末唐初，日本天平十三年（741）三月，圣武天皇模仿中国隋唐两朝在各州建立官寺的做法，下令在全国建立国分寺、国分尼寺，并令抄写《最胜王经》和《法华经》各十部。当时僧寺称"金光明四天王国寺"，尼寺称"法华灭罪寺"。统辖国分寺的是东大寺，统辖国分尼寺的是大和法华寺。这些寺院以"法华"命名，可见《法华经》影响之大。

最早将大批天台宗经典从中国带到日本的是鉴真和尚（688～763）。鉴真于754年到日本，单在天台宗方面，就带去了《摩诃止观》《法华玄义》《法华文句》《小止观》《六妙门》等，其随从弟子法进、如宝、思托等也都是天台宗的学者。《唐招提寺缘起略集》记载了鉴真等人讲解天台章疏的情况：

> 从三年（天平宝字）八月一日，初讲读《四分律》并疏等，又《玄义》《文句》《止观》等，永定不退轨则。兼和上（鉴真）天台教观，禀法进僧都、如宝少僧都、法载、思托等和上化讲天台，代代相承，而于今不绝。[①]

由于鉴真及其弟子大力弘扬天台教义，天台宗在日本广泛流传开来。但遗憾的是，他们并未培养出专承弘扬天台宗教义的人，他们相继去世后，这些天台宗章疏长期被置诸高阁，很少有人问津。

（二）天台宗的创立

最澄（767～822），俗姓三津首，字广野，称德天皇神护景云元年（767）生于近江国滋贺郡古市乡，十二岁从奈良大安寺行表出家，学习唯识章疏等，二十岁在

---

① 转引自朱封鳌《佛教入门——天台宗》，四川出版集团、巴蜀书社，2009，第328页。

东大寺戒坛院受具足戒。因见奈良佛教界充满腐败混乱现象，便独自到平安东北方的比叡山上结庵修行，每日诵读《法华经》《金光明经》《般若经》等大乘经，并修禅观。之后又向天皇奏请入唐学习天台宗，天皇应允，最澄在唐德宗贞元二十年（804）九月到达明州（今浙江宁波）。在唐学习阶段，最澄接受了天台、密宗、禅及大乘戒法四种传授，此即所谓"圆、密、禅、戒"的"四宗相承"。唐贞元二十一年（805，日本延历二十四年）五月，最澄搭遣唐使的船回国。最澄向天皇上表复命，将带回的经书章疏等 230 部 460 卷、金字《妙法莲华经》、金字《金刚经》及图像、法器等献上。

最澄从唐归国后，受到桓武天皇的重视。天皇在敕文中说，要将最澄带回的天台教籍书写"流布天下"，命人送奈良七大寺。又敕在京都北的高雄山寺设立法坛，由最澄为道证、修圆、勤操、正能、正秀、广圆等诸寺高僧举行密教灌顶仪式，并特命石川、桎生二禅师代天皇受灌顶传法。之后最澄在日本正式创立天台宗。

为扩大天台宗的影响，最澄还到九州和本州东部地方巡行传教。在这期间，他与以法相宗为代表的奈良旧佛教进行了激烈的辩论。其辩论主要围绕两个问题进行：一、一乘、三乘的权、实之争，一切众生是否皆有佛性，天台、法相二宗何为优越的问题。二、为确立大乘戒，在比叡山设立大乘戒坛之争，最澄的天台宗能否摆脱奈良佛教而独立发展的问题。在最澄所处的时代，奈良六宗中比较有势力的是法相宗和三论宗，此外四宗中的俱舍宗和成实宗是此二宗的附宗，华严宗和律宗已衰微。最澄天台宗的崛起，不仅影响他们既得的社会利益，而且因天台宗特别强调"一切众生，皆有佛性"，主张天台宗僧只受大乘戒，为"菩萨僧"等。

最澄大师圆寂后十七日，嵯峨天皇敕许比叡山每年三月可为得度学僧授大乘菩萨戒，授戒后学僧住山十二年专心修学；圆寂后第二年，天皇又赐比叡山寺以"延历寺"之号，自此比叡山寺升为官寺。同年最澄的付法弟子义真担任传戒师在山上为学僧十四人授菩萨戒，这标志着比叡山大乘戒坛的正式独立。最澄寂灭后四十二年，于清和天皇贞观六年（864）被赐予"传教大师"的谥号。最澄的弟子有义真、圆澄、光定、圆仁等。圆仁和义真的弟子圆珍等都曾入唐求法，对发展日本天台宗中的密教部分有很大影响。圆仁继义真、圆澄、光定之后任第四代座主。圆珍继安慧后为第六代座主。

（三）天台宗密教的完善

圆仁虽不是日本天台宗的创立者，却是集大成者，是天台宗密教的确立者。日本的密教有台密（天台密教）和东密（真言密教）之分。台密和东密最初是虎关师练在《元亨释书》卷 27《诸宗志》中论述密宗时使用的称呼。天台宗的密教首先由最澄在入唐求法后引进，后经圆仁确立，圆珍发展，安然完善而最终形成。最澄于贞元二十年（804）入唐，先后得到天台山修禅寺道邃和佛陇寺行满授法，道邃、行满是九祖湛然的弟子。贞元二十一年（805）四月上旬，最澄在越州龙兴寺从顺晓阿阇梨受真言密教灌顶，得陀罗尼经书、印契图样、灌顶器物等。归国后，最澄得许在京都北高雄山寺设立法坛，为道证、修圆、勤操、正能等八位大德授灌顶，这是日本最初的灌顶。日延历二十五年（806），研究《大日经》和《摩诃止观》的年分度者得到认可。最澄通过和空海交往，对密教有了更深入的了解，但后来由于和空海断交而中断了对密教的学习。圆仁有感于最澄对密教体系掌握得不系统，故入唐求法完善天台宗密教体系。

据《入唐新求圣教目录》记载，圆仁总共携回经典 584 部 802 卷。其中，密教经典 402 部，曼罗图样、真影等 30 多种，道具 6 种。从他所请的经论章疏传记及法门道具中可以看出，密教的受法是其求法的中心。圆仁在长安曾接受过多位阿阇梨的传法，其从大兴善寺翻经院元政、青龙寺义真、玄法寺法全的受法对天台密教的发展产生了很大影响。圆仁从元政阿阇梨学金刚界大法，接受五瓶灌顶，并恭画金刚界大曼荼罗；随青龙寺义真进入胎藏灌顶道场，学习《毗卢遮那经》的真言印契，并承受苏悉地大法；在玄法寺法全处承受胎藏界大法。圆仁受三部大法，从而为以后台密的确立打下了根基。回日本后，针对东密的两部宗旨（胎、金），圆仁开出了胎、金、苏三部教义，从而超越了东密的体系。日本当时虽有《大日经》的注疏，但还没有有《金刚顶经》《苏悉地经》的注释，圆仁为弥补这方面的不足，著《金刚顶经疏》七卷、《苏悉地经疏》七卷，完善了三部密教典籍。圆仁对天台密教体系的完善，主要体现在三方面：1. 对天台密教思想体系的完善；2. 对天台密教教学体系的完善；3. 对天台密教修法体系的完善。总之，圆仁的弘密活动得到了天皇的重视和支持。他在完善密教思想、体系、修法等方面的诸多成就，使天台密教最终得以确立。

（四）日本天台宗的时代特色

日本天台宗从中国传入，在教义方面仍奉《法华经》及中国天台宗创始人智者大师所著《法华文句》《法华玄义》《摩诃止观》等为基本教典，以中国天台宗的"五时""八教"的判教理论和"三谛圆融""一念三千"的诸法实相论以及"一心三观"的禅观理论为基本教义，但因日本天台宗是在日本特定的社会历史环境中传播和发展，所以也形成了自己新的特色。日本佛教学者多以"圆（天台）、密、禅、戒"四宗相承作为日本天台宗的主要特色。实际上最代表日本天台宗特色的是它对密的结合和对大乘戒的特别重视。其主要方面如下：一、天台宗、密宗的一致和合一；二、教、戒一致，只承认大乘戒；三、鲜明的"护国"思想。

（五）天台宗与净土信仰

最澄从唐朝带回的智者大师《观无量寿经疏》《阿弥陀经疏》《净土十疑论》

等净土著作，已在日本流行。在日本天台宗内正式兴起净土念佛法门的是最澄的弟子圆仁。圆仁在承和五年（838）入唐求法，唐开成五年（840）到五台山巡礼，从当地天台宗志远、文鉴学天台教法，并从竹林寺受传中国净土宗高僧法照的"五会念佛"修持仪轨。他回国后在比叡山建常行三昧堂，作为修持法照"五会念佛"法仪之所。因周期短，念佛富有音乐节奏，很快在天台宗各个寺院流传开来。在比叡山提倡念佛的人中，以圆仁的弟子相应（831~918），圆珍的弟子增命（843~927）、延昌（880~964）、良源（912~985）比较有名，而到良源的弟子源信著《往生要集》，使天台宗内的净土教说达到最高阶段，为净土教发展成独立教派提供了直接的理论来源。

上面所述的几位天台宗学僧都力图把弥陀净土信仰与天台宗理论，乃至密教教理结合会通，他们主张的"念佛"方式主要是观想念佛。他们的净土学说，主要在僧团内部流传，对社会的实际信仰影响不大。与良源大约同时，致力于在民间弘传净土念佛的僧人空也，曾对社会普通民众了解和接受净土信仰起过很大的作用。

净土宗的正式创立者是法然上人（1133~1212），为平安末期至镰仓初期的日本僧人。九岁时，因土地纠纷父亲被害，因此借住在娘舅观觉的菩提寺里。十三岁时，被观觉送到当时佛教最高的学府比叡山修学，师事源光。十五岁时，依比叡山皇圆出家，依天台座主行玄受戒。十六岁时，开始学习天台三大部。十八岁时，搬到比叡山黑谷别所，依叡空修行天台止观，叡空授予"法然"法号。法然三十年间在比叡山修学天台教法，在四十三岁时依据善导大师的《观无量寿经疏》，深信阿弥陀佛的愿力，提倡专念"阿弥陀佛"圣号，认为死后可平等往生西方极乐净土，倡导人们专修念佛法门，下山后开宗立派建立净土宗。

二　镰仓时代的天台宗

日本天台宗在平安后期虽地位显赫，势力庞大，但在思想理论方面已无建树，但有人致力于复兴戒律，其在此时也形成了自己的民族特色，将天台宗与日本神道信仰结合，认为日本的神是佛菩萨的化现，并在教义上进行阐释。此时的净土真宗、临济宗、曹洞宗等也相继在天台宗的基础上开宗立派。

（一）天台宗及其山王神道

镰仓时代天台宗内也有人致力于复兴戒律，兴圆（1262~1303）著《十二帖决》，将天台宗的"圆戒"（即据大乘戒律《梵网经》等建立的律学和授戒制度）与密教的灌顶理论与仪式结合起来，提倡"戒灌顶"。其后，惠镇（1281~1356）、光宗（1311~1347）、惟贤（1292~1364）等人继续弘扬"戒灌顶"。光宗著《溪岚拾叶集》，笔录诸师教说并涉及医学、歌道、兵法、耕作、算术等。惟贤著《菩萨圆顿授戒灌顶记》。

日本天台宗的民族特色之一，是整合日本神道信仰。在平安中期之后盛行"本地垂迹"的神道学说，认为日本的神是佛、菩萨的化身。天台宗将比叡山的镇守神日吉明神称为"山王"，认为其本地是释迦佛。但非一般意义上的化身，而是《法华经》中本地久远的法身。日本天台宗所奉的"山王"，取法于中国天台宗。中国天台山国清寺奉"周灵王太子乔（字子晋）为山王"，称"元弼真君"。山王神社有21座，称"山王二十一社"。其中"上七社"包括大宫（西本宫，祀大和朝廷原奉的保护神大己贵命）、二宫（东本宫，祀比叡山的地主神大山咋神）、宇佐宫、牛尾神社、白山姬神社、树下神社、三宫神社；"中七社"有大物忌神社、牛御子社、新物忌神社、八柱社、早尾神社、产屋神社、宇佐若宫；"下七社"包括树下若宫、大宫灶殿社、二宫灶殿社、氏神神社、岩泷社、剑宫社、气比宫。在最澄创立天台宗之前，已有大宫、二宫，被称为大比叡神、小比叡神的神社。最澄把此二神奉为比叡山延历寺的镇守神，在神社领地内建神宫寺。后来发展为21社，自然把大宫所祀大己贵命神奉为主神。

镰仓时代日本天台宗对山王的解释有所发展，形成所谓"山王神道"或"山王一实神道"。成书于13世纪前页的《耀天记》对山王神社所祀的神、祭日及仪式、神官以及本地垂迹理论有详细记载。此外，成书于镰仓末年的师谏《元亨释书》、显真《山家要略记》、光宗《溪岚拾叶集》等书的有关记述，也是研究山王神道的重要资料。现仅概要介绍如下两点：1. 日吉山王是释迦牟尼佛的化身，是日本最高的国土神；2. "山王"二字体现了天台宗的基本教义一心三观与一念三千。此后进入室町时期，天台宗的山王神道更加复杂化，但在理论上没有实质性发展。到安土桃山时期（1568~1598）为止，出现很多山王神道的书，其中有《日吉本记》《严神钞》《日吉山王利生记》《日吉神道秘密记》《山王一实神道原》等。日本天台宗提出山王神道的目的是想抬高自己的镇守神日吉明神的地位，从而有利于扩大它在日本朝廷和社会上的影响。山僧奉日吉神舆入京强诉，与外宗对抗，正是利用了日吉明神的"神威"和人们对它敬畏的宗教心理。

（二）临济宗的创立

当时日本的天台宗非常兴盛，创立新宗派的僧人多出身于日本天台宗。荣西禅师（1141~1251）是日本平安末期至镰仓初期的僧人，也是日本临济宗的开宗祖师和京都建仁寺的创建者，日永治元年（1141）出生于日本冈山县加贺郡。荣西禅师十四岁时在比叡山依静心和尚剃度出家，取法名为荣西，开始学习天台止观和密法，行法非常优秀。他立志正兴正信天台宗，于仁安三年（1168）四月渡海来天台山留学，入住天台山万年寺。看到南宋禅宗兴盛，荣西禅师决意学习禅宗改变日本佛教的精神，同年九月回国并带回天台教典60多部，将带回的天台教典献给日本天台宗明云座主。文治三年（1187），四十七岁的荣西再一次入宋留学，师事万年寺虚庵怀敞学习禅法，建久二年（1191）五十一岁的荣西得到虚庵怀敞的印可，是年七月回日本开始弘扬禅法。建久六年他在博多建立圣福寺，该寺成为日本最初的禅宗道场。建仁二年（1202），六十二岁的荣西禅师在京都开创了建仁寺，弘扬天台、密、禅三宗。

（三）净土真宗的创立

亲鸾上人（1173~1262）为日本镰仓初期到中期的僧人，日本净土真宗的开宗祖师，承安三年（1173）出生于京都，九岁时跟随叔父日野范纲到京都天台宗门迹青莲院，依天台座主慈圆剃度出家，取名为"范宴"。出家后他登比叡山，在横川首楞严院常行堂修般舟三昧，在此修行二十年，自力到达极限。日建仁元年（1201）春，二十九岁的亲鸾离开比叡山，下山入法然之门专修念佛法门。他在继承法然的净土往生真实教说上，更加提倡他力思想，在全国各地设立简单朴素的念佛道场，开宗立教。

（四）曹洞宗的创立

道元禅师（1200~1253）是日本镰仓时代初期僧人，日本曹洞宗开宗祖师，正治二年（1200）出生于京都，建历三年（1213）前往比叡山拜访母舅良显，建保二年（1214）依天台座主公圆剃度出家，取名为道元，开始学习天台教法。道元于建保五年（1217），下山至建仁寺，师事荣西的弟子明全学习禅法；贞应二年（1223），与其师明全一起前往南宋朝拜天台山，后在宁波天童寺得到如净禅师的印可；安贞二年（1228）回国，开始在京都等地弘扬曹洞禅法；宽元二年（1244），在福井开创根本道场永平寺，成为关东地区纯粹禅的嚆矢。

（五）日莲宗的创立

日莲上人（1222~1282）出身于天台宗，创立了以《法华经》为主要经典的日莲宗，影响很大。日莲宗的主要教义具有如下特点：一是排除日本天台宗内密教教成分；二是虽继承天台宗理论中的一些思想（如十界互具等），但却删除其繁杂的"实相"理论论证及禅观修行，而认为"妙法莲华经"五字经题是《法华经》的全部精华，具佛的一切"因行果德"，是无上"妙法"，任何人只要念唱这五字经题便能解脱成佛。日莲的著作很多，主要有《立正安国论》《开目钞》《观心本尊钞》《撰时钞》《报恩钞》等，身边弟子有三百多人。

三　江户时代的天台宗

天台宗的中心被转移到关东，在德川初期天海曾受幕府崇信，为幕府控制天台宗发挥了很大作用。天台宗在江户的中心"东睿山"由出家的亲王（称法亲王）担任住持并兼天台宗座主，统领日光山和京都的比叡山。在东睿山也设立学校，称为学寮，另外有关东檀林培养学僧。

在学问方面，妙立与其弟子灵空对小乘戒律的提倡在日本佛教史上有较大影响。妙立（1637~1690），名慈山，原奉禅宗，后改入天台宗，对日本自最澄以来所提倡的"台、密、禅"相结合，仅依据大乘梵网戒的天台宗不满，而遥以中国宋代知礼、明代智旭为师，研究天台三大部，提倡"性具"（一心本具三千，心性具善恶）之说，并提倡小乘《四分律》。他特意提倡《四分律》的目的，是矫正天台宗日益败坏的僧风，因此受到比叡山僧团的反对被逐下山。他的弟子灵空（1652~1739）继承师说，元禄六年（1693），在江户轮王寺宫公辨法亲王的支持下，以比叡山安乐院作为律院，弘传四分律学。因此，妙立与灵空的律学，也被称为"安乐律"。此后，在东睿山建净名院，在日光山建兴云院作为安乐院的支院，弘传律学。"安乐律"，曾在天台宗内产生很大影响。他们的律学主张，因遭到天台宗内一些学僧的反对，一度被禁止，但后来又得以盛行宗内。

四 现当代的天台宗

近现代的日本天台宗，与社会的发展有密切关系。第二次世界大战结束后，日本社会发生了深刻变化，日本佛教进入了新历史时期。现简明如下。

（一）天台宗系、日莲宗系等佛教团体发展

日莲宗和天台宗从 20 世纪五六十年代以来陆续开展各种运动，为增强信徒的信仰，密切信徒与本山、寺院的关系，培养传教人才，重振宗风。日莲宗开展"日莲宗护法运动"，天台宗开展"照一隅运动"。"照一隅"原是最澄《山家学生式》中的话，意为信徒通过教化活动把宗祖的精神普及社会每个角落。

1950 年后日本经济复苏，日莲宗系、大台宗系等佛教团体发展迅速，并产生了许多新兴教派。如创始于 1930 年的"创价教育学会"，这时改"称创价学会"，是日莲宗的派别之一。1955 年，会员近 70 万人。1956 年，有 3 名会员入参议院。

创价学会主张不断增进中日两国人民的友谊和睦邻关系。从 1974 年至 1992 年，创价学会主要领导人池田大作等率代表团 8 次访问中国，受到周恩来、邓小平等中国领导人的会见，与中国文化界、教育界进行了广泛的交流，并向北京大学、复旦大学、武汉大学、四川大学等赠送图书。他的不少著作，也在中国翻译出版。与此同时，日莲法华系新兴宗教的灵友会和立正佼成会的信众也不断发展。

灵友会是日莲法华信仰和日本民间巫术、密教咒术以及祖先崇拜等的混合物。所奉经典有"法华三部经"（《无量义经》《法华经》《普贤观经》），以及《南

无弥勒菩萨经》等。信徒的主要课诵是久保角太郎节录"法华三部经"而成的
《青经卷》。

立正佼成会，始创于1938年，原称"立正交成会"，1960年为纪念去世的长沼
妙佼，把会名改为"立正佼成会"。此会以《法华经》为基本教典，以释迦牟尼佛
为本尊，以实现"寂光土"为目的。1951年，立正交成会与日本PL（"完全自由"
的英文缩写）教团等组成"新日本宗教团体联合会"，逐渐发展至有80多个新兴宗
教团体参加的联合组织。立正交成会是其中最大的宗教团体，在联合组织中掌有支
配权。它还通过这个组织在议员竞选中推荐和支持自民党、民社党的候补议员，因
而威望甚高。1982年5月，时任世界宗教者和平会议名誉主席、日本佛教立正佼成
会会长的庭野日敬，率访华团专程来天台山国清寺朝拜祖庭。

（二）日本天台宗与中国佛教在当代的交流

20世纪70年代后，日本天台宗大本山比叡山延历寺与中国天台山国清寺的佛
教文化交流日益频繁。1975年10月，以日本天台宗座主山田惠谛为团长的日中天
台宗友好访华团专程来天台山国清寺朝拜祖庭。

1978年4月，天台山国清寺方丈唯觉参加中国佛教代表团去日本作了回访。

1980年4月，以中里德海为团长的天台宗中国天台山参拜访问团一行17人来
天台山国清寺参拜，并护送鉴真大师像回国探亲。

1982年10月18日，山田惠谛座主率领日本天台宗建立祖师碑揭幕访华团146
人，访问天台山国清寺，在国清寺举行隆重的祖师碑揭幕仪式和报恩法会。三座显
彰碑为天台大师智者碑、传教大师最澄碑、行满座主赠别最澄大师诗碑。山田座主
在《天台大师碑文》中称："粉身碎骨，宁报厚德！唯累岁月，讲听妙典，奉酬无
穷之德。因兹建立彰德之碑于圣迹，奉乞大师之冥应！"充分表达了对智者大师感
恩戴德之情。

1984年，日莲宗访华团在国清寺大雄宝殿后西侧建立"南无妙法莲华经幢"。

1986年9月，日莲宗访华团一行52人在国清寺举行"南无妙法莲华经幢"揭
幕法会。中国佛教协会会长赵朴初书"知恩报恩"四字铜匾，镶于幢前。

1988年，日本天台宗信众在天台山智者塔院前建造般若心经塔，塔中藏日本百
万信众书写的《妙法莲华经》。1992年，日本天台宗又在天台山国清寺祥云峰下建
智证大师圆珍入天台求法纪念塔。

1993年5月，应中国佛教协会会长赵朴初的邀请，日本佛教天台宗座主山田惠
谛长老来上海过百岁寿诞。随同来访的日本参拜国清寺友好团249人，在日本佛教
天台宗宗务总长多纪颖信团长率领下，由中国佛教协会和浙江省宗教局领导，前来
天台山国清寺参拜祖庭。这个大型代表团是由日本天台宗、立正佼成会和松绿神道

大和山三大组织联合组成，下设7个分团，是中日两国佛教界友好交往史上人数最多、规模最大的一次。

第三节 天台宗在越南的传播

天台宗是中国佛教成立的第一个宗派，但传入越南却很晚。越南僧侣1928年从香港青山寺随显奇法师出家受法后，回国创立越南天台教观宗，但并未真正独立运作。就越南大乘佛教的特征而言，没有宗派独立，彼此间没有相互学习和影响，故天台宗传入越南后也是与本土佛教混合，随顺本国佛教发展的规律。

一 越南佛教各宗派的相互影响

越南佛教有北传、南传两系，北传佛教兴盛，其思想大部分从中国传入，最普遍的是禅宗与净土宗。天台宗传入后，对此等宗派均有影响。十法界、一心三千为天台宗的核心思想，一心中具十法界，此十法界又有体广、位高、用长三义，每一界中具其他九界。为开悟此心，修圆融之观，所谓一行一切行。以圆顿观观照诸法即空、即假、即中的思想，对各宗派有很大的影响。最典型的如十法界图，越南寺院中几乎每个寺院皆悬挂此图。此图中央画一个心字，周围围绕地狱、饿鬼、畜生、阿修罗、人、天、声闻、缘觉、菩萨、佛十法界。可以说，一心具足十法界的思想，已融入越南的每个寺院中，不分宗派地被普遍接受。

在修行方面，天台宗的止观思想对越南也有极大的影响。早期传入越南的有毗尼多流支禅派；后于唐宪宗元和十五年（820），无言通将中国慧能、怀让、道一和怀海等南宗禅传入越南。从此两脉禅法并行于越南，毗尼多流支禅派断绝后，无言通派持续流行了一百年。13世纪末年，陈朝国王陈仁宗，继承无言通法统，开创竹林禅派，此派兴盛一时，到15世纪初趋于衰微。后念佛法门兴盛，直到天台教理传入，虽数量不多，但有些行者开始学习智者大师所著的《摩诃止观》，将止观禅法应用在修禅，所谓观中有止，止中有观，止观具通解脱、般若、法身三德，这就是天台宗的止观圆融禅。

越南佛教具圆融特性，宗派独传性质不强，各宗各派间互相学习、互相影响，修持上相互应用。天台教法的传入，令越南佛教呈现出多样化，使修行的内容更加丰富，去除了过去佛教传法过于死板的风格，提倡因机施设教门，每个人皆应有自己的修行法门。故天台宗传入后，其教理和修法被各宗派吸收。越南佛教传入与发展已有两千多年的历史，但各位学者对佛教传入越南的时间各执一词，有的认为是公元前2世纪末传入越南本土，有的认为在公元前3世纪初期传入越南本土。现越南大多数人学者同意后者，因其有史料可追溯佐证，其中佛教主要是通过海路传到越南，其次是陆路。越南佛教最初虽从印度传入，但因越南古代时曾与中国关系密切，故越南佛教受中国佛教影响很深。佛教不仅与民间信仰，而且与儒家、道教文化相融合，形成"三教共存"的局面。

中国佛教大乘各宗派，如禅宗、净土宗、密宗等早已传入越南，因两国文化有诸多相似处，故各宗派相互适应并顺利发展。天台宗传入越南较晚，不管在教义理论上还是修行实践上，都会受到其他宗派的影响。1928年传入时，越南正发生战乱，全国人民包括宗教组织全力抵抗外邦，该宗没有得到很好地发展。直到1976年南北统一，天台宗在不到一百年的时间，从最初的生根发芽，到今天枝繁叶茂，皆由越南政府和佛教教会的领导和支持自由发展而来。现在的天台宗已受到广泛的关注，人们对其各方面深入了解的需求也与日俱增。

二　天台宗对越南社会的影响

从传入的时间方面来说，天台宗虽是晚来宗派，但很快全国属于天台宗的寺院已有70多座，每一座建筑均有其独到之处。特别是尊盛寺，被龙安省列为历史文化名迹，丰富了越南文化。尊盛寺，1808年由圆悟禅师开创。此寺壮丽辉煌一时，在战争中遭到破坏，1934年被了禅禅师重修。从时禅师，于此传天台教法。尊盛寺，虽不是天台宗所立，但由越南天台宗第一代人重修，变成天台宗祖庭，现为天台宗的主要寺院。此外，还有许多带建筑特色的天台宗寺院，如法光寺、法界寺、法性寺等，皆体现了越南民族文化风格。

天台宗对越南社会的影响主要体现在慈善、教育两个方面。

从慈善的角度言，天台宗寺院秉承大乘菩萨道精神，积极主动帮助别人。如龙安省首乘县金刚寺，不仅每年有帮助穷人的慈善活动，每遇到天灾，还会积极参加赈灾活动，是龙安省以及天台宗里参与慈善活动最多的一座寺院。再如龙安省和平寺积极发扬人间慈爱精神，关爱老人和孤儿，修建养老院，照顾贫穷孤单的老人；胡志明市的法武寺，办孤儿院，养育孤儿，分担社会责任，让无家可居的小孩有温暖的家。这些寺院的作为是天台宗对社会贡献慈善活动的一些表现形式。

从教育的角度言，越南天台宗寺院非常重视僧人教育，前江省新协县灵峰寺、龙安省金刚寺和福宝寺、胡志明市法光寺等都有办初级佛学院，教导年轻僧众如何更好地荷担如来家业，该具备何种品德才可在将来更好地利益佛法和服务社会。同时，还培养僧人学习各种佛事，在仪轨的庄严中深化信仰。除关注初级僧人教育外，还积极发展年轻信徒，将教化对象扩展到青少年学生方面，各寺院，如金刚、宗盛、和平、宗云、法坛、灵峰等寺，虽不是每座寺院皆会办学校，但在暑假期间都会举办夏令营，组织佛弟子家庭举办很多活动，让每一个学生的暑假都过得富有意义。

此外，每到周末时，佛弟子家中的青年皆会到寺院体验生活。越南寺院之所以开展这样的活动，其目的是透过佛法的引导，使这些青年更好地理解佛法的理念，并能更好地护持佛法，为天台宗的法脉延续注入源源不断的活力。

第四节　结语

综上所述，我们对天台宗在海外的传播做了详细的说明。从天台宗在朝鲜的传播来说，随《法华经》的传入而陆续开始，天台宗传入朝鲜的时间比日本早很多，朝鲜僧人玄光、波若、缘光等最早随慧思大师、智者大师学法，在后续的发展中，一直到宋朝时高丽僧人义天入华求法，回国建天台宗大本山国清寺，升座讲法盛传三止三观，天台宗才正式在朝鲜成立。义天圆寂后，其弟子们延续着智者大师的教法，在传教的过程中形成了以讲经说法为主的疏字宗和以拜忏祈福为主的法事宗，后随着崇儒政策的开展，天台宗逐渐走向衰落。从天台宗在日本的传播来说，最早将天台典籍带入日本的是鉴真大师，真正创建日本天台宗的是最澄大师。最澄大师入华求法，接台、密、禅、圆顿戒四家传承，回国后于比叡山延历寺正式开创日本天台宗，开了天台宗在日本真正弘化之先河。后其徒圆仁入唐求法，在寻求天台章疏的同时，重点寻求密法传承，在留华短暂的时间内，求得胎藏界、金刚界全部传承，归国后立足于比叡山，将天台宗与密宗融合，注释《金刚顶经》《苏悉地经》形成了台密。在后世发展的过程中，天台宗僧人又学习禅宗、净土，形成了诸多其他派别，台宗后裔占据日本佛教半壁江山，促进了日本佛教的繁荣。总体看下来，天台宗传入朝鲜的时间最早，但影响力与日本比相差甚远。天台宗虽在唐代才传入日本，但随着最澄大师比叡山延历寺天台宗的成立，其对日本文化的影响巨大，可以说天台宗是日本的主要文化之一。天台宗在越南的传播，其历史还不到一百年。越南僧侣1928年在香港青山寺，随显奇法师出家受法后，回国才创立越南天台教观宗，但并未真正独立运作。天台宗在越南传承数代后，本宗所属的寺院不断弘扬天台教义，天台宗的一念心具十法界的理论以及止观思想逐渐被越南其他教派接受，在彼此相互影响的过程中，天台宗的寺院不断发挥大乘佛教庄严国土、利乐有情的宗旨，逐步与社会相适应，在慈善、教育等方面发挥佛教现世关怀作用，从而影响着越南的当前社会。

思考与练习题

1. 早期朝鲜，有哪些僧人随慧思大师、智者大师学法？

2. 最早将天台教法传入朝鲜的祖师有哪些？

3. 简述义天大师向从谏大师求法的过程。

4. 简述义天大师回高丽建立天台宗的过程。

5. 中日文化交流史上，有几次文化高潮？

6. 佛教传入日本后，日本佛教有哪些独自的特色？

7. 简述日本天台宗的创建。

8. 圆仁对台密的完善，主要体现在哪几个方面？

9. 简述日吉明神的本地。

10. 何为二十一社？

11. 日本天台宗的山王神道有何特点？

12. 简述天台宗对越南佛教的影响。

13. 简明天台宗对越南社会的影响。

下 篇

教相与观行

第六章　天台宗的判教

【本章导言】

　　教相说，是天台宗重要的组成部分之一。智者大师将释迦佛四十九年的教法，按时间的先后顺序，判为华严时、阿含时、方等时、般若时、法华涅槃时。五时是佛说法的内容，按照教化方式、内容，还可分为化仪四教、化法四教。化仪譬药方、化法譬药味，化仪无体，全以化法为体。天台教相说，是智者大师以《法华》为本，《大智度论》为依，根性融不融、化道始终不始终、师弟远近不远近等为准，对当时流行的南三北七诸家判教批判继承，研详去取，名同义异，建立五时八教说。天台五时八教说的建立，熄灭了南北两地判教争论，为唐代佛教宗派的陆续建立开了先河。

【讲授内容】

　　教相说，是智者大师对整体佛法的判摄。他以南北地流行十家学说为基础，批判继承，创建了天台五时八教说。为更好地说明天台教相说的内容，本章从判教的意义以及产生、判教的思想来源、南三北七判教说的内容、对南三北七判教的批判、天台教相说的内容等章节详述，将教相说放到动态的历史进程中，用追本溯源的方法，展示天台教相建立之过程，以了知其全貌。

第一节 判教的意义以及产生

判教，又称"教判""判（释）教相""判教义""判佛教""会教"等，是中国佛教学者根据印度佛教典籍，对印度原有佛教学说体系，按照中国佛教学者自身的信仰理解、价值观念和宗教实践，予以全面反思、批评和总结，在与中国传统文化相融合的基础上，将印度佛教理论按照时间的先后、义理的深浅、修行的次第和价值的高下，予以重新整合，从而建立起的中国化佛教理论体系。[1] 判教的产生，与经典的翻译、与教义的积极研究有密切关系。从经典翻译的角度言，公元前 2 年，佛教传入中国，到魏晋南北朝末期，已有将近六百年时间，此时印度的佛教典籍已大体翻译完备。这些大小乘教典，皆以"如是我闻"开头，表明阿难等圣弟子亲从佛闻传于后世，无批判原则的佛弟子认为此等皆是佛说深信不疑。[2] 但实际的情况是，当人们去研读这些佛典时，会出现时间不一、所属部派有异、义理互有出入、内容各有分歧等情况，如何在差异性中寻找统一性，是人们亟须解决的问题。[3] 从经典研究的角度言，印度高僧在翻译经典的同时，也向中国僧人普及印度流行的佛学思想，中国僧人在佛学基本理念的认知以及经典本身独特性内容把握的同时，还兼具研究多种维度的经论意向。由于所尊经典不同，遂形成各种以不同经典为主体的思想体系，如毗昙学派、地论学派、成实学派、摄论学派、涅槃学派等，此等不同学派皆会对佛法进行整体性判释，议论教义的高低浅深。如何抉择学派间差异，还原佛法真实意趣，是当时佛教待解决的问题。随着社会的发展变迁，这些问题的存在，为中国祖师的判教提供了文化背景。

第二节 判教的思想来源

智者大师的判教思想，受佛经的启发以及先辈们的影响。如前文所明，佛教传入中国后，随着翻译典籍和研究的需要，判教已成为佛教中国化进程中不可缺少的环节。判教思想的启迪，在佛经和祖师的论中早已提及，如《法华经》中的三草二木；《楞伽经》中的顿与渐；《华严经》中的日出先照高山，次照幽谷，后照平地；《涅槃经·圣行品》中乳、酪、生酥、熟酥、醍醐五味；《大智度论》中三藏、摩诃

---

[1] 参见兰天《中国佛教早期判教理论述评》，西北大学博士学位论文，2004，第 1 页。

[2] 具体内容详见〔日〕菅野博史《初期中国佛教判教思想的展开》，张文良译，《佛学研究》2018 年第 2 期，第 177~187 页。

[3] 具体内容详见董平《天台宗研究》，第 29 页。

衍、显露、秘密等;《十住毗婆沙论》中难行道与易行道;这些典籍中对佛法内容先后以及众生闻法根机浅深的论述,启迪佛教徒应从整体上看佛法,关注诸经间存在的差异化。

佛教传入中国后,鸠摩罗什传译《中观论》《百论》《十二门论》《大智度论》,系统介绍龙树菩萨的中观学,结束了中国早期玄化般若学,纠正了当时般若空观理解的偏失,深化了中国僧人对大乘般若学说的理解。中观学浓厚的现实品格,与中国传统文化精神相通,对佛法的发展起到了重大作用。罗什来华后受帝王礼遇,组织僧众二三千人,重新翻译《摩诃般若经》《法华经》《维摩诘经》《成实论》等经论。其在翻译经典的同时,还讲解印度以及西域最新的佛法资讯,扩宽了当时僧众的佛学视野,划清了大小乘间的界限。尤其是与慧远大师的法义讨论,[①] 产生了较大影响。根据《大乘大义章》记载,慧远大师将小乘毗昙等同于大乘经,罗什大师以《大智度论》为核心,开导慧远大师应区分大小乘间的差别,且必须以大乘为根本立场。这种区分大小乘的思想,在当时已被中国人接受。另外,还曾围绕阿罗汉成佛问题进行论述,阐明《法华经》《般若经》的各自立场,说明在肯定诸经共通性知识的同时,也应尊重各自的独特思想,不应以一经否定其他经,应辩证多维度看问题。这种区分《法华经》《般若经》独特思想的行为,无形中深化了中国人对佛法的理解,关注诸经间的相互关系,注重在差异性中寻求统一性,促进了判教思想的产生。

罗什大师诸弟子在其经文讲义的基础上进行发挥,关注诸典籍中共通思想与独特思想,并试着区分不同典籍中差异性的关系,开判教之先河。僧睿大师在《喻疑》一文中,对《涅槃经》的思想体系进行论证,严格与《法华经》作区分,认为法华虽明会三归一,但未说一切众生皆可作佛,唯有《涅槃经》阐明一切众生皆可作佛。睿公在《涅槃经》佛性问题上的看法,虽非严格意义的判教,但对判教已具有启蒙意义。道生大师在《法华经疏》中,将佛陀教法判为四种法轮,分别是善净法轮、方便法轮、真实法轮、无余法轮。善净法轮,修五戒十善之法,摧灭四恶趣业,得天人果报。方便法轮,修四谛十二因缘方便道,证二乘之果。真实法轮,宣说一乘方便,三乘真实之《法华经·方便品》。无余法轮,指《如来寿量品》中如来法身寿命常住。四种法轮,基于《法华经》构建,对大小乘经典间的相互关系无有涉及,未将佛法视为整体,对不断传入的大乘教典没有做出说明,故在后来未有进一步的发展。道场寺慧观,将佛陀一代教法判为顿渐二教,顿教指《华严经》,为菩萨具足显理,说诸位次修证功德。渐教内开为五时,分别是三乘别教、三乘通

① 具体内容详见〔日〕菅野博史《初期中国佛教判教思想的展开》,张文良译,《佛学研究》2018 年第 2 期,第 177~180 页。

教、抑扬教、同归教、常住教。为声闻说四谛法、辟支佛说十二因缘法、大乘人说六度法，行因不同，得果各异，故为三乘别教。《般若经》通化声闻、缘觉、菩萨三种根机，故为三乘通教。《维摩诘经》《思益经》等经，赞扬菩萨，抑挫声闻，故为抑扬教。《法华经》，会三归一，故为同归教。《涅槃经》明佛性常住，故为常住教。慧观的顿渐二教判释，在把握大乘教典整体性的基础上，将人根机浅深植入佛陀一生说法的先后顺序，建立了行人对纷繁杂乱的教典整体性的认知，故慧观的顿渐判释被南方接受，成为判教思想的主流。

通过对文献的梳理，我们发现中国佛教早期的判教先辈们，肇始于罗什大师及其门下弟子，他们的教相判释思想影响了后来的佛教义理发展走向。南北朝的诸师们沿着这些人思想的足迹，根据各自所依不同的理论体系，对整体佛法做次第性判释，旨在光大佛教自利利他之行，加速了印度佛教的中国化进程。

第三节　南三北七判教说的内容

到了魏晋南北朝时期，诸师沿着罗什大师以及门下弟子思想的足迹，继续在佛法教相判释道路上越走越远，判教思想已达 20 多家。南北朝社会动荡，政治割据，诸义学高僧在不同政权的扶持下，继续开展着教相判释研究，可以说教相判释是南北朝义学重要的组成内容。到了智者大师的时代，其能接触到的南北地判教思想大致有十家，即《法华玄义》卷十载 "南三北七诸家判教"。智者大师认为，南北地十家判教虽主张不同，但通用顿、渐、不定三种教相。顿教，指《华严经》，譬日先照高山。渐教，指有相教、无相教。小乘为有相教，大乘为无相教。偏方不定教，指《胜鬘经》《金光明经》等经，非顿非渐，明佛性常住之理。南方三家判教，顿教、不定教大体相同，渐教互有出入。北方七家判教，渐教、不定教与南方三家不异，其特点是别立圆教。智者大师的五时八教判释思想，是对南三北七诸家判教继承、批判、改造和发展的结果。现根据《法华玄义》，将南三北七判教做一大概说明。

（一）虎丘山岌师三时教：将渐教分为三，分别是有相教、无相教、常住教。佛陀讲法十二年中，说四阿含等经，明一切法实有，不离色心，知苦断集证灭修道，说明见有得道，故是有相教。十二年后，佛宣说《般若经》《法华经》等大乘诸经，广明般若空义，断人法二执，三乘圣人见空证道，为无相教。从《法华经》后，佛宣说《涅槃经》，广明一切众生皆有佛性，乃至一阐提也可成佛，此为常住教。

（二）宗爱法师四时教：与虎丘山岌师似同，为庄严寺僧旻所承。于渐教中，开出有相、无相、同归、常住四教。即在前者的基础上，于无相教后，常住教前，别立同归教，形成四时教判。因《法华经》明三乘是方便，一乘是真实，导万善悉向菩提，故为同归教。

（三）定林寺僧柔、慧次五时教：定林寺二师的思想，来源于道场寺慧观。慧观是罗什弟子，为门下十哲之一。于渐教中，开为有相教、无相教、抑扬教、同归教、常住教五时。即在宗爱四时教的基础上，无相教后，同归教前，立抑扬教。因《维摩诘经》《思益梵天所问经》中，处处以大乘对比小乘，抑挫小果声闻，褒扬大乘菩萨，故为抑扬教。开善寺智藏、光宅寺法云，其判教亦同此说。

（四）北地某禅师五时教：北地禅师判五时教，分别为人天教、有相教、无相教、同归教、常住教。以《提谓波利经》为人天教；合《维摩诘经》《般若经》为无相教；其余与前不异。

（五）菩提流支明半满教：菩提流支，5～6世纪人，原北印度人，大乘瑜伽学者，北魏僧人，天资聪敏，深达三藏，著名翻译家，共译经论39部129卷。其根据《涅槃经》卷五：

> 善男子！譬如长者唯有一子，心常忆念，怜悯无已，将诣师所，欲令受学，惧不速成，寻便将还，以爱念故，昼夜殷勤教其半字，而不教诲毗伽罗论。何以故？以其幼稚，力未堪故……教一子者，谓声闻弟子；半字者，谓九部经；毗伽罗论者，所谓方等大乘经典。以诸声闻无有慧力，是故如来为说半字九部经典，而不为说毗伽罗论方等大乘。[1]

此中说明长者教子学习的过程，将整体佛法判为半字教和满字教。佛初成道十二年说小乘教，为半字教；佛十二年后说大乘教，为满字教。

（六）佛陀三藏、学士光统四宗判教：佛陀三藏，即佛陀扇多，意译觉定，北印度人，神悟聪敏，博通内外诸典，特善方言，又达伎艺，翻译《十地经论》《摄大乘论》《如来师子吼经》《十法经》等六部六经，后不知所终。慧光律师（469～538），依佛陀扇多出家，南北朝义学高僧，地论师南道派之祖，世称光统律师。又依勒那摩提学教，著《十地经论疏》，再传弟子为隋三师之一的慧远。二师依《十地经论》，将整体佛法判为四宗。一为因缘宗，属萨婆多部毗昙，明诸法各有体性，一切诸法皆六因、四缘所生。二为假名宗，主要指《成实论》，此论阐释一切法皆因成假、相续假、相待假所成，一切诸法无有实体，唯是假名假相而已。三为诳相宗，主要指《大品》《中论》《十二门论》《智度论》，明诸法无有实体，假名假相虚妄不实。四为常宗，指《涅槃经》《华严经》，宣讲佛性真常不易之理。

---

① （北凉）昙无谶译《大般涅槃经》卷五，《大正藏》第12册，第390页下。

（七）自轨法师五宗说：在前慧光律师的基础上，将常宗中的《华严经》别立为法界宗，因此经明法界缘起，谓法界事法，有为无为，色心依正，过去未来，尽成一大缘起，更无单立者，故以一法成一切法，以一切法起一法。故其判教的具体内容为，因缘宗、假名宗、诳相宗、常宗、法界宗。

（八）耆阇寺凛法师六宗说：凛法师认为慧光律师所立的四宗说，自身摄法不周，非圆满教法，在此基础上开真宗与圆宗。真宗，指《法华经》，其依据是此经中"世尊法久后，要当说真实"①，因法华明三乘方便，一乘真实，宣说众生皆可成佛，故称为真宗，即真实的教法。圆宗，指《大集经》，因此经明染净互融。染，烦恼污秽之义，是无明法；净，远离烦恼，清净之义，是法性法。染净不二，法界圆融，法法如此。故其整体的判教内容为因缘宗、假名宗、诳相宗、常宗、真宗、圆宗。

（九）北地某禅师二种大乘教说：北地某禅师，立两种大乘说，分别是有相大乘、无相大乘。有相大乘，指《华严经》《菩萨璎珞本业经》《大品般若经》等，立十地修证位次，分别说明功德行相，故名有相。无相大乘，分别指《楞伽经》《思益梵天所问经》等，宣说真实义谛，无有位次阶级，一切众生即涅槃相，故名无相。

（十）北地某禅师所立一音教说：此禅师依《维摩诘经·佛国品》中"佛以一音演说法，众生随类各得解"②为依据，认为佛一音说法，众生随类各得解脱，其演说诸法皆为真实，以一佛乘为究竟旨归，二乘、三乘皆是方便，故是一音教。

以上是南三北七判教的大概内容，代表了南北朝时期佛教学者对印度传入的三藏典籍总体性判释思想的主要观点。十家学说虽不无同异，但各自皆以所依的理论为基准对佛法进行总体性判释，这些不同的判释系统深化了佛教徒对佛法的整体理解，促进了佛教义学的繁荣，也反映了佛法在南北朝发展的盛况。智者大师认为南北地判教各有其所依思想，南方二家判教以成实师为重点，北方七家判教以地论师为重点。南方三家判教中，五时说最为完备，涉及宗爱、僧柔、慧次、僧旻、智藏、法云诸师，皆是南方著名的成实论师。北方七家判教中，慧光律师的影响最大，其拜地论南道派始祖佛陀扇多为师出家学教，还亲自参与《十地经论》的翻译，著《十地经论疏》，对地论的弘扬贡献了毕生的精力。菩提流支，是《十地经论》翻译者之一，为地论师北道派祖师。在智者大师看来，无论是南方的成实师，还是北方的地论师，其对佛法的整体性判释，皆存在严重的偏失，故要对其进行系统地批判，以还佛陀教法的本来面目。

---

① （后秦）鸠摩罗什译《妙法莲华经》卷一《方便品》，《大正藏》第9册，第6页上。
② （后秦）鸠摩罗什译《维摩诘所说经》卷一《佛国品》，《大正藏》第14册，第538页上。

第四节　对南三北七判教的批判

　　智者大师的五时八教说，是对南三北七十家判教继承、批判、重建的结果，此是教内的共识。南三北七十家判教，沿着罗什及其门下思想的足迹，以《成实论》《十地经论》为所依，对传世佛教三藏典籍进行总体性判释，借佛典整体性判释，消除种种差异，便于自利利他。十家判教虽存诸多谬误，但反映了当时佛教的义学水平。为更好地了解天台教相说的内容，故根据《法华玄义》卷十上，将智者大师对南三北七的批判，做一简单的说明。

一　批判南方三家判教

　　南方三家的判教，主要有虎丘岌师三时教，宗爱法师四时教，僧柔、慧次二师五时教。三者在关系上，五时教已包含三时、四时。故智者大师批判五时教，实已批判南方诸师所有判教。

　　（一）批判有相教：南方三家五时教，以《成实论》为依据判释，认为佛初成道十二年所讲四阿含等教法，为有相教。智者大师认为有相教判释不合理，分别从四个方面给予批判。1.《成实论》依《阿含经》而著，论文自明以空义为宗旨。若依《成实论》，将四阿含经判为有相教，与自身的宗旨相违背。2. 从《阿含经》的本身言，阐释我法二空之理，故不可将其判为有相教。3. 释迦佛成道六年说《央掘魔罗经》，此经阐明空义最切，故不可将佛初成道十二年所明教法笼统的判为有相教。4.《大智度论》中说，释迦佛从初成道，一直到涅槃夜，常说般若空义，故不可将阿含等教法判为有相教。综合以上四点理由，故有相教判释不合理。

　　（二）批判无相教：南方诸家认为，从十二年后，一直到法华前，释迦佛宣说的教法，明见空得道，故为无相教。智者大师认为此等判释不合理，分别从如下角度进行批判。1. 从总体内容言，十二年后，一直到《法华经》前这一时期的经典。若说空性的道理，不明佛性常住，则佛法堕入无常见。到佛陀八十岁时，不会三归一，不弹斥褒叹，佛陀出世本怀不显，不符合大乘经根本精神。2. 若般若是无相教，则般若中不应有弹斥褒叹等内容。从般若的本身说，《大品经》中有"二乘智慧，犹如灯火。菩萨一日学智慧，如日照四天下"。此中弹斥褒叹之意昭然若揭。3. 若般若是无相教，则般若与佛性应是两个概念。但佛在《涅槃经》中说，佛性有五种名，般若即是佛性之异名，故般若与佛性是不二关系。4. 若般若是无相教，则般若中不应有会三归一等内容。《般若经》中有劝"声闻发上心"之语，发上心即勤求佛道，会三归一之意。又《般若经》中还诠"佛性常住""弹斥褒叹""会三归一"等内容，若将其定性的判为某一种，未免局限，故无相教的判释不合理。

（三）批判抑扬教：僧柔、慧次等认为《维摩诘经》《思益经》诸方等经贬抑声闻，褒扬菩萨，故于无相教后立抑扬教。智者大师认为于无相教后立抑扬教不合理，反对的理由如下。1. 般若会上，诸弟子蒙佛加持，为诸菩萨转教法门，具知菩萨般若法门深意，不会有抑扬情况的发生，故抑扬教应在般若前。2. 抑扬教内，不仅声闻被弹诃，弥勒菩萨也被屈折，故单从声闻等角度立名，有摄机不广之嫌。3. 按照抑扬教的归纳法，《首楞严三昧经》也属此教，此经明佛寿七百阿僧祇劫。同属此教的《维摩诘经》，说佛身无为，寿命无限；为度众生，示现烦疾；故抑扬教内经文阐释的内容前后矛盾。4.《维摩诘经》中明不可思议解脱有三种，其内容不外乎三佛性义。此经中"尘劳之俦是如来种"，是正因佛性；"不断痴爱"，是了因佛性；"起诸明脱"，是缘因佛性。将《维摩诘经》立为抑扬教，与经文内容不符，违背佛法常识，应在无相教前明抑扬教。

（四）批判同归教：僧柔、慧次诸师认为法华会三归一，万善悉向菩提，故立同归教。智者大师认为《法华经》除明会三归一，还明佛性常住、神通延寿等理，将其判为同归教，内涵不够全面，无法显示《法华经》妙义，其反对理由如下。1.《华严经》不但明佛慧，还兼明菩萨慧，菩萨智慧如爪上土，如来智慧如十方土。法华纯说佛慧，如十方土，与华严相比，华严如爪上土。又华严初坐道场，成就正觉，成佛太近。法华成佛久远，中间今日作佛，皆是随机示现。故法华本迹优于《华严经》以及众经。2.《法华经》明佛寿命无限，常住不灭。伽耶城寿命及数数示现等，是应佛寿命。阿僧祇寿命无量者，是报佛寿命。常住不灭者，是法佛寿命。3.《法华经》还明三种菩提，如世亲菩萨的《法华经论》中明，"出伽耶城不远，于菩提树下成佛"，为应佛菩提；"成佛已来无量无边，百千万亿那由他劫"，为报佛菩提；"如来如实知见三界之相，不如三界见于三界"，为法佛菩提。4.《法华经》还明三佛性，"我不敢轻于汝等，汝等皆当作佛"，即正因佛性。"为令众生开佛知见"，即了因佛性。"佛种从缘起"，即缘因佛性。故将《法华经》判为同归，未明佛性常住、寿命无限，有失《法华经》妙义。

（五）批判常住教：僧柔、慧次诸师认为，《涅槃经》明一切众生皆有佛性，阐提亦可作佛，故将其判为常住教。智者大师认为，不可将《涅槃经》判为常住教，其反对的理由如下。1. 常住教的判摄，是否以《成实论》为主？若以《成实论》为主，此论依二谛解义，常住教是否也依二谛解义？若依二谛解，前后思想应一致。前判无常，此判为常，前后相违。2. 若常住教也依二谛解义，则必照别理，破别惑，方显佛性。若如此，前诸教亦照别理，破别惑，也应是常，显现佛性。此中照别理二谛，与前教二谛相比，二者不一致，将其判释为常住教违背其所依思想。

二　批判北方七家判教

北方诸师，以《十地经论》为依据，对佛法展开整体性判释，因各自观点的不同，共有七家判教。七家判教中，除与南方的雷同外，河北慧光律师的四宗判教影响最大。智者大师对北方诸家判教的系统批判，对后世佛教的影响巨大，现将批判简说如下。

（一）批判北地某禅师的五时教：北地某禅师的五时教，与南方三家基本相同，加人天教。彼以《提谓经》宣扬五戒十善，故立人天教。智者大师认为，将《提谓经》判为人天教，未免局限，不符佛经。其反对理由如下。1.《提谓经》阐明五戒，未明十善，故仅可称为人教，不可称为天教。2. 此经不仅阐释戒善，还说明"四事本净""五阴本净""六衰本净"等诸法实相内容。3. 在此经的结尾部分，说明提谓长者得无生法忍，三百人得信忍，二百人得须陀洹，四天王得柔顺法忍，龙王得信根，阿修罗众皆发无上正真道意。故人天教的判释不合理。

（二）批判菩提流支半满教：菩提流支认为佛说《阿含经》是半字教，从《般若经》一直到《涅槃经》是满字教。智者大师认为这种分法不合理，反对的理由如下。1. 根据《涅槃经》记载，佛在初成道时，此世界及他世界众生，询问佛陀证一切种智的方法，初成道时已宣圆满之教，故半字教的判释不合理。2. 若《般若经》至《涅槃经》皆是满字教，应同会三归一，同得醍醐味，但实际的情况是，诸经的圆满程度大不相同。3.《大智度论》中说"般若不是秘密教，付与阿难。法华是秘密教，付与大菩萨"。若都是满字教，为何一秘密，一非秘密？4. 若定性的判为半字教或满字教，明显有悖于佛经。佛法平等，无有高下，因人根机而有差别。故菩提流支的判释，违背佛经，过于局限。

（三）破斥四宗：智者大师分别对慧光律师的因缘宗、假名宗、诳相宗、常宗进行批判，认为四宗的判释不合理。

1. 批判因缘宗：慧光律师认为六因、四缘独在阿毗昙。智者大师认为六因、四缘，不独在阿毗昙，《成实论》中亦明三因、四缘，难道《成实论》也是因缘宗吗？佛教中所言的一切法，皆因缘和合而生。因缘一词，通一切佛法，不应独在阿毗昙，故因缘宗不合理。

2. 批判假名宗：慧光律师认为《成实论》说三假虚妄，故是假名宗。智者大师认为，假名宗判释不合理，反对的理由如下。1. 若《成实论》的修行方法观三假虚妄，此为世俗谛法门，是见有得道，与彼宣扬的见空得道相违。2. 根据《大智度论》的记载，小乘教法中仅有空门，没有假名门。彼若以空为门，则假名的判释不合理。

3. 批判诳相宗：慧光律师，以《大品经》中的"一如幻、二如炎、三如水中月、四如虚空、五如响、六如乾闼婆城、七如梦、八如影、九如镜中像、十如化"

为依据，认为一切诸法幻化，故立诳相宗，认为此十譬，说明诸法如幻如化，无生无灭。智者大师认为此种判释不合理，反对理由如下。1. 十譬的本意不是不生不灭，而是说明般若空与不空。若将其理解为不生不灭，则失般若意。2. 彼认为《大品般若》明幻化，故为诳相。一切诸经皆明幻化即空，难道皆是诳相宗？故诳相宗不合理。

4. 批判常宗：慧光律师认为《涅槃经》说明佛性常住，故为常宗。智者大师认为，常宗判释不合理，反对的理由如下。1.《涅槃经》中不但明佛性是常，还明佛性无常。佛以二谛义解佛性，常与无常并说，故不可从一个角度判定全体。2. 彼还认为诳相不真宗，通教；常宗是真宗，通宗。此等判释割裂文义，佛经中宗必有教，教必有宗；教是能诠，宗是所诠；相辅相成，不可孤立。慧光等判释，别立宗教，在方法论上存在严重偏差，故常宗判释不合理。

（四）破斥五宗：五宗中，前四宗与前同，此中仅破法界宗。自轨法师认为，《华严经》明法界缘起，故是法界宗。智者大师认为，法界宗判释不合理，具体理由如下：1. 从对方的观点出发：若将《华严经》判为法界，则《华严经》的法界与《涅槃经》的常是两个概念。佛在《涅槃经》中说"大涅槃是诸佛法界"，自轨法师所判与佛违背。2. 从相异深究言，若常非法界，法界非常，则法界有生灭。若常不是法界，则法界摄法不尽，故将《华严经》判为法界宗不合理。

（五）破斥六宗：耆阇寺凛法师认为《法华经》是真宗，《大集经》是圆宗。智者大师认为，真常二宗，本是一理，不可分割，理由如下。1. 从同异对立角度言，若二者相同，则无分开判释的必要。若二者不同，彼此皆不是妙法。2. 从二者相即角度言，真常不可分离，真若非常，则真有生灭。常若非真，真则虚伪。3. 从道理普遍角度言，《大集经》中的"染净互融"，《华严经》中"法界缘起"，《涅槃经》中的"佛性"等，皆是一个概念。故二者相即，不可独判。

（六）破斥有相大乘与无相大乘：北地某禅师认为，有相大乘指《华严经》《大品般若经》《菩萨璎珞本业经》等，立十地功德位次，分别说其功德形相。无相大乘指《楞伽经》《思益梵天所问经》等，宣说真实义谛，无有位次阶级。智者大师认为两种教相判释不合理，反对理由如下。1. 从二谛的角度言，无相是真谛，有相是俗谛，真俗二谛相辅相成，密不可分，故不可割裂论。2. 从别立妨碍佛法的角度言，若纯用有相，相则无体，教无所诠，亦不得道。若纯用无相，无相真寂，离言说相，无教可说。故有相、无相不可分割，相辅相成。

（七）破斥一音教：北地禅师认为，佛以一音说法，众生随类各得解脱，故是一音教。智者大师认为一音教的判释不合理，理由如下。1. 从总的方面斥责：若言大乘皆是一音教，无三乘差别，则实智常住世间，不见方便权智。2. 从能所颠倒角度破斥：若佛说一乘法，众生见三乘法，则众生是能化，佛是所化。佛即能化之主，应说三乘。若判为一音教，仅有智慧，无有方便，与佛法不符，失佛慈悲出世本怀。

三　批判共通三种教相

无论是南方三家判教，还是北方七家判教，皆以顿教、渐教、不定教为通用教相。智者大师认为，三种教相的判释，视野局限，内容错误，故要进行批判，现简述如下。

（一）批判顿教：智者大师从总的角度破斥，认为从《华严经》到《法华经》，皆有顿教，为何要将《华严经》单独称为顿教呢？若如此判释，未免太过局限，不符合佛经的本意。

（二）批判渐教：诸师以《涅槃经》中的五味说为依据，将其与五时教相互匹配，从牛出乳譬十二年前阿含有相教，从乳出酪譬十二年后般若无相教，从酪出生酥譬方等褒贬教，从生酥出熟酥譬法华同归教，从熟酥出醍醐譬涅槃常住教。智者大师认为，如此譬喻违背文意，义理颠倒，相生次第混乱，反对的理由如下。1. 匹配不当，以乳味为例说明，乳味的原意是指从佛出十二部经，此十二部经为圆满教。将乳味譬有相教，有相教指阿含经，是九部经，非圆满教，非佛初说。如此匹配，违背经文，次第混乱。2. 以第三时为例责难，对方认为从十二年后，一直到《法华经》，皆是无相教的范围。若是这样，《法华经》中明会三乘归一佛乘，般若中也应明会三归一，不然就不是无相教了。3. 以无相教为例责难，彼以《般若经》明空荡相，故判为无相教。其实不然，彼判渐教五时诸经，皆阐释有相、无相，故不应独判《般若经》为无相教。

（三）批判偏方不定教：偏方不定教的定义是别有一经，非顿渐摄，而明佛性常住，《胜鬘经》《金光明经》等是也。智者大师认为，偏方不定教的判释不合理，反对理由如下。1. 从概念的延伸言，偏方不定教，包含《金光明经》《楞伽经》《央掘魔罗经》等经文。2. 从所属经典本身言，以《央掘魔罗经》为例，此经是佛成道六年所说，文中除明佛性常住理外，还讲弹斥褒叹，修行次第等内容；故偏方不定教的判释不合理。

四　南北地各自得失

学习判教的目的，是正确地认识佛法，了知佛因机说法，应病给药的教化原则。智者大师在前面对南三北七判教进行了严厉的批判。在批判的过程中，使教相门变得十分复杂，故在"研详去取"中，扼要说出了南三北七判教中存在的主要过失，便于学人抓住主旨。

（一）有相教过失：有相教属小乘教，严格而言是三藏教，《大智度论》中认为三藏教有四门可以得道，智者大师认为其过分强调见有得道，直说有门，失空、亦有亦空、非有非空三门。

（二）无相教过失：无相教属大乘教，包含般若时。般若分为共般若、不共般若，每一般若皆有四门可入，若强调"空门"，失其他七门，不符佛经本意。

（三）抑扬的过失：抑扬教属方等时。抑贬声闻，赞扬菩萨，若按其所用的教义而言，只破斥一种声闻，全失七种声闻，因方等时有四教，藏通二教各有四种声闻，但抑扬教只抑贬三藏有门一种声闻，没有呵斥剩余的七种声闻，造成的结果是"褒扬极圆菩萨，亦不得折挫诸权菩萨"①。

（四）同归教的过失：同归教以万善同归一乘得名，仅有表面文字诠释，无实质性内涵，故智者大师严厉地批判：

> 同归之教，唯得万善同归一乘之名，不得万善同归一乘之所。所者，即佛性同归常住等也。只得三归一，不得会五归一，不得会七归一，唯得归于一，不得归佛性常住，有如此等失。②

（五）常住教的过失：僧柔、慧次依《成实论》二谛意判释《涅槃经》为常宗。智者大师认为《涅槃经》虽诠"常"，还诠"常住、不老、不死、清静、虚通、不动、快乐"七意。如是诠一义立名，失去七意，存在立名不当以及摄法不周的过失。

（六）四时教和三时教的过失：主要从资料上进行批判，到了智者大师时代，四时教、三时教已无文可依，无实可考，故《法华玄义》中云："四时教、三时教，无文可依，无实可据，进退无所可取。"③

（七）北地五时教过失：亦从资料上进行批判，理论已无文可据，故《法华玄义》中云："北地五时，亦无文据，又失实意，其间去取，类前可知。"④

（八）半满教过失：如《法华玄义》卷十上云："得实意，失方便意。"⑤ 半满割裂，过于粗犷，众生无法依教起修，故失方便意。

（九）四宗教的过失：如《法华玄义》卷十上云："失五味方便意，又失实意。"⑥ 所立教法，与经文不符，故失方便意。未宣说佛出世本怀，故失实意。

（十）五宗、六宗的过失：如《法华玄义》卷十上云"例如此"⑦，与前一样，失方便意，也失实意。

（十一）两种大乘过失：如《法华玄义》卷十上云："权实乖离，……权若离

---

① （隋）智者大师说，灌顶记《妙法莲华经玄义》卷十，《大正藏》第 33 册，第 805 页下。
② （隋）智者大师说，灌顶记《妙法莲华经玄义》卷十，《大正藏》第 33 册，第 805 页下。
③ （隋）智者大师说，灌顶记《妙法莲华经玄义》卷十，《大正藏》第 33 册，第 805 页下。
④ （隋）智者大师说，灌顶记《妙法莲华经玄义》卷十，《大正藏》第 33 册，第 805 页下。
⑤ （隋）智者大师说，灌顶记《妙法莲华经玄义》卷十，《大正藏》第 33 册，第 805 页下。
⑥ （隋）智者大师说，灌顶记《妙法莲华经玄义》卷十，《大正藏》第 33 册，第 805 页下。
⑦ （隋）智者大师说，灌顶记《妙法莲华经玄义》卷十，《大正藏》第 33 册，第 805 页下。

实，无实相印，是魔所说。实若离权，不可说示。"① 过失是权实相离，权若离实，无实相印，等同魔说。实若离权，众生无法由权证实，修学佛法永远不会成佛，失佛慈悲方便。

（十二）一音教的过失：如《法华玄义》卷十上云："得实失权，鳏夫寡妇，不成生活，永无子孙。"② 过失是得实失权，佛永远是佛，众生永远是众生，众生无法成佛，失佛出世本怀。

如上所述，我们将智者大师对南三北七的批判，围绕《法华玄义》卷十上进行了说明。到了智者大师时代，佛教义学仍在繁荣发展，其所能触及的判教说有南方三家、北方七家。南北判教大师，皆是当时佛教硕德，法门龙象，自谓通达三藏，判释正确。任其流传，义理纷杂，晚贤情执，茍争纷纭。故智者大师以《法华经》为依据，《大智度论》为核心，对南北诸师进行批判，沿用其教相名称，结合经论赐予不同内涵，形成天台教相论。以隋一统为契机，在《法华玄义》中横扫南北诸家判教，研详去取建立天台五味判教，结束了南北判教义学纷争，推进了印度佛教的中国化历程。

第五节　天台教相说的内容

智者大师以根性融不融、化道始终不始终、师弟远近不远近为标准，以《涅槃经》中五味，《华严经》中的三照，《法华经·信解品》中穷子譬喻为根据，在南三北七判教说的基础上批判继承，将释迦牟尼佛四十九年的教法，按照时间的先后顺序判为五时，分别为华严时、阿含时、方等时、般若时、法华涅槃时。五时是按说法时间而分，按说法的方式和内容，则分为化仪四教和化法四教。化仪，是教化众生的方式，分别是顿教、渐教、秘密教、不定教。化法，是佛因机设教的具体内容，分别是藏教、通教、别教、圆教。化仪以化法为内容，化法以化仪为方式，二者密不可分。现根据《法华玄义》卷一上、卷十下以及《四教义》阐述五时八教大意。

一　五时

五时，是智者大师对释迦佛一生说法的内容，按照时间先后顺序进行的总结。为便于后人记忆五时说法时间，五时说法颂云："阿含十二方等八，二十二年般若谈。法华涅槃共八年，华严最初三七日。"③ 按照这首偈颂，我们可了知，佛说华严

---

① （隋）智者大师说，灌顶记《妙法莲华经玄义》卷十，《大正藏》第33册，第805页下。
② （隋）智者大师说，灌顶记《妙法莲华经玄义》卷十，《大正藏》第33册，第805页下。
③ （清）性权法师：《天台四教仪注汇补辅宏记》卷一之上，《卍续藏经》第57册，第687页中。

时用了二十一天，说阿含时用了十二年，说方等时用了八年，说般若时用了二十二年，说法华涅槃时用了八年。

为使五时的判释更具合理性，智者大师用《涅槃经》卷十四《圣行品》中的经文加以说明：

> 善男子！譬如从牛出乳，从乳出酪，从酪出生酥，从生酥出熟酥，从熟酥出醍醐。醍醐最上，若有服者，众病皆除，所有诸药，悉入其中。善男子！佛亦如是，从佛出生十二部经，从十二部经出修多罗，从修多罗出方等经，从方等经出般若波罗蜜，从般若波罗蜜出大涅槃，犹如醍醐。①

智者大师用《涅槃经》中的乳味、酪味、生酥味、熟酥味、醍醐味五味浓淡，比喻根机利钝，说明教法之设立。

又以《华严经·如来性起品》中"譬如日出，先照一切诸大山王，次照一切大山，次照金刚宝山，然后普照一切大地"②之文，将日光三照的譬喻加以改造，使之形成高山、幽谷、食时、禺中、正中五个部分，以此来说明五时教法的次第。

还根据《法华经·信解品》中的穷子譬喻，将大富长者与穷子间的相认过程，分为拟宜（即遣旁人，急追将还，疾走往捉，穷子惊愕，称怨大唤）、诱引（形色憔悴，无威德者，汝可诣彼，徐语穷子，雇汝除粪）、弹呵（过是已后，心相体信，入出无难，然其所止，犹在本处）、淘汰（时长者有疾，自知将死不久，语穷子言，我今多有金银珍宝，仓库盈溢，其中多少，所应取与）、开会（聚会亲族，即自宣言：此实我子，我实其父。吾今所有，皆是子有。付与家业，穷子欢喜，得未曾有）五个步骤，显示佛一代化育之旨趣。（五时、五味、三照、穷子譬喻的关系，详看图2）

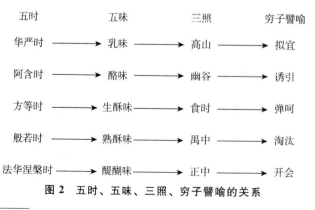

五时	五味	三照	穷子譬喻
华严时 ⟶	乳味 ⟶	高山 ⟶	拟宜
阿含时 ⟶	酪味 ⟶	幽谷 ⟶	诱引
方等时 ⟶	生酥味 ⟶	食时 ⟶	弹呵
般若时 ⟶	熟酥味 ⟶	禺中 ⟶	淘汰
法华涅槃时 ⟶	醍醐味 ⟶	正中 ⟶	开会

图 2　五时、五味、三照、穷子譬喻的关系

---

① （北凉）昙无谶译《大般涅槃经》卷十四，《大正藏》第12册，第449页上。
② （东晋）佛驮跋陀罗译《大方广佛华严经》卷三十四，《大正藏》第9册，第616页中。

（一）华严时

华严时，根据《华严经》立名。现存《华严经》有三种版本，分别为四十卷《华严经》、六十卷《华严经》以及八十卷《华严经》。佛在菩提树下初成正觉，显现圆满报身，不动寂灭道场，在内证境界中为十住、十行、十回向、十地等四十位法身大士及宿世根机的天龙八部说华严大法。此法即法界缘起，一一法都是宇宙森罗万象的显示，法法圆融，没有障碍。法界的一切法，有为无为，色法心法，相即相入，互为能缘起所缘起，以一法成一切法，以一切法起一法。相资相待，互摄互容，如因陀罗网，重重无际，微细相容，主伴无尽。此时如来所说的教法，如日光先照高山，度化根机最利的菩萨。又如牛乳一样，纯是菩萨法，不掺杂二乘法。三界内二乘根性众生，审视华严大菩萨境界，有耳不闻圆顿教，有眼不见尊特身，如聋子和哑巴一样。

就化法而言，华严时是正说圆教，兼说别教。为初发心便成正觉的众生讲圆教的圆顿法，为十住、十行等众生讲别教次第法，圆融法与次第法不相妨碍。约化仪而言，是顿初。

（二）阿含时

约经立名，佛在十二年中，主要宣说四部《阿含经》，故以《阿含经》立名。又被称为鹿苑时，佛在鹿野苑初转法轮，度化五比丘，故以处所来立名。二乘根机，对华严境界，如聋若哑。佛为教化这些生死凡夫，使其转迷为悟，转凡成圣，转恶为善。隐去华严尊特身，示现垢弊丈六身，入兜率天、住胎、出胎、生子、出家、降魔、于菩提树下成就正觉，在鹿野苑说四谛法，度化五比丘，初转法轮，人间始有化相三宝。佛在此十二年中，教化的对象，以二乘为主，菩萨为辅。为三乘根性说四谛法、十二因缘法、事六度法。使生死凡夫，经过四谛法的修学，能够解脱生死的束缚，到达偏真涅槃的彼岸。此时的二乘圣人，能破除见思惑，证有余涅槃和无余涅槃。约化法言，阿含时但说三藏教，仅有小乘教法。约化仪言，是渐初，刚入佛法之门，如转乳成酪。

（三）方等时

说完十二年阿含时后，接下来八年说方等时。方等时，约法立名，从有、空、亦有亦空、非有非空等入佛法之门，所契真理无别，故称为方等。佛陀教化众生，以一佛乘为本。二乘法，相对于佛乘言，仅仅是方便。佛悲悯二乘人，为使其不停留声闻乘，继续修学大乘，故要说方等时。方等时的作用是弹偏斥小，叹大褒圆。以大乘菩萨境界的圆满呵斥二乘的非圆满，以菩萨修证的大凸显二乘修证的小，令其了知小乘非究竟非圆满，内心生起惭愧之心，羞耻于小乘的能证，向往大乘的所证。方等时包含的经典非常广泛，主要有《维摩诘经》《金光明经》《思益经》《胜鬘经》等，但主要以《维摩诘经》为代表。《维摩诘经·不思议品》中诸弟子不登狮子座，礼拜方可就座。此经《观众生品》中天女散花，二乘弟子心中执着，花不离身等事迹，都是弹偏斥小、叹大褒圆的经典范例。方等时包含的经典虽多，义理不出"弹偏斥小、叹大褒圆"八字。

约时味的譬喻言，二乘人经过方等时的教化，如转酪成生酥，如日光照耀平地的食时，如穷子进出长者府心无畏惧。约化法言，四教俱说，带半明满。四教中，藏教为半字生灭门，通别圆为满字不生灭门。若约半满相对言，弹偏斥小，叹大褒圆，不出三种模式：第一，以藏为半，通别圆为满；第二，以藏通为半，别圆为满；第三，以藏通别为半，圆为满。约化仪言，是渐中。

（四）般若时

说了八年的方等时后，接下来要说二十二年的般若时。般若时，以法立名。在玄奘大师未译《大般若经》前，单独流通的《般若经》有《小品般若》《大品般若》《仁王般若》《文殊般若》《胜天王般若》《金刚般若》等诸经。般若，为五不翻中的尊重不翻。般若是梵语，汉译为智慧，观一切法毕竟空皆不可得，通达一切无有障碍，能为众生演说种种妙法。佛陀在般若时转教法门，以不共神力加持智慧第一的舍利弗和解空第一的须菩提，为诸菩萨转说佛的甚深般若教导大菩萨。舍利弗和须菩提在转教的过程中，自身也在纳受般若法义。若自己不通达般若，如何能为人演说呢？说般若时的目的，是融通淘汰。因二乘人经过方等时的弹偏斥小、叹大褒圆后，虽生起耻小慕大之心，但其本位还是二乘。佛为了使其彻底接受大乘，在般若会上，转教舍利弗和须菩提，为菩萨宣说般若，增加其信心。以般若的智慧理水，荡涤二乘人对于法的执着，令入毕竟空，为下一步《法华经》授记作佛做准备。经过般若的理水洗涤后，淘汰了二乘人的法执，内心能接受如来的功德法财。就时味譬喻言，如转生酥成熟酥，如禺中的太阳渐渐普照大地，此时穷子能够领纳财产而予以管理。约化法言，般若是正说圆教的毕竟空，兼以通、别二教为方便。约化仪言，是渐后，即将到法华会上授记作佛。

（五）法华涅槃时

说了二十二年的般若时，然后说法华涅槃时。法华涅槃时，分别由《法华经》与《涅槃经》构成。值得说明的是，两经皆可为诸佛最后的言教，但还有其差别。若在清净的国土中，诸佛以《法华经》为最后言教入灭，如日月灯明佛。若在五浊世界中，诸佛以《涅槃经》为最后言教入灭，如释迦牟尼佛。《法华经》中宣说了如来出世的本怀，令所有的众生皆能开示悟入佛之知见而彻底成佛。一类根机成熟的众生，经过华严时的如聋若哑，阿含时的转凡成圣，方等时的弹偏斥小、叹大褒圆，般若时的融通淘汰，到了法华会上，根机成熟，犹如长者子堪受家业，如来直接从方便权教，转入真实法华圆教，给予授记作佛。《法华经》分为二十八品，前十四品是迹门，后十四品是本门。迹门中开权显实，废三乘差别，以因缘周、譬喻周、法说周为上中下三根说法，使其开悟融三乘入一佛乘。本门中开迹显本，意在说明如来本迹的久远，寿命的无有限量。根据《法华经》的本门可知，释迦牟尼佛已无数次在娑婆世界示现成佛，这一世所见的佛，只不过是无数次示现中的一次而已。意在彰显法华圆教法门的权实同体、三乘即是一乘、三身即是一身、纯圆独妙的意蕴。

佛陀虽给一类根机成熟的众生授记作佛，但在宣说《法华经》时，有五千增上慢声闻退席，为度化这一类众生，故宣说《涅槃经》。《涅槃经》以法华会中五千的退席众、佛灭以后的众生为对机。为教化五千退席众，佛要重新宣说四教，以方等时的弹偏斥小，叹大褒圆，生此等耻小慕大之心。运用般若的转教法门，融通淘汰，荡涤此等执情。最后再废除四教方便，追泯四教，给予他们授记作佛。运用追说四教、追泯四教，教化退席众的方式，称为捃拾教。为教化灭后众生，避免产生断灭见，损伤法身慧命，宣说一切众生皆有佛性，教诫弟子以戒为师，依四念处安住。

佛说完《涅槃经》后，入无余涅槃，度尽有缘众生，为未来众生种下了解脱的种子，完成了一期的出世本怀。若约时味言，法华涅槃时是无上醍醐味，如日当中普照一切，此是父子相认纳受家财。若约化仪言，是会渐归顿，亦是非顿非渐。约化法言，会前藏通别三教之权，入法华圆教之实。智者大师虽将《法华经》与《涅槃经》放在一起，称为第五时，然二者还有高下之分。从对机言，《法华经》中纯是菩萨，没有二乘，直舍方便，建立真实，二乘众生来到法华会上，直接授记作佛；《涅槃经》中还有三乘根机存在，佛陀建立方便，众生才可悟入真实；故涅槃不及法华。从教法言，法华中纯是圆教，没有藏通别三教；涅槃中不仅有圆教，还有藏通别三教；是故，涅槃不及法华。

以上，简略地叙述了天台五时的内容。在五时中，还分为通五时和别五时。通五时，五时中的任何一时都可任具其他四时。别五时，五时间有着相生次第。二者的关系是"以别定通，摄通入别"。以别定通，别是别五时，指佛陀一代时教，即三藏典籍。通是通五时，为佛陀说法的核心精神，因机施教，有教无类。别五时中以通五时为内涵，通五时中以别五时为依据。二者相辅相成，若定性偏执，就违背了天台判教的原意。

二 化仪四教

化仪四教，是智者大师对释迦牟尼佛教化方式的总结，分为顿教、渐教、不定教、秘密教。化仪四教的立名，从佛陀教化众生的方式而来。为什么同听佛说法，诸大弟子的悟道方式会有如此的差别呢？究其原因，不出三种。第一，宿世根机：诸佛说法以种、熟、脱为原则，有的众生宿世值佛，埋藏顿、渐、不定、秘密等种子；此世值佛闻法，往昔的种子起现行，故闻法信受，依教奉行。第二，遇善知识：虽有往昔种子，此世若想修行成就，必依靠善知识，如遇佛、诸大菩萨、证悟的祖师，等等，依靠善知识的教导而证悟。第三，勇猛精进：虽有往昔种子，此生值遇善知识等增上缘，若不依教修行，勇猛用功，则难以悟道。化仪只是外在形式，没有实际内涵，依化法衬托，具体简明如下。

（一）顿教

顿教，分为顿教部、顿教相。顿教部，佛初成道时，为大根人之所顿说，唯局于华严。凡佛一代说法中，直说界外大法，不与三乘共者，皆应收入顿教部。部，即部类之意，说明大藏经中顿说之法所占的份额。顿教相，即顿教的外在特征，如"初发心时，便成正觉""性修不二""但说无上道"等义，在《方等经》及《大般若经》中皆有此特征。顿教相，相对于顿教部而言，没有一定的局限性，在阿含时、方等时、般若时中悉皆有之。如《阿含经》中，佛一句善来比丘，即现僧相，立证四果；禅宗的"明心见性，见性成佛"；净土宗的"是心是佛，是心作佛"；等等，都是顿教相。

（二）渐教

渐教的摄法范围，分为渐教部、渐教相。渐教部分为三个部分，渐初、渐中、渐后。渐初，局限于阿含时，凡佛一代教法中，所说生灭四谛、生灭十二因缘、事六度等三乘方便之法，皆收入此部。渐中，局限于方等时，凡佛一代教法中，说弹偏斥小、叹大褒圆等经以及其他四时所不摄者，皆应收入此部。渐后，局限于般若时。凡佛一代教法中，所说共三乘听闻的般若法以及不共三乘听闻的般若法，皆应收入此部。渐教部类包含宽泛，摄法内涵指藏经中渐说之法所占的份额，以此区别于顿教部。

渐教相，指三劫行因，百劫种相等渐次修行之法。华严时中也存在渐教相，如十住、十行、十回向等修证位次。法华是会渐归顿，不同华严时"初发心时便成正觉"所言的顿。华严是顿中带别，不及法华圆顿，故法华非顿。法华不同阿含时、方等时、般若时有一定的局限性，必渐次行才可悟入真实，故法华非渐。法华时和前四时相比，虽非顿非渐，但仍双照顿渐两相。

（三）秘密教

秘密教的摄法范围，分为秘密教、秘密咒。秘密教，在前四时中，如来度化众生时，身现神通，口说妙法，意业鉴机，能为此人说圆顿教，为彼人说渐次教。彼此二人虽一座听佛讲法，互不相知对方得益的情况，但能各自得佛法真实受益。

秘密咒，指一切的陀罗尼，即咒语，五时教中悉皆有之。陀罗尼是梵语，汉译为咒、真言。含义有二，一者，总一切法，持无量义。二者，恶无不遮，善无不持。一般而言，佛经中有五种不翻，分别为多含不翻，如薄伽梵等含有六义。秘密不翻，指陀罗尼，是诸佛秘藏。生善不翻，般若尊重，智慧轻薄。此方所无不翻，如阎浮提树，此方没有，所以不翻。顺古不翻，如菩提，自古存梵音。

秘密教有两点值得我们注意，第一，秘密教不可传，根据智者大师的说法，究竟的秘密教，十方诸佛间才可究竟了知。佛陀住世时，阿难尚不能了知佛的秘密，何况是人师之法？故不可传。非阿难不传秘密教，秘密教从众生的角度立名，其内容不外乎藏、通、别、圆四教。第二，秘密咒约四悉檀可传，梵文悉檀，汉译为成就的意思。《法华玄义》中将悉檀定义为遍施之意，如其所云："檀是梵语，悉之言遍，檀翻为施，佛以四法遍施众生，故言悉檀也。"① 由此定义可知，智者大师将悉檀定义为遍施，亦有成就之意。四悉檀为佛说法的语言模式，其主要的用意是生起欢喜，生起信心，破除烦恼，悟入实相，根本宗旨不离信、解、行、证。四悉檀宣说秘密咒，以悟入实相为旨归，故秘密咒约四悉檀可传。陀罗尼，简称为咒语，在佛教中给人的印象特别神秘。在天台宗看来，念诵咒语也是修学佛法的一种方便，其本身不具任何神秘色彩，智者大师在《法华文句》中运用四意诠释咒语，第一，咒语是鬼神王名字，具生善灭恶的功效，行人念诵咒语，鬼神敬畏其主，不敢为非作歹，故能降服一切鬼魅。第二，咒语是相应之意，如军中密号，唱号相应，无所呵问，成就众事。行人念诵咒语，无须分别咒意，自可所求如愿，心想事成。第三，咒语有密治诸恶的作用，譬如微贱冒充彼国王子逃往此国，此国以公主妻之，王子无故嗔难公主；智者知其底细作偈暗指，告知公主其夫嗔时念诵偈语即可，公主念诵偈毕其夫嗔恨自消。咒语亦复如是，行人如法虔诚念诵，自可对治苦厄。第四，咒语是诸佛密语，如智臣能知国王密意，弦外之音。咒语也是如此，只是一法，遍有诸力，病愈罪除，善生道和。智者大师约四意解释咒语，消除了其神秘色彩，赋予了修证内涵，避免众生过分执着功德荒废修行。②

（四）不定教

不定教的摄法范围，分为不定教、不定益。不定教，在前面四时中，如来度化众生，三轮相互配合，具有不思议的力量，能为此人说圆顿法，能为彼人说渐次法。彼此二人同在一座听闻佛法、同受法益的同时，还能互知各自得到的利益。即同一座听法，适宜听闻顿者，如来即为说圆顿法；适宜听闻渐者，如来即为说渐次法，各令彼此得受法益。不定益，在前面四个时中，众生同在一座听佛闻法，有的人听

---

① （隋）智者大师说，灌顶记《妙法莲华经玄义》卷一下，《大正藏》第33册，第686页下。
② 参见（隋）智者大师说，灌顶记《妙法莲华经文句》卷十下，《大正藏》第34册，第146页下。

闻到圆顿法，得渐次法的利益；听闻到渐次法，得圆顿法的利益。即渐次法助圆顿法修证，圆顿法助渐次法修证，二者相互协助。不定教与秘密教的区别，皆不出同听佛闻法范畴。若彼此互知对方得到的利益，即是不定教。若彼此不知对方得到的利益，即是秘密教。二者的区别，仅仅是知与不知。

在前面我们将天台宗的化仪四教进行了大致的说明，化仪是外在方式，并无实际内涵，必然涉及化法。顿教部约化法四教来说，具别教和圆教。顿教相，从狭义来说，仅仅局限在华严时。但从广义的角度说，阿含时、方等时、般若时都有顿教相的存在。渐教部于化法四教来说，有藏通别圆四教。渐教相，于狭义而言，渐初局限于阿含时，渐中局限于方等时，渐后局限于般若时。若从广义的角度来说，圆教也有渐教相，如圆教的观行即、相似即、分证即、究竟即。不定教约化法说，具有藏通别圆四教。除法华涅槃时外，其他四个时中，都有不定教。不定教还可分为秘密不定和显露不定，二者于化法而言，亦具藏通别圆四教，亦遍于前面四时。

若约化仪四教论观法，亦可设立三观，即顿观、渐观、不定观。秘密教不可传，故不可立观。若立观，亦是顿观、渐观、不定观。顿观、渐观、不定观与顿教、渐教、不定教似同，宗旨千差万别。也就是说，顿观与顿教不同，渐观与渐教不同，不定观与不定教不同。顿教指《华严经》，义则兼别。顿观唯约圆人，初心便观诸法实相，如《摩诃止观》所明。渐教指阿含时、方等时、般若时，义兼四教，但未开显。渐观亦唯约圆人，解虽已圆，行须次第，如《次第禅门》所明。不定教指前四时，义兼四教，仍未会合。不定观，唯约圆人，解虽已圆。随于何行，或超或次，皆得悟入，如《六妙门》所明。以上，将天台教部中关于化仪四教的内容进行了简单的介绍，若欲详解，可参阅《法华玄义》等广本著作。

三 化法四教

前已说明了五时、化仪四教，现说明天台宗化法四教。五时，是对佛法内容从时间上进行的判释。化仪，对佛陀教化的方式进行判释。化法，对佛陀说法的内容进行判释。化仪和化法之间，是药方和药味的关系，可以说化法四教是佛法的核心内涵。化法四教，指藏教、通教、别教、圆教。古来诸人皆认为化法四教是根据北地地论宗的四宗改造而成，在天台教部中有两种说法。第一种是智者大师的说法，其在《四教义》中认为，天台四教的立名，受大乘经论的启发而来，如《涅槃经》中的四种四谛，生灭四谛、无生四谛、无量四谛、无作四谛；四种不可说，生生不可说、生不生不可说、不生生不可说、不生不生不可说；都是启发四教产生的根源。《法华经》中的"三草二木，禀泽不同"即是譬喻方便的三教，"一地所生，一雨所润"即是譬喻真实的圆教。《中论》中的"众因缘生法，我说即是无，亦为是假名，亦是中道义"① 等，亦是启发天台四教产生的出处。第二种说法是章安大师在《法华玄义》卷十下"记者私录异同"中，认为天台四教的立名，出自《月灯三昧经》中的四种修多罗以及《长阿含·行品》中佛说四大教。以下根据智者大师著《四教义》，简明四教大意。

（一）三藏教

三藏教，泛指小乘教。三藏，指经、律、论，为大小乘所共依。大乘的三藏，混而不分。小乘的三藏，部帙各异。智者大师根据《法华经》中"贪着小乘，三藏学者"之语以及《大智度论》中"摩诃衍是大乘法，三藏是小乘法"等，将小乘教称为三藏教。

三藏教，正教二乘，旁教菩萨。此教有三乘根性，声闻禀生灭四谛修道，以苦谛为入门。声闻，依佛陀的音声悟道。四谛，指苦谛、集谛、灭谛、道谛。苦谛，是世间果，分别言是三界二十五有，总体言是六道生死。集谛，是世间的因，即见思二惑。道谛，是出世间因，指出离世间的方法，略则戒定慧三学，广则三十七道品。灭谛，是出世间果，灭前苦集，显偏真之理。四谛中，分为二重因果，世间因果与出世间因果。世间因果生，出世间因果灭；出世间因果生，世间因果灭，故称为生灭四谛。声闻乘的修证，分为凡位和圣位。凡位，分为外凡位和内凡位。外凡位，指五停心、别相念、总相念。内凡位，指暖位、顶位、忍位、世第一位。圣位分为三，见道位、修道位、无学位。见道位是初果，修道位是二果、三果，无学位是四果。

缘觉，还包含独觉，禀十二因缘教修行，以集谛为入门。缘觉，值佛出世，禀十二因缘悟道。十二因缘，指无明、行、识、名色、六入、触、受、爱、取、有、生、老死。无明，即过去世的烦恼。行，在无明的驱使下，造作外在的善恶行为。识，指一念颠倒心，因此一念颠倒心进入胎门，轮转下一世。名色，进入胎门后，识依父精、母血和合而生胎胞安住。六入，识依托于父精、母血产生的生命体，具备人的形状，有一定的感知功能。触，内在的六根接触外在六尘。受，与外境接触生起的苦乐感受。爱，在受的基础上，内心生起对外在事物的无限贪爱。取，在爱的基础上，对于所贪爱的人或物，不断追求的行为。有，在取的基础上，追求到的结果。生，受着有的影响，受未来的五蕴身，再一次轮回六道。老死，未来之身又渐老而死。十二因缘分为流转门与还灭门。流转门，此十二相互为缘，能使人在六道无限轮转。还灭门，无明灭，则行灭，行灭则识灭，一直到老死灭，解脱生死束缚，到达涅槃彼岸。独觉，生在无佛的世界，观飞花落叶等外在无常行为，引发宿世无漏种子起现行成辟支佛。

菩萨禀事六度教修行，以道谛为入门。菩萨，梵语菩提萨埵，汉译为觉有情，

---

① 龙树菩萨：《中论》，《大正藏》第30册，第33页中。

上求佛道，下化众生，缘四谛境发四弘誓愿，缘苦谛境发众生无边誓愿度，缘集谛境发烦恼无边誓愿断，缘道谛境发法门无量誓愿学，缘灭谛境发佛道无上誓愿成。三劫修六度行，圆满后百劫种相好因，但其修行范围皆不离六度。功德圆满后，在木菩提树下发真无漏三十四心，顿断见思烦恼以及习气，成劣应丈六佛身，受梵王请，三转法轮，度三根性，住世八十年，入无余涅槃。声闻、缘觉、菩萨，三人修行证果不同，但同修析空观，同断见思惑，同证一切智，同出三界，同证偏真涅槃。

（二）通教

通教是大乘的初门，正教菩萨，旁化二乘。从当教言，通教有声闻、缘觉、菩萨三乘根性，此三同秉通教修行，同观无生四谛，同修体空观，同断见思惑，同求一切智，同求有余涅槃和无余涅槃，所以称为通教。体色入空，观无生四谛理。无生苦谛，苦无逼迫相，知苦如梦如幻，是水中花镜中月。无生集谛，集无和合相，烦恼业因，虚而不实。无生灭谛，灭无生相，一切法本自不生，亦是不灭。无生道谛，道无二相，一切道法，皆如幻化，不见能所。

又通教有通前、通后的特质，根钝之人，修通教的体空观，不能于空中见到不空的道理，其修证同前藏教，故通教通前藏教。根利之人，修通教体空观，能于空中见到不空的道理，若见但中之理，成别教之人；若见不但中之理，成圆教之人；故通教通后别教和圆教。

通教的修证，以《大品般若经》中十地为断惑修证位次。第一，干慧地，虽有能观智慧，但不能破惑，不见真谛理，空有智慧之名。第二，性地，因有定慧摄受，能相似见真谛理，使见思惑不起现行。第三，八人地，八人即八忍，八忍为因，忍能引发智慧，八智为果。八忍八智是见道十六心，此中八人地是见道十五心。第四，见地，见道十六心，破除见惑，证真谛理，进入初果。第五，薄地，在断见惑的基础上，进一步思维无生四谛之理，以禅定力断欲界九品思惑中前六品，使烦恼渐薄，证二果。第六，离欲地，在薄地的基础上，进一步断欲界剩余三品思惑，证三果。第七，已办地，在离欲地的基础上，进一步断色界、无色界剩余七十二品思惑，证四果。第八，辟支佛地，运用无生四谛的智慧减损习气。第九，菩萨地，断见思惑与二乘同，以誓愿力扶残余习气受生三界，以空观的智慧观照俗谛修六度行，摄受众生广做佛事庄严净土。第十，佛地，机缘成熟，以一念相应慧断见思惑以及习气，在七宝菩提树下以天衣为坐，现带劣圣应身成就佛道。为声闻、缘觉、菩萨转无生四谛法轮，机缘尽时入无余涅槃。佛见思惑以及习气全部断除，如烧木炭灰俱尽。

藏、通二教，同是三乘行人所修，同断见思二惑，同出三界，同证偏真涅槃，同行三百由旬入化城，但二者还有区别。约所诠之理言，藏教是生灭四谛，故是钝根；通教是无生四谛，故是利根。约所对之根机言，藏教是界内小教，所对之根机是教内小机，正化二乘，旁教菩萨，故是小机。通教是界内大教，所对之根机是界内大机，大乘初门，三乘共教，故是大机。约所修之观言，藏教是析空观，故是拙；通教是体空观，故是巧。通教虽有小乘之人，但其教法是大乘。大乘教法能包容小机，渐以方便引诱小乘之人，证得与佛一样的真实智慧。在般若、方等两个时中，凡是三乘共听般若教法，皆判通教。

（三）别教

此教是三界外菩萨独修法门，以界外道谛为初门，区别于界内藏通二教，区别于界外圆教，故称为别教。别教所诠释的道理，以无量四谛为主。无量四谛，苦有无量相、集有无量相、道有无量相、灭有无量相。苦有无量相，苦是果报，即是五阴。从地狱到诸佛，凡圣五阴差别不同。一界中的同类众生，其五阴的表现方式也不尽相同，更何况是十法界的众生？其五阴相更难以了知，故苦有无量相。集有无量相，苦谛是果，集谛为因。果既有无量相，因亦有无量相，故集谛是无量相。又集谛，是烦恼集合，惑业分为见思、尘沙、无明三种。从地狱至诸佛，每一界众生惑业不尽相同，同一界众生也有诸多行类差别，故集有无量相。道有无量相，道是教化方法。从地狱到诸佛，应以何身得度、应说何法令其修学。十法界中每一界，众生行类差别以及惑业皆不相同，于一法门分别都非常困难，何况十方恒河沙世界？佛度化恒河沙数众生，其所用法门亦无量无边，故道有无量相。灭有无量相，灭是道的果，是修道的最终成就。道既有无量相，由道为修因成就的灭谛果德亦无量相，故灭有无量相。此中无量四谛，相对无生四谛而言，以此来显示所对应的根机是三界外的菩萨，不共二乘人。

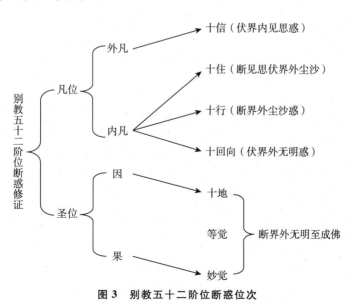

图3　别教五十二阶位断惑位次

别教的修证，以《菩萨璎珞本业经》中五十二阶位为主。将五十二位次罗列为七科，即十信、十住、十行、十回向、十地、等觉、妙觉。又将七科归纳为凡位和圣位。凡位又分为二，十信位为外凡，十住、十行、十回向等位次为内凡，亦称为贤位。圣位分为二，十地为因，妙觉为果。大概的说明如此，断惑位次详看图3。

以上将别教五十二阶位断惑修证的情况作了大致的说明，别教内分为教道和证道两部分。教道，为十住、十行、十回向，分别断见思、尘沙等惑，为方便道。证道，为别教十地位，初地已断无明，转入圆教初住位，再也不是别教之人，为真实道。别教的佛果，有教无人，只是果头佛。总而言之，别教的教化对象是三界外的钝根菩萨，修次第三观，断三惑，得三智，证中道实相。

（四）圆教

以界外灭谛为初门，以不偏为义，教化根机最上之人。圆教的名义，可称为圆妙、圆满、圆足、圆顿。三谛圆融，不可思议，名为圆妙；三一相即，没有缺减，名为圆满；圆见事理，一念具足，名为圆足；体非渐成，名为圆顿；故称为圆教。就圆教的功能而言，所谓圆伏、圆信、圆断、圆行、圆位、圆自在庄严、圆建立众生。诸大乘经论，独说佛境界，不说三乘共位，即是圆教的内容。

在《天台四教仪》中，根据《法华经》和《璎珞经》来说明圆教的断惑修证，简略地将修道次第归纳为八位。1. 五品弟子位，此是外凡位，出自《法华经》。2. 十信位，为内凡位。3. 十住位，为圣初位。4. 十行位。5. 十回向位。6. 十地位。7. 等觉位，此是因位之末。8. 妙觉位，为果觉位。五品弟子位，分别是随喜品、读诵品、说法品、兼行六度品、正行六度品。初随喜品，闻实相圆妙之法而信解随喜，内以三观观三谛之境，外用忏悔、劝请、随喜、发愿、回向五悔勤加精进。读诵品，信解随喜，内以圆观，外加读诵，使圆顿之观更加澄清。说法品，以正确说法引导他人，更由此功德观心修行，使自心观法更胜于前。兼行六度品，观心之余，辅修布施、持戒、忍辱、精进、禅定、智慧等六度，以此福德资助观心。正行六度品，观心之功夫进时，自行化他事理具足，故在此须以六度实践为主，使观心无障碍，更胜于前。此五品位，圆伏五住烦恼，与别十信位齐。

十信位是六根清净位，初信位断见惑，与别教初住齐，证位不退。二信到七信断思惑，与别教七住齐。八信到十信，断界内、界外尘沙惑尽，假观现前，与别教八住至十住、十行位、十回向位齐，证行不退。其次入圆教初住位，断一品无明，证一分三德。三德，指解脱德、般若德、法身德。此中三德，是不纵不横的关系。如伊字三点，又如梵天三目。能分身百界，示现八相成道，广度众生。中道观现前，成一切种智，行五百由旬，到于宝所，居实报无障碍土，证念不退。从二住位一直到十住位，每一住位断一品无明，增一分中道，与别教十地齐。进入初行位，断一品无明，与别教等觉位齐。进入二行位，与别教妙觉位齐。从三行位一直到十地，每一地断一品无明，增一分中道，即进断四十品惑业。又更断一品惑业，入等觉位，此即是一生补处。再更断一品无明，即入妙觉位，永别无明父母，究竟登涅槃山顶。诸法本来寂灭，般若本来不生，诸法之境不生，般若智慧亦是不生，一相无相，是名大涅槃。以虚空为坐，遍一切处皆成清净妙法身，居常寂光土，即是圆教佛位。

第六节　结语

综上所述，我们将天台判教的内容进行了大致的说明。从判教的意义看，佛教传入中国后，随着经典翻译以及研究的需要，判教是佛教中国化必经的程序。从判教的思想来源看，经论中已有判教的启发，如《法华经》《华严经》《涅槃经》《大智度论》中，皆对整体佛法作简单的概括性诠释。后罗什大师来华，区分大小乘，阐明经文的通俗性知识与独特性知识。其门人僧肇、僧睿、道生、慧观等人，沿着罗什大师的思想继续思考，试着对佛法进行整体性的判摄，区分纷繁杂乱的经典属性，还归其本有位置，置于一代时教中，保持有序统一。到了南北朝时期，南北地诸师继承先人的判教思想，依不同论为依据，对整体佛法进行判摄，形成诸多不同的判教思想体系，即南三北七诸家判教。此等判教诸师，皆是法门龙象，教相判释复杂，谬误百出，任其流传，彼此争论，于佛法无益。智者大师以根性融不融、化道始终不始终、师弟远近不远近为准，以《涅槃经》五味、《华严经》三照、《法华经·信解品》穷子譬喻为依，以《大智度论》为法，系统罗列南三北七诸家判教教相，详明其具体内容，进行系统的批判，指出对方判教中存在的缺失。并以此批判为基础，合理继承其教相名称，研详去取，名同义异，建立天台五时八教说。

天台五时八教说，是智者大师以现存三藏为视野，南北诸家判教为基础，依《法华经》等大乘诸经，重新对释迦牟尼佛一生的教法进行判释。五时，将佛一生说法的内容，按照时间的先后顺序，分为华严时、阿含时、方等时、般若时、法华涅槃时。五时还可分为化仪四教与化法四教。化仪，为教化众生的仪式，分别为顿教、渐教、秘密教、不定教。化法，为教化众生的方法，分别为藏教、通教、别教、圆教。化仪无体，以化法为体，化仪以化法为内容，化法以化仪为方式，二者是密不可分的关系。藏教针对三界内钝根众生，教修析空观。通教针对三界内利根众生，教修体空观。别教针对三界外钝根众生，教修假观。圆教针对三界外利根众生，教修中道观。空观，破见思惑，见真谛理，证一切智，成般若德。假观，破尘沙惑，见俗谛理，证道种智，成解脱德。中观，破无明惑，见中谛理，成法身德。三观中，空、假二观为方便，中道观为真实，囊括解脱道、菩萨道。通过智者大师系统性的教相判释，熄灭了南北诸家判教纷争，重新赐予了佛陀一代时教的统一性，为后来诸宗的建立打下了坚实的基础，完成了印度佛教的中国化。

思考与练习题

1. 判教产生与哪些因素有关？

2. 经论中有哪些判教思想的启发？

3. 简述南三北七的判教内容。

4. 智者大师如何批判南方三家判教？

5. 智者大师如何批判北方七家判教？

6. 智者大师如何批判共通三种教相？

7. 佛为哪些众生讲华严经？

8. 阿含时分别宣说哪些教法？

9. 方等时的作用是什么？

10. 何为转教付财？

11. 何为融通淘汰？

12. 何为《法华》的本门和迹门？

13. 何为《涅槃》扶律谈常？

14. 何为顿教部？

15. 何为顿教相？

16. 何为渐教部？

17. 何为渐教相？

18. 何为秘密咒？

19. 何为秘密教？

20. 何为不定教？

21. 何为不定益？

22. 三藏教的立名意义是什么？

23. 简明通教的十地断证。

24. 何为别教？

25. 请简明别教五十二阶位断惑修证图。

26. 何为圆教？

27. 请简明圆教的断惑修证。

第七章 天台宗的诸法实相论

【本章导言】

　　实相，原义为本体、实体、真相、本性，引申指一切万法真实不虚之体相，或真实之理法、不变之理、真如、法性等，是大乘佛教的主体，楷证曲直的标准，为佛陀实证后对人生和宇宙的如实洞察。智者大师在龙树二谛义的基础上，以《法华经》权实思想为根据，在自身师承以及禅定实践下，对实相有诸多创新阐述，如一念三千、性具善恶、三谛圆融等。这些系列圆教思想的论述，不仅是印度教义的中国化诠释，同时也是实证方法的重新落实，诸法实相通过修四种三昧、二十五方便、十种境界、十乘观法等实践证成，让人在教观双美修行理念的指导下开示悟入佛之知见。

【讲授内容】

　　智者大师认为，世间伦理以礼为主，出世间以法性为主，法性即是实相别名，其在《法华玄义》中明确说明《法华经》以实相为体，并展开大量篇幅论述。为了更好地说明实相内容，本章从实相的含义以及内容两个部分论述。在写作方法上，立足于原典，从整体思想出发，锁定概念本身，梳理内在理路，说明其构成，展示其原貌，避免过多庞杂诠释混淆视听。

第一节　实相的含义

实相，即一切诸法的真实体相，也可以称之为诸法实相。实，真实不虚；相，事物相状。实相是佛教所说的绝对真理。智者大师在《法华玄义》辩体中，运用三重维度论述实相，说明其是大乘佛教的理论主体。

第一，实相在诸经中有不同的名称，如其所云：

> 实相之体，只是一法，佛说种种名；亦名妙有、真善妙色、实际、毕竟空、如如、涅槃、虚空佛性、如来藏、中实理心、非有非无中道、第一义谛、微妙寂灭等。无量异名，悉是实相之别号，实相亦是诸名之异号耳。惑者迷滞，执名异解。①

此中说明实相是一法，在经论中有种种异名，分别是妙有、真善妙色、实际、毕竟空、如如、涅槃、虚空佛性、如来藏、中实理心、非有非无中道、第一义谛、微妙寂灭。佛性十二种异名，分别从不同的角度立名，实相是诸佛所得，故称妙有；妙有不可见，诸佛能见，故称真善妙色；实相非两边之有，故名毕竟空；实相湛然，非一非异，故名如如；实相寂灭，故名涅槃；觉了不改，故名虚空佛性；多所含受，故名如来藏；寂照灵知，故名中实理心；不依于有，不依于无，故名非有非无中道；最上无过，故名第一义谛。

第二，说明佛陀以一切种智，分别众生种种根性，以世界悉檀、为人悉檀、对治悉檀、第一义悉檀为众生宣说种种异名佛性，如《法华玄义》中云：

> 问：实相一法，何故名义纷然？答：随彼根机，种种差别，赴欲、赴宜、赴治、赴悟。例如世人学数则舍大，修衍则弃小，习空则恶有，善地则弹中，既不欲闻，闻之不悦，无心信受，不灭烦恼，不发道心，各于己典，偏习成性，得作未来闻法根缘。如来于时，以佛眼观其信等诸根，以若干言辞随应方便而为说法，为有根性说妙有、真善妙色，不违不逆，信戒忍进，荡除空见，即能悟入契于实相。为空根性说毕竟空、如如、涅槃等，谛听谛听，以善攻恶，无相最上。为亦空亦有根性说虚空佛性、如来藏、中实理心，欣然起善，离非心净。为非空非有根性者，即说非有非无中道，遮于二边，不来不去，不断不常，不一不异等，欲得听闻，欣如渴饮，信乐修习，众善发生，执见皆祛，无恶不

---

① （隋）智者大师说，灌顶记《妙法莲华经玄义》卷八下，《大正藏》第33册，第782页中至下。

尽，第一义理豁然明发。随此四根，故四门异说。说异故名异，功别故义异。悟理不殊，体终是一。①

此中说明佛以四悉檀设教，将众生的根机分为有门、空门、亦有亦空门、非有非空门。悉檀，意为成就，佛以四悉为众生宣教，令众生开示悟入佛之知见，得佛法真实受益。随顺欲乐说法是世界悉檀，作用是生起众生对佛法的欢喜。随顺机宜说法是为人悉檀，作用是生起众生修学佛法的善法欲。随顺对治说法是对治悉檀，作用是破除众生的习气以及烦恼。随顺悟理说法是第一义悉檀，作用是入实相之理。佛为有门众生宣说妙有、真善妙色、实际，令众生不违不逆，生起圆信，具足六度，荡除空见，悟入实相。为空门众生宣说毕竟空、如如、涅槃等，以善治恶，具足善法，证入无相。为亦有亦空根性宣说虚空佛性、如来藏、中实理心，欣然修善，离是离非，心净垢除，理体现前。佛为非空非有根性众生，宣说非有非无中道、第一义谛、微妙寂灭，遮于两边，不来不去，不断不常，不一不异，信乐修学，众善根发，祛除邪见，无恶不尽，第一义理豁然明发。随所入之门有异，但悟理无别，实相体始终是一。

第三，以即空即假即中为实相内涵，在《法华玄义》中，智者大师以体明实相，实相是体的意思，世间伦理以礼为体，出世间以法性为体。在内容表述上，有不同的论述方式，如以即空即假即中明实相、十如是三转明实相、一实谛明实相、一心三观明实相。特以一心三观明实相为例说明，如《摩诃止观》卷五上云：

> 若一法一切法，即是因缘所生法，是为假名假观也；若一切法即一法，我说即是空空观也；若非一非一切者，即是中道观。一空一切空，无假中而不空，总空观也。一假一切假，无空中而不假，总假观也。一中一切中，无空假而不中，总中观也。即《中论》所说，不可思议一心三观。②

此中说明一心三观，空观具足假观、中观，假观具足空观、中观，中观具足空观、假观，一观即三观，三观即一观，圆融不可思议，即是实相。

第二节　实相的内容

实相是法界常住之法，为佛眼对世间的如实照见，是断无明圣者的真理观。智

① （隋）智者大师说，灌顶记《妙法莲华经玄义》卷八下，《大正藏》第33册，第748页下至第784页上。
② （隋）智者大师说，灌顶记《摩诃止观》卷五上，《大正藏》第46册，第55页中。

者大师的实相说，不仅是教义的阐释，还是修行的最终所证。其之所以如是申明实相说，还与其自身的修证有密切关系。其学说非今人般预先筹划，在资料详尽的范围内作周密论述。大多是称性而谈，从禅定内证中流出，故章安赞为："说心中所行法门"。从宗教实践的角度来说，内在修行境界的高低，决定了佛经理解的深浅。佛教认为，佛经中的道理，是佛陀修行经验的总结。众生按照这种方式去修行，可成就无上佛道。智者大师为禅修达者，内在的修行境界，决定了理论的深邃度。其佛学思想的产生，除佛经启发以及师承外，还通过修行实践验证而来。

从圆教修证位次看，智者大师为圆教观行即五品弟子位，如《隋天台智者大师别传》中云：

> 智朗请云：伏愿慈留，赐释余疑不审，何位殁此？何生谁可宗仰？报曰：汝等懒种善根，问他功德，如盲问乳，蹶者访路，告实何益？由诸懆悷故，喜怒呵赞，既不自省，倒见讥嫌。吾今不久当为此辈破除疑谤，《观心论》已解，今更报汝：吾不领众，必净六根，为他损己，只是五品位耳。[1]

此中说明智者大师临圆寂时，徒智朗询问其具体的修证位次，大师明确回答：若不领众，必证六根清净；为他损己，只证五品弟子位。五品弟子位，是天台圆教外凡位，修证的功德，如《法华玄义》卷五云：

> 五品已圆解一实四谛，其心念念与法界诸波罗蜜相应，遍体无邪曲偏等倒，圆伏枝客根本惑，故名伏忍。诸教初心，无此气分。[2]

此中说明圆教五品弟子位的修行证量，圆解无作四谛，其心念念与圆理相应，知阴界入皆是法界，无苦可舍；无明尘劳，即是菩提，无集可断；边邪皆中正，无道可修；生死即涅槃，无灭可证，圆伏五住烦恼。可以说，天台教义中诸法实相的内容，是智者大师通过修行实践验证而得，为圆教行人修行知见的如实表达。天台实相论的内容，以一念三千、性具善恶、三谛圆融等为代表，此等诸法皆是性具，非后天修行所得，乃自性中圆具。为避免过度诠释，故根据天台原典，详细地梳理概念脉络，清晰呈现出学说原貌，具体内容详明如下。

一 一念三千

一念三千的概念，主要出自《摩诃止观》卷五。智者大师阐释性德境观不思议

---

① （隋）章安大师撰《隋天台智者大师别传》，《大正藏》第50册，第196页中。
② （隋）智者大师说，灌顶记《妙法莲华经玄义》卷五，《大正藏》第33册，第735页下。

境时，说明介尔所起一念妄心具三千诸法，全文从三个部分展开论述。第一，引用《华严经》说明心造之意，如卷十《夜摩天宫菩萨说偈品》第十六中云：

　　　　心如工画师，画种种五阴，一切世界中，无法而不造。如心佛亦尔，如佛众生然，心佛及众生，是三无差别。诸佛悉了知，一切从心转，若能如是解，彼人见真佛。心亦非是身，身亦非是心，作一切佛事，自在未曾有。若人欲求知，三世一切佛，应当如是观，心造诸如来。①

此中说明心造一切法，心造有两层含义，约理而言，造即是具，心具一切诸法；约事而言，因有理具，故事造一切法。一切法时间范畴，不出三世；空间范畴，不出十法界。心所具的一切法，其范围亦不超三世与十法界。智者大师受慧思大师十如三转的影响，认为此法界具有三种含义，以"真谛所依释"解释法界，认为十是能依，此十数是假；法是所依，所依是空，能依随所依，十法皆空，故此十以空为法界。以"俗谛隔异释"解释法界，十法界皆有差别，故名为界；此十法界中每一界，皆有各自的因果属性，故云十法界。以"中谛法界释"解释法界，十法界中每一界当下皆是真如法界。

第二，根据《大智度论》卷四十七中得三昧遍照三种世间的启发，如此论云：

　　　　又观此庄严，空无所有，心无所着，能照一切世间三昧者，得是三昧故，能照三种世间；众生世间、住处世间、五众世间。②

此中说明得满月净光三昧，以三昧之力，能照众生世间、住处世间、五众世间三种世间。五阴和合，众共而生，间隔不同，故名众生世间。众生既有能依之身，必有所依之土，十界所依各各差别，故名住处世间。五蕴，即色、受、想、行、识，色质碍义，受领纳义，想思考义，行造作义，识分别义，此五阴覆盖真性，皆名为阴。十界五阴，各各差别，故名五阴世间。将十法界中所摄之法，纳入三种世间，形成境中摄法不出三种世间。此三种世间的内容，只是十界五阴实法、假名众生及所依土。

第三，根据《法华经》中卷二《方便品》中的十如，说明一切诸法皆是十如，如此经云：

---

① （东晋）佛驮跋陀罗译《大方广佛华严经》卷十，《大正藏》第9册，第465页下至466页上。
② 龙树菩萨：《大智度论》卷四十七卷，《大正藏》第25册，第402页上。

佛所成就第一希有难解之法，唯佛与佛乃能究尽诸法实相，所谓诸法如是相，如是性，如是体，如是力，如是作，如是因，如是缘，如是果，如是报，如是本末究竟等。①

此中说明诸佛所证第一稀有难解之法，唯有十方诸佛间才可究竟了知，此法即是十如。智者大师根据此说，认为三种世间中每种世间皆具十如，并以五蕴世间为例进行说明，如其所云：

又十种五阴一一各具十法，谓如是相、性、体、力、作、因、缘、果、报、本末究竟等。②

此十如是法华实相权实正体，亦是不思议境体。对此十如的解释，智者大师又云：

通解者，相以据外，览而可别，名为相；性以据内，自分不改，名为性。主质名为体；功能为力；构造为作；习因为因；助因为缘；习果为果；报果为报。初相为本，后报为末，所归趣处为究竟等。③

此中通释十如，所谓的相，即外在相貌，根据此表象的差别而知其别体，始自地狱界，终至佛界，十法界中每一界的相貌皆不同。所谓的性，在相之内，具有不变性，始自地狱界，终至佛界，十法界中每一界的内在之性，各各不同。所谓的体，指相的存在状态或形状，始自地狱界，终至佛界，十法界中每一界皆以色身为体质。所谓的力，体相所具有的力用，始自地狱界，终至佛界，十法界中每一界皆有力用功能。所谓的作，即造作，指力的表现方式，始自地狱界，终至佛界，十法界中每一界皆能显现造作。所谓的因，指习因，即无量劫来阿赖耶识中的习气种子，始自地狱界，终至佛界，十法界中每一界的善恶业因，皆由自种而生，习续不断。所谓的缘，指助缘，助成内因生起现行，始自地狱界，终至佛界，十法界中每一界，各有缘起之法，助成习因。所谓的果，指习果，习因在缘的作用下所呈现的转换方式，始自地狱界，终至佛界，十法界中每一界，皆由习因习续于前，习果克获于后。所谓的报，指报果，果作为业存在，其种子储存于阿赖耶识中，受业的影响感未来五蕴身，受缘的影响产生相应的果，始自地狱界，终至佛界，十法界中每一界皆由习

① （后秦）鸠摩罗什译《妙法莲华经》卷一，《大正藏》第 9 册，第 5 页下。
② （隋）智者大师说，灌顶记《摩诃止观》卷五上，《大正藏》第 46 册，第 53 页上。
③ （隋）智者大师说，灌顶记《妙法莲华经玄义》卷二上，《大正藏》第 33 册，第 694 页上。

因习果而感其报。所谓的本末究竟等，初相为本，后报为末，此之本末，皆同实相，一理平等无二，是名如是本末究竟等。

十如说明诸法的现起，约类别解释，智者大师将其分为四类，三善类、三恶类、二乘类、佛菩萨类。十法界中每一界，皆有三善、三恶、二乘、佛菩萨四类，故五蕴世间中具足十如法。十法界假名众生世间亦具十如法，如智者大师言：

> 众生世间，既是假名无体，分别揽实法假施设耳。所谓恶道众生，相、性、体、力、究竟等（云云）；善道众生，相、性、体、力、究竟等；无漏众生，相、性、体、力、究竟等；菩萨佛法界，相、性、体、力、究竟等；准例皆可解。①

此中说明众生世间以假法为体，亦具三恶、三善、无漏二乘、佛菩萨四境，故此众生世间具备十如。十法界国土世间皆具十如，如智者大师云：

> 国土世间，亦具十种法，所谓恶国土相性体力等（云云），善国土、无漏国土、佛菩萨国土相性体力（云云）。②

此中说明国土世间，众生皆有所依的国土，故此国土世间具足十如。

智者大师通过《华严经》的心造，《大智度论》中三昧照境以及《法华经》中十如等说，基本可以得出这样的结论，心具一切诸法，一切法的范围不外乎十法界。十法界中每一界法的生起必然具备十如是，诸法的延续经历过去、现在与未来。诸法的呈现方式是众生世间、国土世间、五蕴世间。生活在现实生活中的每一个人，其当下的六识心中，通过教法的熏习，可相对思维十法界法，故此心具十法界。由此心具，即可推导出观不思议境中核心观念一念三千。此中的一念三千，是智者大师晚年最后且最圆满之说，如湛然大师云：

> 大师于《觉意三昧》《观心食法》及《诵经法》《小止观》等诸心观文，但以自他等观推于三假，并未云一念三千具足；乃至《观心论》中亦只以三十六问责于四心，亦不涉于一念三千，唯《四念处》中略云观心十界而已。故至《止观》，正明观法，并以三千而为指南，乃是终穷究竟极说。③

---

① （隋）智者大师说，灌顶记《摩诃止观》卷五上，《大正藏》第 46 册，第 53 页下至 54 页上。
② （隋）智者大师说，灌顶记《摩诃止观》卷五上，《大正藏》第 46 册，第 54 页上。
③ （唐）湛然大师述《止观辅行传弘决》卷第五之三，《大正藏》第 46 册，第 296 页上。

此中说明智者大师以往的著述中，未提及一念三千，到了《摩诃止观》中才正式提及，可谓一生终极之说。

关于此概念的具体解释，如智者大师云：

> 夫一心具十法界，一法界又具十法界、百法界。一界具三十种世间，百法界即具三千种世间，此三千在一念心。若无心而已，介尔有心即具三千。①

此中说明我们当下一念心，具足十法界一切性相。十法界中每一法界，又具其他九界，则成百法界。每一法界法的内容是十如，故百界成千如。每一法界又具三十种世间，则有三千种世间。此三千世间，在介尔一念妄心中，则成一念三千。又心是法界体，故能具足百界千如，如证真大师云：

> 总论十界，一一互具，即成百界千如，而此一心是法界全体，故此一心具百界千如。②

此中说明心是法界体，百界千如是法界森罗万象的体现，故此心具百界千如。

此三千法，看起来有严重的唯心论倾向，实则不然，一念三千的论证包含了对先验唯心论的批判和拒斥，是一个纯粹的现象论命题而不是一个本体论的命题。③此中的三千，仅仅是概数说明，并非十法界一切法仅有三千，实际上已包含一切法，如《台宗教观撮要论》中云：

> 夫《摩诃止观》为明唯心，观体摄法周足，故广演三千结归一念。若不如是，则心外有法，境不周圆。是故法相须至尔许，亦是且举大数，摄法周足，略明三千耳。若细推之，则有无量法也。④

此中说明三千诸法，摄法周遍，具足一切法。

关于一心和三千诸法的关系，智者大师又云：

> 亦不言一心在前，一切法在后；亦不言一切法在前，一心在后。例如八相迁物，物在相前，物不被迁；相在物前，亦不被迁。前亦不可，后亦不可，只

---

① （隋）智者大师说，灌顶记《摩诃止观》卷五上，《大正藏》第46册，第54页上。
② 〔日〕证真大师述《止观私记》卷五，《大日本佛教全书》第22册，第966页下。
③ 对此评论，详见董平《天台宗研究》第66~67页。
④ 《台宗教观撮要论》，《卍续藏经》第57册，第289页中。

物论相迁，只相迁论物。今心亦如是，若从一心生一切法者，此则是纵；若心一时含一切法者，此即是横，纵亦不可，横亦不可。只心是一切法，一切法是心，故非纵非横，非一非异，玄妙深绝，非识所识，非言所言，所以称为不可思议境，意在于此。①

此中说明了一心与一切法的关系，二者是非纵非横、非前非后、非一非异、非识所识、非言所言的关系，故是不可思议境。举一即一切，一切即一，由此入手修观，即是观不思议境。通过性德境的诠释，说明介尔有心即具三千诸法。此介尔之心，是指"刹那心，无间相续，未有断绝"的心。此心人人皆有，不因外在行为善恶而遭到肯定或否定，此心功能不失，故每个人皆有成佛的可能。三千性相在吾人的一念妄心中，此是观不思议境诠释的核心所在，诚如《圆顿宗眼》云：

四明曰："盖指介尔之心，为事理解行之要。"大哉！此说括尽《摩诃止观》之大旨也。②

此不可思议境所具的理体皆不离这一念妄心，可以说整部《摩诃止观》的核心要旨是肯定了众生妄心具三千诸法，此也是天台的一大特色。

二　性具善恶

性恶，全称为性具善恶，出自《观音玄义》，是智者大师承袭慧思大师性具染净思想而来，为天台圆教的核心思想，被后世天台祖师奉为究极之说。为精准地把握性恶说的内容，不迷信法门流传过程中盲目夸大的效应，故立足于整体天台教法，分别从经文启示、师资传承、禅定实践、学说本身、预见性批判五方面考察性具善恶说的具体内容，通过多维度的辩证研究，彰显智者大师性恶说本意，具体内容详明如下。

（一）从经文启示而言

大乘教典中皆有性具思想的存在，现举例如下。

如《法华经》卷六云：

我不敢轻于汝等，汝等皆当作佛。③

---

① （隋）智者大师说，灌顶记《摩诃止观》卷五上，《大正藏》第 46 册，第 54 页上。

② （宋）法登述《圆顿宗眼》，《卍续藏经》第 57 册，第 96 页上。

③ （后秦）鸠摩罗什译《妙法莲华经》卷六，《大正藏》第 9 册，第 50 页下。

此中说明常不轻菩萨礼拜众人，因其深信众生皆具佛性，未来皆当作佛，故礼拜见过的每一个人。

《华严经》卷五十一中云：

> 如来以无障碍清净智眼，普观法界一切众生而作是言："奇哉！奇哉！此诸众生云何具有如来智慧，愚痴迷惑，不知不见？我当教以圣道，令其永离妄想执着，自于身中得见如来广大智慧与佛无异。"即教彼众生修习圣道，令离妄想；离妄想已，证得如来无量智慧，利益安乐一切众生。[①]

此中说明一切众生皆具如来智慧德相，但因颠倒妄想而不证得。

《大般涅槃经》卷二十五亦云：

> 如欲界众生，一切皆有初地味禅，若修、不修，常得成就，遇因缘故，即便得之。[②]

此中说明一切众生皆具初地味禅，修行即可成就。

又《维摩诘经》卷上云：

> 一切众生皆如也，一切法亦如也，众圣贤亦如也，至于弥勒亦如也。若弥勒得受记者，一切众生亦应受记。所以者何？夫如者不二不异，若弥勒得阿耨多罗三藐三菩提者，一切众生皆亦应得。所以者何？一切众生即菩提相。[③]

此中说明众生具菩提相，因诸法实相之理不异，众生具此佛性理体，故弥勒得受菩提记，众生亦得受菩提记。因佛性理体无别，故成就的圣者与凡夫从具的角度而言无差别。诸大乘经典皆有性具思想的存在，属真常唯心系。智者大师深受此类经典的启发，故在其著作中高谈性具，肯定一切众生皆有自性清净心，通过修行皆可成就佛道，此也是性具善恶思想产生的前提。

（二）从师资传承而言

智者大师亲近慧思大师八年，深受慧思大师思想的熏陶，其主要的思想皆来源于慧思大师，如四种三昧、三种止观等。慧思大师在论述性具染净时，将染和净进

[①]（唐）实叉难陀译《大方广佛华严经》卷五十一，《大正藏》第 10 册，第 272 页下至 273 页上。

[②]（北凉）昙无谶译《大般涅槃经》卷二十五，《大正藏》第 12 册，第 516 页下。

[③]（后秦）鸠摩罗什译《维摩诘所说经》卷上，《大正藏》第 14 册，第 542 页中。

行扩展，分为净心具足染性、净心具足净性、净心具足净事、净心具足染事等详明。净心之体，虽具染净二性，但二者常住不变，如其所云：

> 一一众生心体，一一诸佛心体，本具二性，而无差别之相，一味平等，古今不坏。但以染业熏染性故，即生死之相显矣。净业熏净性故，即涅槃之用现矣。然此一一众生心体，依熏作生死时，而不妨体有净性之能。一一诸佛心体依熏作涅槃时，而不妨体有染性之用。以是义故，一一众生、一一诸佛，悉具染净二性，法界法尔，未曾不有，但依熏力起用先后。不俱是以染熏息，故称曰转凡。净业起故，说为成圣。然其心体二性，实无成坏。是故就性说，故染净并具。依熏论，故凡圣不俱。是以经言：清净法中，不见一法增，即是本具性净，非始有也。烦恼法中，不见一法减，即是本具性染，不可灭也。然依对治因缘，清净般若，转胜现前，即是净业熏故成圣也。烦恼妄想尽在于此，即是染业息故转凡也。①

此中说明，性体平等，无有分别，不可破坏，故性具染净之性。因随缘之用，故依净业熏习，则有涅槃；依染业熏习，则六道生死。染净熏习不同，故从事用上言，染净之性不能共用。从心体上言，众生与佛皆具染净二性。此中的性，是未显发的状态，是可以成为染净之事的可能性，是诸法的如实状态。智者大师虽未见到《大乘止观法门》②，但《大乘止观法门》作为一种具体的禅法实践，是慧思大师一生修行经验的总结，是其依经修行的内在根据。从慧思大师的修证历程看，其在慧文禅师处证法华三昧后，修行所证以及后续所修，皆不出《大乘止观》中如来禅的范畴，依此可断定慧思大师教授徒众的用心方法，也大致以《大乘止观》中禅法为主。智者大师亲近慧思大师八年，在禅法的实践上，到底继承了其师多少思想，史料中并未提及。根据僧人的师承传统，智者大师在慧思大师门下修行，修其师教授的禅法证法华三昧，故修行理路沿袭慧思大师而来。其之所以如此肯定性恶说，必然与慧思大师有莫大关系，通过彼此著作间的关联，可确定智者大师性具善恶思想，来源于慧思大师性具染净。

（三）从自身的禅定实践而言

智者大师圆证五品，修行证量前文已明。因其亲证圆顿之理，故善恶相即、法

---

① （后魏）慧思大师：《大乘止观法门》卷一，《大正藏》第46册，第646页下。
② 关于《大乘止观法门》是否为慧思所作，学术界存在争议，本书取圣严法师观点，《大乘止观法门》却是慧思所作。具体论述详见《大乘止观法门研究》，《现代佛教学术丛刊》第58册，大乘文化出版社，1980，第202页。

界互具等思想，从始至终贯穿其一生教法中。善恶相即①，善、恶相对存在，二者皆是缘起层面显现的差别。从本性言，善恶相即，无有分别。法界互具，佛界至地狱界等十界，互相具备其他境界，即一心能造十界因果，人心具足十界，可知十界之心性无异。十界中任何一界，均具足十界，合有百界。因此我们可以说，性具善恶是天台圆教"善恶相即"与"法界互具"理论的延伸，如田村芳朗云："上述的善恶相即论，结合于十界互具说，产生了佛之本性具恶的性恶说。"② 此中说明善恶相即与十界互具是性恶说产生的母体，故我们认为性恶说是圆教的延伸。又性具善恶必借修善修恶为方式开显，此中相待种思维，亦是性具善恶产生的根源。③

（四）从学说本身而言

"性具善恶说"，出自《观音玄义》。智者大师分别以释名、辨体、明宗、论用、判教五重玄义解释《观世音菩萨普门品》经题，并于释名通释中以人法、慈悲、福慧、真应、药珠、冥显、权实、本迹、缘了、智断十方面通解《普门品》经题。十种普门中，蕴含自行、化他次第，人法、慈悲、福慧、真应是自行次第，药珠、冥显、权实、本迹是化他次第。了因、缘因是逆讨其源，前八法从修行角度言，皆是历程中必然显现，自行与化他的成就，皆以性德为体起用。智断是顺论始终，是自行与化他圆满状态的呈现，与前逆讨其源相互对应，构成因德之始与果德之终。智者大师解释《普门品》时，必须解决一个理论悬置问题。观世音菩萨是倒驾慈航的古佛，为辅助释迦牟尼佛教化众生，于娑婆世界示现为菩萨。菩萨是圆满智慧的证得者，一切纯善的拥有者，为何能示现恶身调伏众生呢？为解此悬置问题，消除人们对菩萨化他妙用的疑惑，故从修行与化他为本的"缘了普门"下手，以料简为方式详细论述，并正式提出了性具善恶思想。

智者大师在阐释性具善恶时，从本宗立场出发，明确善恶法门为性德本具，如其所云："问：缘了既有性德善，亦有性德恶否？答：具。"④ 此中说明，性本具善恶。此中的具，是法的本来存在状态，不可以断，如其所云：

> 问："性德善恶，何不可断？"答："性之善恶，但是善恶之法门。性不可改，历三世无谁能毁，复不可断坏。譬如魔虽烧经，何能令性善法门尽？纵令佛烧恶谱，亦不能令恶法门尽。如秦焚典坑儒，岂能令善恶断尽耶？"⑤

---

① （隋）智者大师说，灌顶记《妙法莲华经玄义》卷五，《大正藏》第33册，第743页下。
② 参见〔日〕田村芳朗《天台法华之哲理》，《世界佛教译丛》第60册，慧岳译，华宇出版社，1987。
③ 详见演培法师《性具思想的开展与批判》，张曼涛主编《现代佛教学术丛刊》第57册，大乘文化出版社，1979，第289~303页。
④ （隋）智者大师说，灌顶记《观音玄义》卷上，《大正藏》第34册，第882页下。
⑤ （隋）智者大师说，灌顶记《观音玄义》卷上，《大正藏》第34册，第882页下。

约理而言，性中善恶，性不可以改，又不可以断，是一种法的如实存在状态，诸佛向之，修善满足，修恶断尽；阐提背之，修恶满足，修善断尽。人虽有向背，但善恶之性不变，故性具善恶是善恶之法门。但此中的性善与性恶①，是一种未显发的状态，通向修善修恶建立。作为一种法门存在，不是一种先天或实际的存在，否则便会违背佛教的缘起观。

智者大师为进一步阐释性具善恶，以阐提不达性善，佛陀不起修恶，二者之间的差异来进行说明，如其所云：

> 问："阐提不断性善，还能令修善起。佛不断性恶，还令修恶起耶？"答："阐提既不达性善，以不达故，还为善所染，修善得起，广治诸恶。佛虽不断性恶而能达于恶。以达恶故，于恶自在，故不为恶所染，修恶不得起。故佛永无复恶，以自在故，广用诸恶法门化度众生，终日用之，终日不染。不染故不起，那得以阐提为例耶？若阐提能达此善恶，则不复名为一阐提也。"②

此中说明阐提以邪命，断于修善，因不达性善，还被修善所染，故阐提有修善可起。佛以空慧断修恶，达性恶实际，知性恶本来清净，不被修恶所染，故佛永无修恶。此中的性恶，是一种果德自在神力的体现，从化他的角度言，是一种权恶示现，本意是令他生善，故性恶之力经验世界的当下受用是善。

从自证法的角度言，性恶是性德本具，远离两边之相，本身是实，如智者大师云：

> 以有性恶，故名不断。无复修恶，名不常。若修性俱尽，则是断，不得为不断、不常。③

此中说明若断性恶，则缘理断九，故昧于性恶成断见。若不能忘缘，存于修恶，故名为常见。真正的性恶是离于断见、常见，远离一切边邪，消除一切执情，故性恶当体即诸法实相。从化他的角度言，如来因不断性恶，故能示现权恶度化众生，如智者大师云：

> 如来性恶不断，还能起恶。虽起于恶，而是解心无染，通达恶际，即是实

---

① 王慧燕：《观音玄义思想研究——以性修善恶为中心》，台北：花木兰文化出版社，2008，第59页。
② （隋）智者大师说，灌顶记《观音玄义》卷上，《大正藏》第34册，第882页下。
③ （隋）智者大师说，灌顶记《观音玄义》卷上，《大正藏》第34册，第883页上。

际。能以五逆相而得解脱，亦不缚不脱，行于非道，通达佛道。①

此中说明如来达于恶，故能于五逆相得解脱，示现诸恶之相度化众生，令众生开示悟入佛之知见。又从应身的角度言，菩萨示现种种恶身调伏众生，皆是性恶之力使然。但从真身的角度言，此性恶是本性所具，历三世不可摧毁，远离语言名字相，离四句绝百非。从圆教的究竟角度论，此真应二身，以无漏智为体，是不二而二、二而不二的关系。如此理解，才符合圆教普门真意。

（五）从预见性批判而言

智者大师提出性恶说，以天台圆教为母体，入不二门为旨归，故不可用单一的"得修失性"去理解性恶说。为破斥他人的"得修失性"，运用相州北道派地论师阿梨耶识进行阐释，如智者大师云：

> 若依地人，明阐提断善尽，为阿梨耶识所熏，更能起善。梨耶即是无记无明，善恶依持，为一切种子。阐提不断无明无记，故还生善。佛断无记无明，无所可熏，故恶不复还生。若欲以恶化物，但作神通变现度众生而。②

此中从受熏的角度阐释阐提与佛的区别，阿梨耶是种子识，其性是无覆无记，出生一切善恶法，为善恶种子依持。阐提断现行之善，后为种子所熏，还能起于善。佛断无明尽，转染成净，福德智慧圆满，随缘历境，不为恶法所熏。佛教化众生时，会根据具体情境机缘，以性恶力显诸神用调伏众生，使其信受佛法。从教化的角度言，性恶之力于众生的直接受用是善，故佛的性恶是一种果德力用的体现。

又智者大师认为，性恶是一种断尽修恶，一切种智显现的圆满状态，是示现恶身教化众生信受佛法的根本原因，故不可用凡夫的作意去比量，如其所云：

> 问：若佛地断恶尽，作神通以恶化物者，此作意方能起恶。如人画诸色像，非是任运，如明镜不动，色像自形，可是不可思议，理能应恶。若作意者，与外道何异？今明阐提不断性德之善，遇缘善发。佛亦不断性恶，机缘所激，慈力所熏，入阿鼻同一切恶事化众生。③

此说明两个问题，一是作意遮难，佛断恶尽，神变现恶，皆作意所成，非任运

---

① （隋）智者大师说，灌顶记《观音玄义》卷上，《大正藏》第34册，第883页上。
② （隋）智者大师说，灌顶记《观音玄义》卷上，《大正藏》第34册，第882页下。
③ （隋）智者大师说，灌顶记《观音玄义》卷上，《大正藏》第34册，第882页下至883页上。

而为，若如是与外道何异呢？二是说明性恶是佛的权巧示现，以诸法实相为所依，因众生机缘所感不应而应，应现一切恶事教化众生。

综合《观音玄义》而言，此中的预见性批判涉及感应问题，佛以真身示现应身，真身是佛的究竟身。从圣义谛的角度言，真身中亦有性恶的存在，此恶是本性所具，是破尽无明所显的法性理体，唯有证得一切种智方可一探究竟，故不可以用语言形容，远离一切诸相非相，是佛之知见的真实开显。从世俗谛的角度言，诸佛不应而应，以诸法实相的智慧安住于内证的常寂光净土，以虚空为坐，法身为依。因众生三业所感为机，施设冥机显应、冥机冥应、显机冥应、显机显应四种感应。但诸佛以性恶之力示现恶事调伏众生，其前提是众生宿世善根成熟，三业精诚所感，应以恶身得度，佛才示现恶事使其进入佛道，故从众生的受用而言，性恶的作用是纯善的，故慧岳法师认为[①]，智者大师更将寂静涅槃的观念，移至现实的世界里，叙述如来绝不是逃避娑婆而乐于寂静的，诚是普门示现，与正、应二报的众生同样的共存，且始终不离娑婆的活动舞台。也因如此，才留性恶（理恶），而不染于恶（修恶），对恶（修恶）自在而不堕，这才是人间佛陀的伟大处。

如上所述，我们从五个方面梳理了智者大师性具善恶说的内容，大乘经中皆有性具思想的启发，智者大师在慧思大师的教导下，彻证圆顿之理，故在阐释《普门品》经题时，为解决悬置问题，以甚深的禅定智慧，在自建的理论体系中，从缘了普门入手，正式提出性具善恶说。智者大师的说教方式，深受《中论》二谛思想的影响。从圣义谛的角度言，性具善恶是一种善恶法门法，是一种未发的状态，具有通向修善修恶的可能性，当体即是诸法实相，远离一切诸相，以大乘毕竟空为所依。从世俗谛的角度言，修德善恶为性具善恶的外在表现，性具善恶为修德善恶的内在依据，是因机施教的非常规展示，于众生现实世界的当下受用而言是纯善。故我们理解智者大师的性具善恶思想时，必须从二谛的角度去思维，如此方可精准把握学说本意。

三　三谛圆融

智者大师的三谛圆融思想，是圆教行人以一心三观，观一境三谛，证一心三智时所显。三谛圆融是诸法实相，为一心三观的如实表达，是法界常住之理，非人天造作所得。三谛圆融的状态就是一念三千，若众生不修止观断惑，则三谛圆融永为性德蕴藏众生。故从修行的角度言，三谛圆融的开显，是通过三谛、三观、三智的圆成来实现的。

三谛，来源于龙树菩萨《中观论》，如智者大师在《四教义》中云：

---

① 慧岳法师：《天台教学史》，《现代佛学大系》第 37 册，弥勒出版社，1983，第 171 页。

《中论》偈云：因缘所生法，我说即是空。此即诠真谛，亦名为假名。此诠俗谛也，亦是中道义。此诠中道第一义谛也。此偈即是申摩诃衍诠三谛之理。①

此中基于《中观论》中四句偈三观修证的浅深次第，分别对应三谛，空观诠真谛理，假观诠俗谛理，中观诠中谛理。三观，出自《菩萨璎珞本业经》中《圣贤学观品》中"从假名入空二谛观，从空入假名平等观，是二观方便道，因是二空观，得入中道第一义谛观"②。此中智者大师将前《中观论》中空观称为二谛观，假观称为平等观，中观称为第一义谛观。三智，来源于《摩诃般若波罗蜜经》卷一：

欲以道种慧具足一切智，当习行般若波罗蜜；欲以一切智具足一切种智，当习行般若波罗蜜；欲以一切种智断烦恼习，当习行般若波罗蜜。③

此中的三智，即一切智、道种智、一切种智。后龙树菩萨在《大智度论》中解释此段经文时认为，因中修三智有大小浅深之相，到证果时三智圆满顿足。后慧文大师以此论"三智一心中得"悟一心三观，经慧思大师传智者大师，一心三观与圆融三谛完美融汇，达到了圆教理论诠释的极致，发展出圆融三谛与隔历三谛两种修行观法。

因天台宗的理论诠释，落实于日常观心，行法实践上谛、观、智是连续次第整体，如《摩诃止观》卷五上云："所照为三谛，所发为三观，观成为三智。"④此中三谛为观照对象，三观为观照智慧，三智为观境破惑的结果。从此意义而言，观照对象决定所取方式以及实现结果，观照过程是本质显现以及真理确证，因此谛、观、智三者在本质上是一致的。空观破见思惑，真空法性现前，泯灭一切法，见真谛理，成一切智。假观破尘沙惑，见法界种种差别相，从空出假建立诸法，教化众生上求下化，见俗谛理，证道种智。中观破无明惑，破空假二观法执，统摄一切法，见中谛理，成一切种智。三谛圆融状态的彻底彰显，是观成破惑证智的自然体现，非三观不可论三谛，故智者大师用次第止观彰显一心止观，用一心止观证成三谛圆融。

（一）次第止观

次第止观中，分为三止与三观。三止分别是体真止、方便随缘止、息两边分别止。智者大师根据《大智度论》中"菩萨依经教为名字，法施众生，无有过咎"的

---

① （隋）智顗禅师撰《四教义》卷二，《大正藏》第46册，第728页上。
② （后秦）竺佛念译《菩萨璎珞本业经》卷一，《大正藏》第24册，第1014页中。
③ （后秦）鸠摩罗什译《摩诃般若波罗蜜经》卷一，《大正藏》第8册，第219页上。
④ （隋）智者大师说，灌顶记《摩诃止观》卷五，《大正藏》第46册，第55页下。

原则，根据三观立三止名。这种依经为本、推理得名的方式，在道理上而言无可非议。湛然大师在智者大师的基础上进一步发挥，认为诸经所诠皆是止观，既有三观，必有三止，如其所云：

> 言依三观立三止者，大小乘经止观二名皆悉并立，况止观只是定慧异名，既定慧之名处处并列，故今望观以立止名，所以《璎珞》三观，义必兼止。①

此中说明止观通于大小乘经论，《璎珞》既有三观之名，义必具三止，推理立名，于理无违。说明体真止时，如智者大师云：

> 体真止者，诸法从缘生，因缘空无主，息心达本源，故号为沙门。知因缘假合，幻化性虚，故名为体。攀缘妄想，得空即息，空即是真，故言体真止。②

此中体真止，运用四句推检破除性计，证性相二空，观因缘所生之法，了不可得，熄灭妄想，证真谛理。说明方便随缘止时，如智者大师云：

> 方便随缘止者，若三乘同以无言说道，断烦恼入真，真则不异，但言烦恼与习有尽不尽。若二乘体真，不须方便止。菩萨入假，正应行用，知空非空，故言方便；分别药病，故言随缘；心安俗谛，故名为止。③

此中说明菩萨从空入假，双观二谛，证空不住空，心安俗谛，以道种智因机施教，应病与药，利乐有情，故名方便随缘止。说明息两边分别止时，如智者大师云：

> 息二边分别止者，生死流动，涅槃保证，皆是偏行偏用，不会中道。今知俗非俗，俗边寂然，亦不得非俗，空边寂然，名息二边止。④

此中以前二止为方便，证空不住空，破除惑业，寂灭缘生之俗以及出假之俗，知真非真不执着真，知俗非俗不执着俗，知中非中不执着中，举一即三，三一不二。

三观分别是从假入空二谛观、从空入假平等观、以二观为方便得入中道第一义谛观。说明从假入空名二谛观时，如智者大师云：

---

① （唐）湛然大师述《止观辅行传弘决》卷第三之一，《大正藏》第46册，第225页上。
② （隋）智者大师说，灌顶记《摩诃止观》卷三上，《大正藏》第46册，第24页上。
③ （隋）智者大师说，灌顶记《摩诃止观》卷三上，《大正藏》第46册，第24页上。
④ （隋）智者大师说，灌顶记《摩诃止观》卷三上，《大正藏》第46册，第24页上。

所言二谛者，观假为入空之诠，空由诠会，能所合论，故言二谛观。又会空之日，非但见空，亦复识假，如云除发障，上显下明，由真假显，得是二谛观。今由假会真，何意非二谛观？又俗是所破，真是所用。若从所破，应言俗谛观。若从所用，应言真谛观。破用合论，故言二谛观。①

此中说明二谛观的含义，观俗谛虚妄，见真谛真实，破俗谛有，入真谛空，双用真俗二谛，破一用一，故言二谛观。

说明从空入假名平等观时，如智者大师云：

从空入假名平等观者，若是入空，尚无空可有，何假可入？当知此观，为化众生，知真非真，方便出假，故言从空；分别药病，而无差谬，故言入假；平等者，望前称平等也。前观破假病不用假法，但用真法，破一不破一，未为平等。后观破空病还用假法，破用既均，异时相望，故言平等也。②

此中说明平等观的含义，证空不住空，从空出假，以自证真空之理为基础，携神通妙用在俗世中利益众生。今从空出假为后，望前破假证空，二者破用均等，故名平等观。又前观用一破一，今观破用均等，双存二观，故名为平等观。

说明以二观为方便入中道第一义谛观时，首先消释《璎珞经》，根据经文的记载，入中道观须以空假二观为方便；入中道观后，双照二谛，心心寂灭，自然流入一切智海；故中道观具足双亡与双照两方面含义。说明双亡时，如智者大师云：

中道第一义观者，前观假空，是空生死；后观空空，是空涅槃；双遮二边，是名二空观为方便道得会中道，故言“心心寂灭，流入萨婆若海”。③

此中说明如何消亡空有二观入中道观，前观观察假空，空除生死。后观观涅槃，空除涅槃。今任运照生死与涅槃，泯亡即中道，没有所除之生死，亦无所证之涅槃。说明双照时，如智者大师云：

又初观用空，后观用假，是为双存方便，入中道时能双照二谛，故经言：

---

① （隋）智者大师说，灌顶记《摩诃止观》卷三上，《大正藏》第46册，第24页中。
② （隋）智者大师说，灌顶记《摩诃止观》卷三上，《大正藏》第46册，第24页下。
③ （隋）智者大师说，灌顶记《摩诃止观》卷三上，《大正藏》第46册，第24页下。

"心若在定，能知世间生灭法相。"前之两观为二种方便，意在此也。①

此中说明如何双照空有入中道观，前观观俗证真，后观由真入俗。今入中道观，双照真俗，双用空有，空即是有，有即是空，空有不二。

（二）一心止观

说明不次第止观时，以绝待之名为能诠，以一境三谛为所显，为与前呼应，亦采用分说方式。说明圆顿止时，如智者大师云：

> 圆顿止观相者，以止缘于谛，则一谛而三谛。以谛系于止，则一止而三止。②

此中止是能缘，谛是所缘，能所一如，一谛而三谛即是一止而三止。说明圆顿观时，如智者大师云：

> 以观观于境，则一境而三境；以境发于观，则一观而三观。③

在此观中，观与境互作观发之名，以观故发，以发故观，同时体遍，能所皆悉，即一而三，即三而一，止观不二，境智一如。此圆顿止观，约自证言，谛境即是止观。约化他言，为使人信受，必假借言说诠释，故谛境与止观相对。此虽有言语层面差异，但其本质没有差别，故此止观不大不小，不权不实，不前不后，不并不别，皆在当下的一念心中。因不动真际，随众生机缘，而有种种差别，皆为结成不思议，故智者大师云：

> 相待绝待，对体不可思议；不可思议，故无有障碍；无有障碍，故具足无减，是圆顿教相显止观体也。④

此中以诸法实相的智慧，荡涤一切教相分别，使前三止三观分别诠释的个体，皆成不可思议绝待止观，此不思议止观即是一心止观，三止三观圆融无碍，三谛之理自然显现。

---

① （隋）智者大师说，灌顶记《摩诃止观》卷三上，《大正藏》第46册，第24页下。
② （隋）智者大师说，灌顶记《摩诃止观》卷三上，《大正藏》第46册，第25页中。
③ （隋）智者大师说，灌顶记《摩诃止观》卷三上，《大正藏》第46册，第25页中。
④ （隋）智者大师说，灌顶记《摩诃止观》卷三上，《大正藏》第46册，第25页下。

作为绝对真理的圆融三谛，并不是隔绝于我们所处这个经验世界的另一个世间，而原本是般若慧海的虚明，是心本身的灵觉。当三观圆融于一心，三谛圆融于一谛，主体便即从无明掩蔽中超然走出，进入了其本身真实存在的境域，即证得实相。在这个实相里面，实际上主体也是没有的，因为根本没有可与"主体"相对的客体，所有一切都仅仅是其本身即空即假即中的如实存在而已。[①] 一念所起之三千诸法，便即在这种意义上被还原为实相整体。

第三节　结语

如上所明，我们将天台实相论的内容进行了大致说明。从实相的含义来说，实相为佛经的主体，是大乘圆教的核心内容。智者大师在《法华玄义》中，对实相内容有大篇幅论述。大师认为实相是一法，佛因众生根机不同，在经论中宣说种种异名，如妙有、真善妙色、实际、毕竟空、如如、涅槃、虚空佛性、如来藏、中实理心、非有非无中道、第一义谛、微妙寂灭。此等佛性虽种种异名，皆是悉檀设教所致，所诠理体没有差别。

从实相的内容来说，天台的实相论，不仅是教相阐释，更是修行实践所证。智者大师透过内在修行实践，验证了实相的真实不虚。在天台教部中，实相的内容主要以一念三千、性具善恶、三谛圆融为主。一念三千，是圆教的核心理论，是智者大师晚年的极说，出自《摩诃止观》卷五观不思议境。智者大师一念三千的构建，分别以《华严》性具十法界、《大智度论》三世间以及《法华经》十如为依据，说明日常生活中的一念善恶之心具三千法，此三千法是佛陀果地功德的真实彰显。一心和三千，是非纵非横的关系。

性具善恶，基于天台圆教善恶相即建立，为佛陀化他的神通妙用，说明观世音菩萨为何能现恶身调伏众生。为精准把握学说本意，分别从经典启发、师资传承、修行证量、学说本身以及预见性批判等多维度阐释，说明应以天台圆教为根本立场，二谛为角度审视学说本身，如此方可避免错解法义，理解建立此说的初衷。

圆融三谛，不能独立存在，据三观修行彰显。圆教行人在修行过程中，以一心三观，观一境三谛，证一心三智，当中道观圆成时，一心三观现前，则三谛自然圆满呈现。在修行过程中，空观成见真谛理证一切智，假观成见俗谛理证道种智，中观成见中谛理证一切种智。三谛圆成，需三观圆修，故智者大师以次第止观和一心止观为说教方式，借次第止观显一心止观，以一心止观显三谛圆融。

值得说明的是，天台宗的诸法实相论，不仅是系统的教相阐释，还是具体实践

---

① 详见董平《论天台宗圆融三谛的真理观》，《中国哲学史》1999 年第 3 期，第 68 页。

行法的最终所证；它不是玄妙之理的高高在上，于众生无半分受益，而是性具诸法的如实开显。一念三千、性具善恶、三谛圆融等法，皆是一心三观圆成时，佛性真实功德的呈现，故智者大师总是约次第止观显一心止观，让众生在行法的实践中得真实受益，完成佛开权显实、废权立实的教化本意。

思考与练习题

1. 佛性有哪些异名？

2. 智者大师如何约四悉檀为众生宣说种种佛性异名？

3. 何为三种世间？请简单说明其含义。

4. 何为十如？请简单说明其含义。

5. 何为一念三千？请说明其构成。

6. 何为善恶相即？

7. 简述慧思大师性具染净说的内容。

8. 何为十种普门？请简述其自行与化他。

9. 智者大师在《观音玄义》中如何阐释性具善恶？

10. 何为二谛观？

11. 何为平等观？

12. 何为中道第一义谛观？

13. 何为圆顿止观？

第八章　天台宗的忏仪

【本章导言】

忏仪，包含忏悔的理念、行为，与戒律有直接关系。随着大小乘忏悔典籍的传入，到魏晋南北朝时流行诸多忏仪、忏文。但此等均偏向于世俗性人天福报，未能体现出佛法解脱性特质。在隋统一全国的大好形势下，智者大师根据佛典的启发、自身的师承以及修行经验，整合南北朝忏仪、忏文，将忏法纳入天台止观修证体系二十五方便法中，使其成为进入解脱道的第一关。为了丰富其践行方式，他还以四三昧行法中半行半坐为依据，亲自撰写《法华三昧忏仪》一卷流通于世。行者通过十科行法的行持，身论开遮、口论说默、意论止观，以事一心证理一心，完成忏罪证智的修行过程，可以说忏仪是修行的捷径。

【讲授内容】

忏悔的本意是悔过、陈罪、宽恕，僧人犯戒后，向师长陈述罪过，咨询忏罪方法；通过集僧羯磨作法，行者忏悔发露罪业，请求众僧容忍宽恕，继续安住僧团和合修学。佛典中将忏法，分为作法忏、取相忏、无生忏。智者大师为统一南北地忏法，消除彼此间的隔阂，更好地成就众生，以天台四教重新阐释忏悔名义，将其纳入渐次止观与圆顿止观行法中，使其成为修行解脱道的入门。为更好地说明天台忏法的内容，本章分别从智者大师忏悔之释名、忏悔之理念、忏悔之践行以及忏仪中的内在修行理路四节，层层递进详明忏法内容。通过本章的阅读，可概知天台宗忏法的主要内容，了解其修行的方便与殊胜，更好地在生活中践行忏法破惑证真。

第一节 智者大师忏悔之释名

忏悔，梵文为deśana①，当其是中性词时，有"说""教""劝修""忏悔法""陈罪"之意。当其是阴性词deśanā时，有"指示""教授""教旨""教义"之意。从词义的分析来看，中性词是对的关系，是忏悔一词本身的含义，结合小乘律典，主要指悔过、陈罪，即承认错误，陈述罪过，发露忏悔。阴性词是待的关系，为教授他人忏悔法，指忏罪的过程以及结果。从忏悔一词的对待关系看，忏悔有两方面的内涵。第一，僧人犯戒，向师长陈罪，寻求灭罪的方法。第二，在师长的教授下，依羯磨法忏罪发露，请众僧容忍宽恕，清净得安乐。基于上述分析，我们可大概知道忏悔一词的含义，主要指僧人犯戒后，请求师长教授，忏罪得安乐的过程。汉译诸家对忏悔的解释分为两类，一类是悔过义，持此种观点的是天台智者大师；一类是忍恕义，持此观点的是玄义大师、义净大师。悔过义偏向于悔罪过程，忍恕义偏向于悔罪结果，二者皆未逃离忏悔本义。但智者大师对忏悔的理解，于本义的基础上，据《法华经》开权显实的理念，融合般若空的思想，将忏悔与戒联系，将其放入修道次第中，运用大量篇幅多维度阐释，主要体现在《次第禅门》《摩诃止观》《金光明经文句》等典籍中。在天台宗诸教典中，《金光明经文句·释忏悔品》阐释忏悔的含义最为详细、具体，最能代表智者大师的忏悔思想，下分段说明。

一约首伏义释忏悔，如《金光明经文句》中云：

> 忏者首也，悔者伏也；如世人得罪于王，伏款顺从不敢违逆。不逆为伏，顺从为首；行人亦尔，伏三宝足下，正顺道理，不敢作非，故名忏悔。②

此中认为忏悔是首伏义，行人皈依三宝足下，恒顺三宝解脱之理修行，不造非法之事。

二约白黑义释忏悔，如《金光明经文句》中云：

> 又忏名白法，悔名黑法，黑法须悔而勿作，白法须企而尚之，取舍合论故言忏悔。③

---

① 〔日〕铃木学术财团编《汉译对照梵和大辞典》，株式会社讲谈社，1986，第613~614页。
② （隋）智者大师说，灌顶录《金光明经文句》卷三，《大正藏》第39册，第59页上。
③ （隋）智者大师说，灌顶录《金光明经文句》卷三，《大正藏》第39册，第59页上。

此中认为忏悔是白黑义，忏是白法，是善法；悔是黑法，是恶法。在日常的生活中，不作黑法，仰慕白法，力行白法。

三约弃求释忏悔，如《金光明经文句》中云：

> 又忏名修来，悔名改往。往日所作恶不善法鄙而恶之，故名为悔；往日所弃一切善法，今日已去誓愿勤修，故名为忏；弃往求来，故名忏悔。①

此中说明忏是弃求义，悔为改往，以往日所造恶业为耻；忏为修来，从今以后誓修善法。

四约露断释忏悔，如《金光明经文句》中云：

> 又忏名披陈众失，发露过咎，不敢隐讳；悔名断相续心，厌悔舍离；能作所作，合弃故言忏悔。②

此中说明忏悔是露断义，发露自己过去现在所造恶业，不敢有所隐瞒，断未来相续之心。

五约人天释忏悔，如《金光明经文句》中云：

> 又忏者名惭，悔者名愧；惭则惭天，愧则愧人。人见其显，天见其冥，冥细显粗，粗细皆恶，故言忏悔。③

此中约人天阐释忏悔，人是肉眼，故见是显。天报得天眼，故见是冥。未出轮回，故惭愧人天。

六约三藏教释忏悔，如《金光明经文句》中云：

> 又人是贤人，天是圣人，不逮贤圣之流，是故忏悔。又贤圣俱是人，天是第一义天。第一义天是理，贤圣是事，不逮事理俱皆忏悔。④

此中约三藏教释忏悔，贤是七贤，五停心、别相念、总相念、暖、顶、忍、世第一。圣是四圣，声闻、缘觉、菩萨、佛。因不预七贤、四圣之流，故要忏悔。修

① （隋）智者大师说，灌顶录《金光明经文句》卷三，《大正藏》第39册，第59页上。
② （隋）智者大师说，灌顶录《金光明经文句》卷三，《大正藏》第39册，第59页上。
③ （隋）智者大师说，灌顶录《金光明经文句》卷三，《大正藏》第39册，第59页上。
④ （隋）智者大师说，灌顶录《金光明经文句》卷三，《大正藏》第39册，第59页上。

行应事理相应，贤圣是事，第一义是理，因事理未能相应，故要忏悔。

七约通教释忏悔，如《金光明经文句》中云：

> 又惭三乘之圣天，愧三乘之贤人，不逮此天人，故名惭愧，惭愧名忏悔。又三乘贤圣皆是人，第一义理为天，约此人天惭愧，故名忏悔。①

此中约通教释忏悔，此教三乘以无言说道为门，通断三界见思惑，皆是圣人。因不能以体空观断见思惑，故要忏悔。

八约别教释忏悔，如《金光明经文句》中云：

> 又三乘贤圣尚非菩萨之贤，况菩萨之圣？今惭愧三十心之贤，十地之圣，故名惭愧忏悔。总此贤圣皆是人，第一义理名为天，约此人天论惭愧，故名忏悔。②

此中约别教释忏悔，此教以三界外钝根为教化对象，修次第三观，断尘沙惑，证道种智。十住、十行、十回向为三贤位，断尘沙惑，伏无明惑。因不能断尘沙惑，不入三贤之位，故要忏悔生大惭愧。

九约圆教释忏悔，如《金光明文句》中云：

> 又三十心去自判圣人，十信是贤人，约此贤圣论惭愧忏悔。总此贤圣皆名人，第一义理名为天，约此人天论惭愧忏悔。③

此中约圆教释忏悔，十住、十行、十回向为三十心，分断无明，渐显法身，可八相成道，示现成佛，故为圣。十信断见思、尘沙，故称为贤。因未入圆教，未破诸惑，生大惭愧，故要忏悔。

如上所明，我们将《金光明经文句》中忏悔的含义，进行了详细的梳理。此中忏悔的含义，与《次第禅门》《摩诃止观》相比，更为详细和具体。通过此中的诠释可知，忏悔，不局限于教授、讲说、陈罪等层面，贯穿于整个菩萨道次第中。从九个定义可知，前五是世间，后四是出世间，忏悔不仅与定有关，还和天台宗的观法相结合，形成以忏悔为入门、三观为内涵的天台忏法修证次第，完成了凡夫到圣人的转换。

---

① （隋）智者大师说，灌顶录《金光明经文句》卷三，《大正藏》第39册，第59页上。
② （隋）智者大师说，灌顶录《金光明经文句》卷三，《大正藏》第39册，第59页上至中。
③ （隋）智者大师说，灌顶录《金光明经文句》卷三，《大正藏》第39册，第59页中。

第二节　智者大师忏悔之理念

忏悔与戒律有直接的关系，若人没有受戒，则不需忏悔。若人如法受戒，在日常生活中产生毁戒行为，则需按律作法发露忏悔。忏悔与戒有因果的关系，忏悔本身的如法、不如法，决定了戒的清净、不清净。又佛法的修行以戒为起点，戒为僧人日常行持的准则，是涵养定慧的基石，关乎自我修行的成就以及佛法的长久住世。天台宗法门的建立，以戒、定、慧三学为准则，断惑证智为目的，遵循大乘佛教的修道位次，重视般若观法的实际运用。故在说明三种止观修行方法时，将忏悔与戒相联系，强调入道的基础是持戒清净。在入初禅前二十五方便法第一法中，对戒、忏悔等修行内涵进行补充，使其与修道次第有序衔接，成为修行止观的重要组成部分。智者大师的忏悔观，主要体现在渐次止观与圆顿止观两种行法体系中，下面将分别论述。

一　渐次止观中的忏悔观

在天台宗的止观体系中，《释禅波罗蜜次第法门》一书，被称为"次第止观"。是智者大师在金陵时，为四种弟子讲解的禅学概论。智者大师的忏悔观，主要体现在《次第禅门》卷第二"明外方便"二十五法中的"忏悔"部分，分别从"忏悔用心""正明忏法"两部分说明。说明"忏悔用心"时，从"忏悔运心""忏悔意义"两重维度展开讨论。说明忏悔运心时，智者大师告诉行人，在持戒的过程中，值遇恶缘发生毁戒行为，须如法忏悔。说明忏悔意义时，告诫行者一切诸法如幻如化，唯有修善忏悔，才可熄灭恶业出离苦轮。说明"正明忏法"时，分别从"忏法不同""忏罪不同"进行阐释。说明忏法不同时，将大小乘忏法，按照戒定慧三学，分为作法忏、取相忏、无生忏。

作法忏，依戒设立，核心的精神是，以善治恶。小乘律典通用此忏灭罪，其自身存在两个方面的缺点，第一，就戒论戒，缺少定慧。第二，无法忏根本罪，破戒之人无改过自新的机会，丧失了佛法慈悲的精神。还引用《最妙初教经》，说明请三十清净比丘僧，如法发露忏悔，僧为作羯磨法出罪，即可忏破根本重罪。又说明于三宝前作法，诵戒千遍亦可忏破戒之罪。引用大乘经说明重罪可忏的目的，彰显大乘教法的慈悲、究竟与圆满，为说明取相忏、无生忏作铺垫。

取相忏，依定设立，忏破根本罪以及轻垢罪，诸大乘经中广明方法，最具代表性的为《梵网菩萨戒经》。行人依经中忏悔法，通过念经、持咒、拜佛、念佛等方式，专心用意，于静心中见种种相，如佛来摩顶、种种光、花等瑞相，表明取相忏成就。诸经中阐述的瑞相有异，但不外乎梦中见相、行道时见相、坐禅时见相以及内证法门道心开发时见相四种。在人修行取相忏的过程中，会出现魔来干扰以及直接作观两种情况。大乘经中多记载，魔会示现诸相惑乱行人，为避免此类情况的发生，智者大师根据自己的修证经验，善心告诫行者，定中所见之相，邪正难别，不可定取。若相现时，良师乃识，事须面决，非文可载，故初心忏悔时，必须亲近善知识鉴别邪正。行人为追求修行效果，直接依文作观，期日有所思夜有所梦，于定中速见相好灭除罪业。智者大师亦告诫行者，所言见相，是用心行道，不作圣心，不作圣解，功成自显。非是行道时依文作观，心存事相而生取着，若如此用心多遭魔事。

无生忏，以《普贤观经》中"一切业障海，皆由妄想生。若欲忏悔者，端坐念实相。众罪如霜露，慧日能消除。是故至诚心，忏悔六情根"[1] 为依据。众生不善思维，妄执有为，生起无明、贪爱、嗔恚，造作无量无边罪业，轮回三有无有出期。若想灭除罪业，直观当下一念心，不在过去，过去已灭。不在未来，未来未至。不在当下，当下生灭。如是寻求一念心，本无自性，不生不灭。又观当下一念心，不在内、外、中间，不见相貌，没有方所，了不可得。智者大师明确指出，心尚不可得，从心生的一切万法亦不可得，故观罪福无生，心性毕竟清净。无生忏依慧设立，其灭罪的原理是心理相应，念念之中诸罪业念念自灭。若能如是精进修行，一念之中能灭百万亿阿僧祇劫生死重罪，便可究尽罪源，戒律清净，修深妙禅定速证果位。

智者大师还将忏法的对象"罪业"，分为障道罪、体性罪、烦恼罪。障道罪，外在行为违犯戒律条文产生的罪业。体性罪，虽忏破戒罪，但产生的果报还要承受。烦恼罪，遮障本有清净真心的烦恼。作法忏，破障道罪。取相忏，破体性罪。无生忏，破烦恼罪。忏悔的目的，是恢复未破戒前的样子，但是否能恢复戒初的相貌，智者大师认为不可一概而论。人在修行三种忏法时，会有复本、过本、增上本三种情况出现，应辩证看待此问题。如修作法忏，破戒之罪除灭，此是复义。修取相忏，不仅罪业消灭，还发诸禅定，此是过本义。修无生忏，罪灭定生慧成，破惑证真得诸果位，此是增上本义。

综上而言，智者大师在《释禅波罗蜜次第法门》中的忏悔观，以作法忏、取相忏与无生忏为主要内容。三种忏法的施设，分别依戒、定、慧而修，符合佛教基本的修学原则。智者大师认为忏法的本身不仅忏悔罪业，还可通过忏法的修学证得佛道。《释禅波罗蜜次第法门》中，着重诠释取相忏，此忏因定设立。将其纳入渐次止观中，除表明可忏破根本戒外，还说明修次第止观即是行取相忏。

---

① （刘宋）昙无密多译《佛说观普贤菩萨行法经》，《大正藏》第 9 册，第 393 页下。

二　圆顿止观中的忏罪观

在天台宗的观行体系中，《摩诃止观》属圆顿止观，为智者大师晚年的著作，是其一生思想的精华。智者大师的忏悔观，主要体现在《摩诃止观》卷四"明外方便"中。修忏以消业为功用，减少修行止观的障缘。人的业障有轻重不同，在方法的施设上亦有差别，忏罪的结果有可悔与不可悔，此是大小乘忏法的分水岭。若犯事中轻罪，律文有忏法，可忏悔得安乐。若犯事中重罪，必依大乘忏法修行，如此方可灭罪复戒。在忏悔的分类上，智者大师分"事""理"两部分说明，以"爱""见"为破戒主因，提出"逆""顺"十心的主张，使忏悔文本诠释上形成了"逆顺是功能""爱见是犯因""事理是所显"三重含义，用意是"近在复净""远在正行"。还对忏悔的对象进行分别，若人具足惭愧，不违戒律，执心即薄，不需忏悔。若人见重，造诸恶业，则还于观心中修忏。说明忏罪方法时，智者大师认为罪有远近，现世现起重罪为近，叛命忏悔，罪易除灭。宿世罪因深厚为远，此生虽忏，罪亦难灭。根据罪业远近，设立顺流十心、逆流十心，并认为此二十心是忏悔的根本。

顺流十心，分别是内计我人、外加恶友、不能随喜、无恶不造、恶心遍布、昼夜相续、覆讳过失、不畏恶道、无惭无愧、拔无因果。此十种心，从细到粗，从一念无始无明，到成就一阐提罪，从因果顺序说明造业的过程。1. 内计我人，众生无始劫来，妄计人我，生诸爱见，起贪嗔痴，广造诸业，流转生死。2. 外加恶友，众生内具烦恼，外值恶友煽动，劝惑于我倍加隆重。3. 不能随喜，内外恶缘既具，内灭善心，外灭善事，于他善事，都无随喜。4. 无恶不造，放纵身、口、意三业造十恶业，无恶不为。5. 恶心遍布，事虽不广，为恶之心，遍一切处。6. 昼夜相续，唯起恶心，昼夜相续，无有间断。7. 覆讳过失，所作恶业，不欲人知，不知悔改，无惭愧心。8. 不畏恶道，鲁莽嚣张，人性卑劣，不知戒律，不信因果。9. 无惭无愧，众生愚痴，无有智慧，刚愎自用。10. 拔无因果，宿无善根，不具正信，生诸邪见，不信因果，堕入断常。

在阐释逆流十心时，主要是对治顺流十心。在文本阐释上，分为爱、见两方面进行说明。

阐释"忏爱"时，分十心说明。1. 正信因果，深信因缘果报之理，正所谓假使百千劫所作业不失，因缘会遇时果报还自受，以此对治拔无因果。2. 生重惭愧，内不作罪，外敢发露，以此对治无惭无愧。3. 生大怖畏，观三界火宅不可久住，生命无常在呼吸间，以此对治不畏恶道之心。4. 发露忏悔，敢于向别人说所做恶事，以此对治覆藏罪恶之心。5. 断相续心，决绝果断，不犯重过。恶业的产生，在心的作用下，念念相续对造恶生增上缘。以此断相续心，对治常念恶事之心。6. 发菩提心，舍己为人，以四谛为境，发四弘誓愿，以此对治遍一切处起恶之心。7. 修功补过，以现在善业代替过去恶业，即已生善令增长，未生善令生起；未生恶令不生，已生恶令断灭。8. 守护正法，护持现前了义佛法，使不断灭，以此对治无随喜心。9. 念十方佛，念十方诸佛，有慈悲力，摄受于我，脱离死海，到菩提岸，以此对治顺恶友之心。10. 观罪性空，观察罪性缘起，本性是空，了不可得，以此对治无明昏暗。此中"忏爱修逆流十心"，不仅能忏四重五逆，还可修习解脱道。

阐释"忏见"时，智者大师认为，前明"忏爱"明逆流十心，是约事行忏悔，能忏钝使罪。此中约见明逆流十心，是约理行忏悔，能忏利使罪。具体说明时，与前一样，内涵稍有差异。1. 翻破不信，首先说明见的过患，见是苦集，是十二因缘，是众生轮回的根本。然后阐释正信，明见世、出世间因果，深识生灭四谛因果、无生四谛因果、无量四谛因果、无作四谛因果，以此对治不信因果之心。2. 生重惭愧，约自而言，不见心中三谛之理，故生起惭愧之心；约他而言，不能教化他人证三谛理，故生起惭愧之心；以此对治无惭无愧之心。3. 生大怖畏，因错误知见，造无边罪业，轮转无有穷尽，所以生大怖畏，以此心对治不畏恶道之心。4. 发露忏悔，破除因见而生之爱欲，开显三谛之理，以此对治覆藏罪恶之心。5. 断相续心，修三谛之观不令间断，以八正道治三惑心，昼夜六时精进修行，以此翻破恶心相续。6. 发菩提心，以一心三观，观三谛之境，以无所有心，尽虚空界，上求佛道，下化众生，以此翻破无恶不作之心。7. 修功补过，心观三谛之境与三谛之理相应，不被诸见所转，而能勤修道品。又能观察此见，即空即假即中，翻破纵见之过心。8. 守护正法，守护三谛之理，不令诸见破坏；若有疑惑，善巧开悟；为法忘躯，如母爱子；以此心翻破毁善事心。9. 念十方佛，念十方佛之真如理体，佛之理体，即是三谛之理；此理不生不灭，不来不去，本自有之，在凡不减，在圣不增；以此心翻破狎近恶友心。10. 观罪性空，观罪本源，其性本空，如幻如化，无来无去，以此心翻破颠倒心。

如上所明，智者大师圆顿止观中的忏悔观，虽以顺流十心、逆流十心为主，但二者是对治关系。行者在修忏过程中，将顺流十心转化为逆流十心，最后达观罪本空的境界。在约事和理进行阐释时，事观、理观虽相辅相成，但智者大师的诠释重点，放在约见明逆流十心。约见明十心中，以三谛之理为主要阐释对象，也可看出智者大师的本意，通过事理二忏的修习，戒根清净，生出定慧，修习三观，破除三惑，证得三智，成就三德。

第三节 智者大师忏悔之践行

智者大师在世时，著的忏仪有《请观音忏法》《金光明忏法》《法华三昧行法》

《方等忏法》四部忏仪。此四种忏法中,《法华三昧行法》为其亲自撰写,其他三种忏仪行法与《法华三昧行法》类似,此忏为天台宗的根本忏法。后世弟子以《法华三昧行法》中十科行法为模板,根据忏悔主以及所依经文的不同,形成诸多别行本流通忏仪,如《往生净土忏愿仪》《千手眼大悲心咒行法》《药师三昧行法》《准提三昧行法》《如意轮观音课咒行法》《炽盛光念诵仪》等,其修学思想皆源于四种三昧中半行半坐三昧。

四种三昧中,分为作法修和随自意修,作法修包括常坐三昧、常行三昧、半行半坐三昧以及法华三昧,修行以身论开遮、口论说默、意论止观为方法。随自意修,没有身仪的规定,历行、住、坐、卧、语、默六威仪中,皆可观察自己的心。作法修,适合钝根众生,渐次修行。随自意修,适合利根众生,直观心性。作法修三种三昧中,常坐、常行过于艰苦,以真为生死发菩提心人为对机,通过勇猛修行克期取证。半行半坐三昧中,方等三昧过于玄密,以取相忏为基础,适合小众人修行。唯有法华三昧,普被三根,行法由易至难,观法由浅至深,渐次不舍圆顿,圆顿不离渐次,忏悔位次分明,成为天台宗忏法的典范。法华三昧的名称,根据《法华经·妙音菩萨品》中所说十六三昧和《法华三昧经》而来,其中有一点值得我们留意,《法华经》中诸多三昧和法华三昧的关系,如湛然大师云:"实道所证,一切名法华三昧。"① 此中说明证道以后所有三昧的名称皆是法华三昧,各种三昧的命名皆是实道所证前的事行分别。

最早提倡法华三昧的是慧思大师,智者大师继承慧思大师《法华经安乐行义》中有相安乐行与无相安乐行的思想,以《法华经》《普贤观经》《无量义经》为依据,运用事观和理观组织仪轨修习法华三昧。智者大师特别强调,事观和理观是悟入正观的方便,不可定性的执《法华经》为事观,《普贤观经》为理观;或执《普贤观经》为事观,《法华经》为理观。二经本为相成,就本质论,二者皆各具事观和理观,故不可执此起争,如其所云:

> 特是行人,涉事修六根忏,为悟入弄引,故名有相。若直观一切法空为方便者,故言无相。妙证之时,悉皆两舍,若得此意,于二经无疑。②

此中说明有相行和无相行皆是悟入的方便,不可执着,湛然大师亦云:"故知相与无相,俱成方便,但随宜乐,为初入门。"③ 说明有相行、无相行,皆随众生机宜施设。

---

① (唐)湛然大师述《法华文句记》卷二,《大正藏》第 34 册,第 186 页下。
② (隋)智者大师说,灌顶记《摩诃止观》卷二上,《大正藏》第 46 册,第 14 页上。
③ (唐)湛然大师述《止观辅行传弘决》卷第二之一,《大正藏》第 46 册,第 192 页中。

在《摩诃止观》中，智者大师以身论开遮、口论说默、意论止观来说明修习法华三昧的方法。于身论开遮中，又分为严净道场、净身、三业供养、请佛、礼佛、六根忏悔、旋绕、诵经、坐禅、证相十个部分说明。此十科行法的来源，是智者大师综合南北朝流行的忏法形式而来。到了南北朝末期，大小乘忏悔类经典已翻译完备。根据台湾大睿法师的统计，从《阿阇世王经》《舍利弗悔过经》《八吉祥神咒经》《决定毗尼经》《文殊悔过经》《宝网经》等初期经典，到南北朝后期的《十一面观世音神咒经》等，与忏悔类相关的经典共计61部，智者大师能见到的作法忏、取相忏、无生忏等思想，已是当时佛教界的共享资源。流行的忏悔仪轨和忏悔文也非常多，在僧祐律师的《出三藏记集》卷五及卷十二，道宣律师的《广弘明集》卷二十八，慧琳法师的《法苑珠林》卷八十六等皆有大量记载。忏悔的仪式，有《普贤观六根悔法》一卷（依据《普贤观经》），《方广陀罗尼七众悔法缘记》一卷（依据《大方等陀罗尼经》），《弥勒六时忏悔法缘记》一卷（出自《弥勒问本愿经》），《虚空藏忏悔记》一卷（出自《虚空藏经》），《金光明忏悔法》一卷（出自《金光明经》），等等；① 记载的忏悔文，有《金光明忏文》《方等陀罗尼斋忏文》《摩诃般若忏文》《胜天王般若忏文》等。因南北朝连年征战，人民饱受战乱之苦，中华固有的传统文化中缺少救赎信仰。故佛教忏悔类典籍传入后，中国人立足于信仰诉求，做诸忏仪式以及忏文，申明修忏以除障、去病、护念、增福等现世利益为主要目的，比较典型的忏法为《梁皇宝忏》。智者大师曾亲近慧旷律师学律，有修行方等忏得相好的记载。其师慧思大师在临终时，也教导弟子应为法忘躯修方等、法华等诸三昧行法。若从解脱道、大乘菩提道看，智者大师以前的忏法仪轨与发愿文，均偏于世俗功利性，未能体现出佛法的解脱性。故其在隋统一全国的大好形势下，以《法华经》权实理念为指导原则，事一心和理一心为修行方法，整合南北朝流行的悔过法、唱导、斋会等忏悔法门，设立十科行法引导修忏由现世诉求走向解脱成佛。

又智者大师入天台山前，在瓦官寺亲撰《法华三昧行法》一卷流行于世，故《摩诃止观》中，口论说默的部分则参照《法华三昧行法》，如章安大师所云：

> 别有一卷名《法华三昧》，是天台师所著，流传于世，行者宗之，此则兼于说默。②

值得说明的是，《摩诃止观》中所列的十科与《法华三昧忏仪》中所列的大致

---

① 参见（梁）释僧祐撰《出三藏记集》卷十二，《大正藏》第55册，第91页中。

② （隋）智者大师说，灌顶记《摩诃止观》卷二上，《大正藏》第46册，第14页上。

相同，如《法华三昧忏仪》中《明初入道场正修行方法》第四云：

> 行者初入道场，当具足十法：一者严净道场，二者净身，三者三业供养，四者奉请三宝，五者赞叹三宝，六者礼佛，七者忏悔，八者行道旋绕，九者诵《法华经》，十者思惟一实境界。①

而《法华三昧忏仪》中没有坐禅一章，以赞叹三宝代之，其余皆与《摩诃止观》相同，由此可知二者名异实同。故本书根据《法华三昧忏仪》一文，将修忏十科行法做一简要说明。

（一）严净道场：选取一清净兰若为道场，于道场内准备两间屋子，一间为行三昧的坛场，一间别作休息用。于坛场内置一高座安放《法华经》，并用种种幡盖供养。清旦之时，当扫净地，香汤灌洒，香泥涂抹，燃种种诸香油灯，散种种华及末香，供养三宝，倾心尽意极令严净，以此净心，招贤圣感应。若不克己资财，发广大供养心，不能灭除罪障，无法与三昧行法相应。

（二）净身方法：行者未入道场前，应沐浴更衣，穿净衣入道场。若出道场大小便利，应脱净衣穿旧衣。再入道场，重新沐浴更衣。对身形的严格规定，能激发行者的恭敬心。

（三）三业供养：虔诚顶礼十方常住三宝，念诵供养偈："愿此香华云，遍满十方界；供养佛经法，并菩萨声闻缘觉众，及一切天仙，受用作佛事。"后用心至诚观想："十方法界的三宝前，有无量的众宝、台阁、楼观、上妙诸色等种种供具，遍至十方三宝前。每一三宝前皆有我身修供养，祈三宝摄受我，愿此供具普熏一切众生皆发菩提心。"观想完毕后，五体投地礼拜。通过观想供养，能激发行者的供养心。

（四）奉请三宝：致心奉请释迦牟尼佛、过去多宝佛、释迦牟尼分身佛、《法华经》中一切诸佛等十方常住一切诸佛；奉请《大乘妙法莲华经》等十方一切常住法；奉请文殊、普贤、弥勒、药王、药上、观世音、无尽意、妙音、华德、常精进、得大势、大乐说、智积、宿王华、勇施、持地、上行等《妙法莲华经》中一切诸大菩萨并十方常住一切菩萨；奉请舍利弗等一切声闻缘觉十方常住一切僧；奉请《妙法莲华经》中一切天、龙、夜叉、乾闼婆、阿修罗、迦楼罗、紧那罗、摩睺罗伽、人非人等一切冥空各及眷属。观想佛陀法身，犹如虚空，无去来相，余一切贤圣，莫不如是。受我所请，云集道场为作证明，我今为一切众生修行大乘无上菩提，愿破一切业障证法华三昧，普现色身于一念中普度十方六道一切众生，令入一乘平等

---

① （隋）智者大师撰《法华三昧忏仪》，《大正藏》第46册，第950页上。

大慧。

（五）赞叹三宝：行者奉请三宝后，五体投地，正身威仪，一心倚立，面向法座，烧香散花，心念三宝微妙功德，口宣偈赞并咒愿：

> 容颜甚奇妙，光明照十方。我适曾供养，今复还亲觐。圣主天中王，迦陵频伽声。哀悯众生者，我等今敬礼。①

赞叹三宝的殊胜功德，祈愿有缘众生，悉能成就道种智。

（六）礼佛方法：在奉请法、赞叹法的基础上进行礼拜，礼拜前奉请中佛、法、菩萨、声闻等十方常住三宝。所礼的主尊有释迦佛、释迦分身佛、多宝佛、东方善德佛尽东方法界一切诸佛、东南方无忧德佛尽东南方法界一切诸佛、南方旃檀德佛尽南方法界一切诸佛、西南方宝施佛尽西南方法界一切诸佛、西方无量明佛尽西方法界一切诸佛、西北方华德佛尽西北方法界一切诸佛、北方相德佛尽北方法界一切诸佛、东北方三乘行佛尽东北方法界一切诸佛、上方广众德佛尽上方法界一切诸佛、下方明德佛尽下方法界一切诸佛以及《法华经》中过去、现在、未来一切诸佛；《大乘妙法莲华经》以及文殊、弥勒等诸大菩萨；舍利弗等贤圣僧。以普贤菩萨为忏悔主，礼毕后祝愿十方法界众生，皆能断除惑业苦三障，皈命忏悔成就菩提。

（七）六根忏悔：行者礼佛后，于法座前正身威仪，烧香散花存想："普贤菩萨乘坐六牙白象，与无量无边眷属围绕，显现坛场放光普照。我今一心一意为众生行忏悔法，生重惭愧，对忏主普贤菩萨，发露无量劫来以自今生，与一切众生六根所造一切恶业，愿断相续心。从今至未来际，终不造一切恶业。"此中的忏悔法，以五悔为主。五悔，即忏悔、劝请、随喜、回向、发愿。忏悔，忏悔六根所造的一切罪业。劝请，劝请十方无量诸佛住世，转妙法轮利益众生。随喜，随喜诸佛菩萨无漏善法功德以及凡夫有漏善法功德。回向，所有的善法皆供养恒河沙佛，将此功德回向无上佛道。发愿，愿自我临命终时，心不颠倒，生安养国，面见弥陀，修十圣地。

（八）明行道法：行者礼佛后，应当一心，正身威仪，右绕法座，烧香散花，念诵"南无十方佛，南无十方法，南无十方僧，南无释迦牟尼佛，南无多宝佛，南无释迦牟尼分身佛，南无妙法莲华经，南无文殊师利菩萨，南无普贤菩萨"名号，观想此身影现十方，普现诸身围绕诸佛，旋绕三匝乃至百匝后归位唱三皈依文，然后准备诵《法华经》。

（九）明诵经法：对事中修一心精进作补充说明，智者大师将诵经的情况分为

---

① （隋）智𫖮撰《法华三昧忏仪》，《大正藏》第 46 册，第 951 页中。

两种，具足诵持、不具足诵持。具足诵持，行者入道场前已诵《法华经》一部，进入道场后于正修中，从第一品诵至一卷。行道完事后，即停止诵经。若忏毕不想坐禅，可继续诵经。但智者大师明确指出，四时坐禅不可全废。不具足诵持，行者未诵持《法华经》，今为修习三昧，当诵《安乐行品》。若旋绕时，行者可随意诵持，一遍、二遍、三遍皆可。也可诵《法华经》其他品，但不得诵持其他经典。行者诵经时，面对经文，应文句分明，音声清晰，不急不缓系缘经中文字，不得出现谬误。后当静心反闻音声，了知声性空寂了不可得。声虽不可得，心能如实观照句义，言辞分明。运此声音，充满法界，供养三宝，普施众生，令入大乘一实境界。

（十）坐禅实相正观方法：行者诵经完毕后，返回坐禅处所，整理衣服入绳床中，端身正坐，调和气息，放宽身心，收敛气息，正观心念。依《普贤观经》中教授的修法，观察当下一念心，观此心为因心故心？为不因心故心？为亦因心亦不因心故心？为非因心非不因心故心？种种推求，观心如梦如幻，寂然如虚空，无名无相，不可分别。以此观罪业，罪性空寂，一切诸法，莫不如是。

如上所述，我们将天台忏仪的主要内容进行了说明，智者大师亲撰的忏仪有《方等忏法》《金光明忏法》《法华三昧行法》《请观音忏法》四部，此等修学方法皆可纳入四种三昧中，其中最具代表性的为半行半坐三昧。半行半坐三昧，包含方等三昧和法华三昧。为表达对此行法的重视，智者大师亲撰《法华三昧行法》一卷流通于世，后被遵式大师校订为《法华三昧忏仪》一卷流通于世。《法华三昧忏仪》，以四悉檀为说法方式，十科行法为主要修行内容，事一心和理一心为指导原则，通过前九科事一心行法修行，累积福慧资粮，减少修行障缘，为理一心止观中修行打下基础。通过止观中对心念的观察，观心不见心相，彻见诸法如实之相，开示悟入佛之知见。

第四节　忏仪中的内在修行理路

在前几节，我们说明了智者大师忏悔的含义、理念以及具体的修行方法，为了帮助行者更好地理解忏仪，这一小节主要从《法华三昧忏仪》本身来探讨其内在修行理路。《法华三昧忏仪》在流行的过程中，出现诸多讹误，经遵式大师再治，遂形成现流通本。全书由五章构成，分别是"明劝修第一""明行法方便第二""明一心精进法第三""明入道场正修行法第四""略明修证相第五"。此五章的说法顺序，按照四悉檀而来。第一，世界悉檀、为人悉檀设教，劝修中主要渲染修行三昧的功德，如修行大乘，发大乘意，见普贤菩萨色身、释迦牟尼佛、多宝佛，释迦牟尼分身佛以及十方佛，应修法华三昧；欲得六根清净，入佛境界，通达无碍者，应修法华三昧；欲得闻十方诸佛所说，一念之中悉能受持通达不忘，解释演说无障碍者，应修法华三昧；欲得与文殊师利、普贤等诸大菩萨共为等侣者，应修法华三昧；欲得普现色身一念之中，不起灭定遍至十方一切佛土，供养一切诸佛者，应修法华三昧；欲得一念之中遍到十方一切佛刹，现种种色身作种种神变，放大光明说法度脱一切众生，入不思议一乘者，应修法华三昧；欲得破四魔，净一切烦恼，灭一切障道罪，现身入菩萨正位，具一切诸佛自在功德者，应修法华三昧；若有现身犯五逆、四重，失比丘法，欲得清净，还具沙门律仪，应修法华三昧。通过种种殊胜功德的说明，让行者了知修行此法获得的利益，激发众生内在的求法欲，生起欢喜以及善法欲，此符合世界悉檀与为人悉檀说教原则。

第二，明方便法为预修，是正修忏法的准备阶段。修行分为两种，一种为初修，一种为久修。初修依忏仪，借外在身论开遮、口论说默，助发意论止观。对于初修而言，修行《法华三昧忏法》，应有准备阶段。首先预置修道器具，清净修道场所，置办全新衣服或干净旧衣，以备正修时出入道场用。购买庄严器具，香、花、灯、果、幢幡等，悬挂殿堂，庄严坛城。其次调整心态，为了生脱死，证得三昧，忏悔往昔所造一切恶业，息诸缘务，熟悉忏本，供养三宝，皈命修行，克期取证。

第三，明精进法，正入道场，正修此忏以三七日为期限，于六斋日中一斋日为起修时间。若不身心精进践行此忏，则难以产生预期效果。智者大师在此中告诉行者，以事一心和理一心为用功方法。事一心，修行十科行法，礼佛知礼佛，忏悔知忏悔，拜佛知拜佛，诵经知诵经。每修一法，心不外驰，无分散意，远离昏沉，心神专注，是事中修一心。理一心，如礼佛时，观心性不生不灭，所作一切事，心性皆不生不灭。如是观时，见一切心悉是一心，以心性从本已来常一相故，行者能如是反观心源，心心相续，是理中修一心。

第四，正明修行方法，是整个行法的核心部分，分别由严净道场、净身、三业供养、奉请三宝、赞叹三宝、礼佛、忏悔、行道旋绕、诵《法华经》、思维一实境界十科构成。前九科为事一心，后一科为理一心。通过事一心修行，在禅观中证得理一心。最后事理不二，开权显实，完成忏法的预期修习目标。这三科是对治悉檀的范畴，通过预修、正修等行法说明，行者在修行的过程中，逐渐心法相应，获得修忏的法喜，烦恼渐薄，理慧相应。

第五，略明证相，人通过三七日的修行，因宿世闻法、持戒等不定因素，忏罪效果也千差万别。为避免行人在修忏的过程中，生起增上慢及信心不足，更好地了知忏罪的情况，智者大师按照戒、定、慧三学，分为戒根、定根、慧根，每一根配上、中、下三品，形成三根九品忏罪图。三根九品，不仅是忏净样貌，同时也是忏法的修行次第和预期效果对照。此科的设立，符合第一义悉檀原则。在悉檀关系中，世界、为人、对治是入第一义的前提和方便。第一义是实相理，是修行的最终所证，可以说前三悉檀是权，后一悉檀是实。法华三昧行法的修行也是如此，前九科为第十科服务，第十科修行的阶段性成果展示便是略明证相中三根九品（三根九品的内容，请看图4）。

三根九品
①慧根上品：在定境中，现见普贤菩萨、释迦牟尼佛、释迦牟尼十方分身佛以及多宝世尊，开佛知见，获六根清净，入菩萨位。

②慧根中品：在定境中见普贤菩萨以及无量菩萨众，得种种陀罗尼门，得大智慧，于一句法义通达一切义。

③慧根下品：入深禅定，获大智慧，了知诸法如幻如化，通达十二部经，善巧说法，辩才无碍。

④定根上品：于禅定中，心与无相、无作相应，厌离世间，怜悯一切，受微妙法乐。

⑤定根中品：禅中发诸智慧，遍见自身、外身等诸不净，心不贪恋外境之尘，心有定力，能缘诸法与佛智慧，生诸功德。

⑥定根下品：定中发初禅，证八触功德，身心愉悦。行者证初禅后，心缘众生，证得慈悲；缘佛相好，开发善心，入诸三昧。

⑦戒根上品：定境中见殊胜瑞相，见己身穿净法服以及善业之相，并能了了分明。

⑧戒根中品：定境中见种种瑞相，如光、花等，见此瑞相，欢喜不已，无恶相产生。

⑨戒根下品：睡梦中见诸瑞相，如灵异好梦、身心轻利、道心勇发。

图 4　三根九品

通过图4，我们不难发现，欲修习法华三昧见普贤菩萨乘六牙白象之妙相者，唯有慧根上品、中品之人，其余皆不可见。在慧根上品和中品之间亦有区别，就慧根上品言，除见到诸菩萨围绕普贤乘六牙白象之妙相外，还可见到释迦牟尼佛、多宝佛、释迦牟尼十方分身佛，入菩萨位。慧根中品行者，只能见到诸菩萨围绕普贤菩萨乘六牙白象妙相。

第五节　结语

综上所述，我们将天台宗忏仪进行了详细的说明，从忏悔之释名言，我们分析了忏悔一词的原意，从对待关系上看，其指僧人犯戒后，向善知识忏悔，寻求忏罪的方法；集僧羯磨作法，发露忏悔罪业，请求僧团容忍宽恕，继续和合安住修学。智者大师在本义的基础上，对忏悔一词进行系统性阐释，以人为起点，成佛为终点，运用九个概念阐释忏悔，历藏通别圆四教，将其贯穿整个大乘菩提道。从忏悔之理念言，智者大师将忏悔纳入次第止观、圆顿止观行法中，置入二十五方便法中第一具五缘持戒清净中。僧依戒安住，戒不清净，定慧不生，忏法为步入戒的阶梯，是修行的第一步。早期次第止观中，将忏法内容概括为作法忏、取相忏、无生忏，着重论述取相忏，意在说明重罪可忏。因取相忏依定忏悔，行人修渐次止观，即是在修忏，当禅定到达一定境界后，殊胜瑞相自然显现，取相忏罪水到渠成。后期圆顿止观禅法中，将忏法内容归纳为顺流十心、逆流十心论述。顺流十心，说明造业轮回。逆流十心，说明观罪性空。从忏爱、忏见等角度阐释忏罪，说明忏爱为事观能除钝使，忏见为理观能除利使，通过事理二观修行，使行者在修忏中证三谛理，知罪本无生灭，一切诸法亦复如是，意在说明修忏若不与般若圆顿义相应，则一切行为皆是徒劳。二种止观中的忏法理念，分别对应两种不同根机，代表了智者大师早期到后期忏悔思想的转变。从忏悔之实践言，为将忏悔名义以及理念转化为观心实践，智者大师亲著《法华三昧忏仪》，以四悉檀为说法模式，五章十科行法为主要内容，吸收作法忏、取相忏、无生忏、顺流十心、逆流十心等忏法理念，建立以事一心、理一心为指导原则，三根九品忏罪证相为结果的独立忏仪体系。从忏法的内在修证理路言，法华三昧忏仪行法，不仅是独立的系统，还蕴含信解行证等修证次第，真正落实了法华开权显实、废权立实的教学理念。

附录 藏经中收录与天台相关的忏仪

（1）隋·智顗说《方等忏法》一卷，《大正藏》第 46 册。

（2）隋·智顗撰《法华三昧忏仪》一卷，《大正藏》第 46 册。

（3）隋·智顗说《金光明忏法》一卷，《大正藏》第 46 册。

（4）隋·智顗撰《请观音忏法》一卷，《大正藏》第 46 册。

（5）宋·智圆述《南山祖师礼赞文》一卷，《卍续藏经》第 74 册。

（6）宋·知礼集《礼法华经仪式》一卷，《大正藏》第 46 册。

（7）宋·知礼集《金光明最胜忏仪》一卷，《大正藏》第 46 册。

（8）宋·知礼集《千手眼大悲心咒行法》一卷，《大正藏》第 46 册。

（9）宋·遵式集《金光明忏法补助仪》一卷，《大正藏》第 46 册。

（10）宋·遵式述《天台智者大师斋忌礼赞文》一卷，《大正藏》第 46 册。

（11）宋·遵式再治《请观音忏》一卷，《大正藏》第 46 册。

（12）宋·遵式撰《炽盛光道场念诵仪》一卷，《大正藏》第 46 册。

（13）宋·遵式述《净土决疑行愿二门》一卷，《大正藏》第 47 册。

（14）宋·遵式述《往生净土忏愿仪》一卷，《大正藏》第 47 册。

（15）宋·仁岳撰《释迦如来涅槃礼赞文》一卷，《大正藏》第 46 册。

（16）宋·仁岳撰《南山祖师礼赞文》一卷，《卍续藏经》第 74 册。

（17）宋·仁岳撰《释迦降生礼赞文》一卷，《卍续藏经》第 74 册。

（18）宋·仁岳撰《观自在菩萨如意轮咒课法》一卷，《乾隆藏》第 135 册。

（19）明·传灯集《礼吴中石佛起止仪式》一卷，《卍续藏经》第 74 册。

（20）明·智旭述《梵网经忏悔行法》一卷，《卍续藏经》第 60 册。

（21）明·智旭集《占察善恶业报经行法》一卷，《卍续藏经》第 74 册。

（22）明·智旭述《赞礼地藏菩萨忏愿仪》一卷，《卍续藏经》第 74 册。

（23）明·如惺撰《得遇龙华修证忏仪》四卷，《卍续藏经》第 56 册。

（24）清·天溪集《药师三昧行法》一卷，《卍续藏经》第 74 册。

（25）清·天溪集《准提三昧行法》一卷，《卍续藏经》第 74 册。

思考与练习题

1. 忏悔的梵文原意是什么？

2. 智者大师在《金光明经文句》中对忏悔如何解释？

3. 何为作法忏？

4. 何为取相忏？

5. 何为无生忏？

6. 何为顺流十心？

7. 何为逆流十心？

8. 简述《法华三昧忏仪》十科行法内容。

9. 忏仪的内在修行理路是什么？

10. 何为三根九品忏罪？

第九章　圆顿止观的实践

【本章导言】

　　智者大师亲承南岳慧思大师圆顿、渐次、不定三种止观之理，以此为核心遍阅大小乘修行方法，开拓义门形成三种止观实践体系。三种止观同缘实相，因人先前世根机不同，导致修行方式有异，然皆以成佛为终极目标。在行法内容上，圆顿止观已包含次第止观的主要内容，不定止观的内容不外乎圆顿止观和渐次止观，故三种止观中圆顿止观最能代表智者大师的禅法思想。圆顿止观，为智者大师晚年的思想，是其一生修行经验的宝贵总结，展示了大乘佛教修道之全貌，反映了中国僧人对印度佛教修行方法的继承、抉择和革新，进一步推进了印度佛教的中国化。

【讲授内容】

　　为更好地说明圆顿止观的实践，本章以湛然大师的《止观辅行传弘决》为参考，详细解读《摩诃止观》文本，提纲挈领地说明其内在的修行理路。但值得指出的是，从《摩诃止观》的内容而言，十种境界和十乘观法是能所关系，十乘是能观之智，十境是所观之境。在十境中，于不思议境修观，依次修十乘观法。故《摩诃止观》原文，于不思议境后，详细地阐明十乘观法。为说明简便，避免义理烦琐，故本章提取行法主干，绕过复杂的文本结构，分别从止观的含义和修行止观的外在方式、修行止观的远方便、修行止观的近方便、修行止观的正行等角度说明圆顿止观的修行方法。通过行法深入浅出的说明，行者可知天台宗转凡成圣大乘解脱道次第，既能埋下未来的解脱之因，也可定位、规划今生的自我修行，不负一期闻法因缘。

第一节 止观释名

天台宗是一个讲究修证的宗派，在修证内涵上注重师法的传承。智者大师二十三岁时始入光州大苏山求法，三十岁辞别恩师前往金陵弘教。在其亲近慧思大师受教的过程中，从初悟法华三昧初旋陀罗尼，直到说法人中第一，皆侍奉在慧思大师左右未曾离开，可以说其主要思想皆来源于慧思大师，如《摩诃止观见闻添注》中云："一切法门，无非南岳，况三种止观者！"① 此中的评价可谓中肯，说明智者大师亲传慧思大师圆顿、渐次、不定三种止观。三种止观，也是天台法门的核心内容。

圆顿止观，如《摩诃止观》卷一云：

> 圆顿者，初缘实相，造境即中，无不真实，系缘法界，一念法界，一色一香，无非中道。己界及佛界、众生界亦然。阴入皆如，无苦可舍。无明尘劳，即是菩提。无集可断，边邪皆中正。无道可修，生死即涅槃。无灭可证，无苦无集，故无世间。无道无灭，故无出世间。纯一实相，实相外，更无别法。法性寂然名止，寂而常照名观。虽言初后，无二无别，是名圆顿止观。②

此中的圆顿，是无明尘劳与法性的不二之相，世间与出世间的泯灭之相，生死与涅槃的相即之相。自然界中的万事万物，都蕴藏着法性的寂然之理。此寂然的道理，即是圆顿止观的所诠。

渐次止观，如《摩诃止观》卷一云：

> 渐初亦知实相，实相难解，渐次易行。先修归戒，翻邪向正，止火血刀，达三善道。次修禅定，止欲散网，达色、无色定道。次修无漏，止三界狱，达涅槃道。次修慈悲，止于自证，达菩萨道。后修实相，止二边偏，达常住道，是为初浅后深，渐次止观相。③

此中的渐次止观，以诸法实相为所缘境，但圆顿之理难解，需渐次助成，先修皈戒，改邪向正，修十善业，达三善道。次修禅定，依次修欲界定、色界定、无色界定。再发无漏慧，破见思惑，见真谛理，证偏真涅槃。修慈悲观，止于自证，从

---

① 高观法师：《摩诃止观见闻添注》卷一中，《大日本佛教全书》第 29 册，第 62 页上。
② （隋）智者大师说，灌顶记《摩诃止观》卷一上，《大正藏》第 46 册，第 1 页下至第 2 页上。
③ （隋）智者大师说，灌顶记《摩诃止观》卷一上，《大正藏》第 46 册，第 1 页下。

空出假，上求下化，发菩提心，证菩萨道。最后修实相观，远离空有两边，以二观为方便入中道第一义谛观，分破无明，渐显法身，证无功用道，达涅槃地。

不定止观，如《摩诃止观》卷一云：

> 不定者，无别阶位，约前渐后顿，更前更后；互浅互深，或事或理；或指世界为第一义；或指第一义为为人、对治；或息观为止；或照止为观，故名不定止观。①

此中的不定，具有如下内涵：第一，修行方式不定，没有特别的阶位彰显，顿渐更替，或修渐次得圆顿益，或修圆顿得渐次益。第二，听闻法义不定，将世界悉檀听闻成第一义悉檀，第一义悉檀听闻成对治悉檀，对治悉檀听闻成世界悉檀。第三，修行方法不定，或修息成止，或修止成观。此三种止观，同以大乘实相为所缘，皆以圆顿止观为主旨，"渐与不定，置而不论"②，说明三种止观中，以圆顿止观为主。从对机的角度言，此三种止观"为三根性，说三法门"③。然三种止观究其本源，只是一心三观，如《摩诃止观见闻添注》云：

> 三种止观，对机不同。约行者达期，三种一念也。三种止观，一心三观也。然一切行者，开悟得脱，必开三观一心，故是一人也，两边非相违。④

此中说明三种止观即一心三观，约教而言，因机施教，故有三种差别。约观而言，三种止观没有差别，皆是一心开显。

三种止观，虽同缘实相，但人根机不同，故分三种阐释。圆顿止观，即《摩诃止观》。渐次止观，即《次第禅门》。不定止观，即《六妙门》。三种止观中，圆顿止观影响最为深远，相关阐述书籍最多。在说法体例上，渐次中有圆顿，圆顿中有渐次，顿渐双重奏阐明修证要义，囊括《次第禅门》中主要修行方法，故明了圆顿止观修证方法的同时，次第止观也已通达无碍。鉴于《摩诃止观》的特殊性，故本书以圆顿止观为说明对象，详细梳理《摩诃止观》全文，参照湛然大师的《止观辅行传弘决》，说明圆顿止观修行次第。通过文本的解读，我们发现圆顿止观行法，建立了以四种三昧为外在修行方式、二十五方便为远方便、十种境界为近方便、十乘观法为正观的独立禅法系统，形成了完整的修道次第。

---

① （隋）智者大师说，灌顶记《摩诃止观》卷一上，《大正藏》第46册，第1页下。
② （隋）智者大师说，灌顶记《摩诃止观》卷一上，《大正藏》第46册，第2页上。
③ （隋）智者大师说，灌顶记《摩诃止观》卷一上，《大正藏》第46册，第2页上。
④ 高观法师：《摩诃止观见闻添注》卷一中，《大日本佛教全书》第29册，第55页下。

第二节　修行圆顿止观的外在方式——四种三昧

天台宗以止观统摄一切佛法，止观是智者大师一生承悟修说的法门。大师囊括众经，根据师承以及身仪，将众多行法归纳为四种三昧，确立圆顿止观的具体实践方法。宣说四种三昧的目的，是通过四种方法的修习入菩萨位。四种三昧，分别为常坐三昧、常行三昧、半行半坐三昧、非行非坐三昧。下面将根据《摩诃止观》，分别说明四三昧的内容。

一　常坐三昧

常坐三昧，乃依《文殊说般若经》《文殊问菩提经》而修之三昧。智者大师以身论开遮、口论说默、意论止观详明此三昧行法。约身论开遮，规范身仪各项规定，约处所言，远离喧闹；约时间言，以九十日为一期；约姿态言，身体常坐，双腿跏趺；约开缘言，除大小便利、早中饮食等日常活动外，不得找其他借口荒废修行。约口论说默，顺行故默，障起故说。在修习三昧的过程中，若出现障碍干扰三昧，应以至诚心念诵佛号，忏悔往昔所造恶业，如此方可除患进道。意论止观中，以止观为能观，烦恼为所观，能所一如，入中道实相。

二　常行三昧

常行三昧，依《般舟三昧经》而修。又称般舟三昧、佛立三昧、诸佛现前三昧。智者大师认为，常行三昧是诸佛父母，能生一切如来，故以身论开遮、口论说默、意论止观说明具体行法。约身言开遮，规定身仪种种行为的可作与不可作，包含六方面的内容：第一，约身论开遮，身开长行，遮坐、住、卧，修远离行。第二，约食论开遮，说明可食与不可食，不受别请，不攀缘饮食。第三，约处所论开遮，庄严道场，备置供具，具足坛仪。第四，约人论开遮，亲近善解内外律教授善知识。第五，约要期与信力论开遮，发坚固心，起大精进，求一切种智。第六，约防念论开遮，心无杂念，皈命修行，克期求证。约口论说默言，规定口业的可说与不可说，修习常行三昧九十天内，步步、声声、念念唯在阿弥陀佛。约意论止观言，以佛陀的三十二相为所缘，以空假中三观为能缘，借空假二观方便显中道观真实。

三　半行半坐三昧

半行半坐三昧，主要指方等三昧、法华三昧，法华三昧如前所释，此中主要说明方等三昧。方等三昧，依《大方等陀罗尼经》设立。修习方等三昧，预先忏悔，见十二殊胜相中一相才可修习。《摩诃止观》中，分为身论开遮、口论说默、意论止观详明修法。约身而言，严净道场，每日三时沐浴更衣。别请一位通内外律的律师，视师如佛，对师忏悔以往所作之罪，请师受二十四戒并陀罗尼。约口而言，诵摩诃祖持陀罗尼咒，奉请三宝、十方佛、方等父母、十法王子，礼拜、旋转，旋转一圈诵咒语一遍，共旋一百二十匝。约意而言，修两种观法。一是实相观法，以思维摩诃祖持陀罗尼咒为观境，观一切法即一，一即一切法。知一空一切空，空具一切法，空无法不收，一切法趣空。一假一切假，假具一切法，假无法不收，一切法趣假。一中一切中，中具一切法，中无法不收，一切法趣中。诸法当下，皆是一相，言语道断，心行处灭，永寂如空。二是历事作观，观察道场尊容卧具。观道场，即清净法界。令求梦王，即修习空假二观前方便。涂香，即无上尸罗。圆坛，即实相不动地。二十四像，即顺逆观十二因缘。供具配合道品，赐予观法内容，圆修三观，入佛知见。

四　非行非坐三昧

非行非坐三昧，引《法华经》《请观音经》《大品般若经》《首楞严三昧经》《大集经》《涅槃经》《央掘摩罗经》《大智度论》等大乘经典设定。为了构成四句，区分第四种三昧与其他三种三昧在形式上的差别，故将第四种三昧称为非行非坐三昧。智者大师在《摩诃止观》中，将其内容分为两个部分：一是约诸经观，根据《请观音经》，建立事理二观修法；二是约三性观，将心念分为善、恶、无记，运用四句推检分别作观。

（一）约诸经观

约诸经修随自意三昧，主要以《请观音经》为代表。在智者大师前，已有《请观音忏》流行，其在旧十科基础上，对不详之处进行调整、增补，改动后的十科，分别是庄严道场、作礼、烧香散花、系念、请三宝、具杨枝、诵咒、披陈、礼拜、诵经。但《国清百录》中"请观音忏法第四"略名事相，不明理观。又《摩诃止观》中详明理观，简略事相。现据《国清百录》《摩诃止观》，将十科的内容叙述如下。

修习此忏，需十人同修。首先是庄严道场，香泥涂地，置诸幡盖，备杨枝水。置好供具后，请三圣像，安观音菩萨圣像向东，右边安大势至菩萨圣像，左边向南安阿弥陀佛圣像。行者沐浴净身，穿着新衣。若无新衣，浣净旧衣亦可。入道场后，尽心供养。手执香炉，一心一意，向西作礼。礼请释迦牟尼世尊、西方阿弥陀世尊、过去七佛世尊、消灭伏害破恶业障陀罗尼六字章句、观世音菩萨、大势至菩萨以及十方一切尊法、声闻缘觉贤圣僧。礼毕，烧香散花，至心殷重，三业供养。至坐禅处，结跏趺作，系心数息。十息为一念，或数呼，或数吸，不可同时数。十念成就后，起身烧香，为一切众生，三请三宝。请后，三称三宝名、观世音菩萨。至心合掌，念诵四行偈。诵念结束后，诵消灾伏害陀罗尼神咒一遍或七遍。诵咒结束后，忏悔自己所造的恶业。然后礼上所请三宝，一人登高座，念诵全部经文，其余人仔细谛听。午前、初夜，其法如此。

以上是行法身论开遮、口论说默内容，意论止观，《摩诃止观》中最为详尽。智者大师站在圆教的立场，以一心三观为说法目标，兼设声闻与缘觉两种根机。阐释声闻乘修法时，约四性简别地、水、火、风，明四大不从自性生、他性生、共性生、无因性生，乃至五阴亦是如此。阐释缘觉乘修法时，明十二支皆如谷响，性相了不可得。

（二）约三性观

约诸经修随自意三昧，身口还有约束，非真随自意。约三性修随自意三昧，以日常生活中根尘相对所起之心为修习止观的对境，才是随自意三昧行法的真意。智者大师在《摩诃止观》中将心分为善、恶、无记三种状态，详明其修行方法。

1. 约诸善修随自意

佛法认为心念的产生，是根尘和合的结果。从心而言，善心不可见，不可摸，若无相貌，难以观察。智者大师为使初心行者，能历缘对境修随自意三昧，将心念分为未念、欲念、念、念已四相。心念断续，刹那生灭，前念生后念灭，四种概念说明心念生起到灭亡的过程，相当于生、住、灭。智者大师还以料简问答形式，说明心识不可见，四运之心可观。未念是欲念产生的前提，若无未念便不会产生欲念。不可因未念无而言无念，二者皆因缘所生。缘有生灭，心念相续。因心相续，故能起种种观。

心念的生起，是内心对于外境的分别。心念，是觉知心的体现。解脱的关键，在于当下之心的把握。智者大师在方法的说明上，根据行人根机、智慧的不同，以三观为能观，四运心为所观。说明空观法义时，觉色之心，不从内外中间来，毕竟空寂。说明假观法义时，三轮体空，不住相布施。说明中观法义时，中道法界具足一切，体是真空妙有，三谛圆融，不可思议。虽以三观囊括行门，但此中以中观为教化本怀，空假二观为基础，突出中观绝待圆融。

2. 约诸恶修随自意

修随自意三昧，以恶为修行对境，是教法的方便施设。因一类众生福报差，不能于善法中修止观，佛为救度这类众生，权巧说恶中有道，使其于恶道通达佛道，正如湛然大师所云：

谓恶可改，劝令于恶而修止观，不可恣恶永作凡夫，非谓存恶名为无妨。①

　　此明恶可改变，故佛说贪欲可修道。说贪欲是佛道的本意，为汲恶修善，非是放纵修恶。

　　智者大师明修法时，以六弊为观境，举贪欲为例说明，将贪欲分为未贪、欲贪、贪、贪已四相，运用四句料简，分别从自性、他性、共性、无因性反复作观，知贪欲不从四句生，因缘和合而有，性相空寂，言语道断，心行处灭，永寂如空。通过四句推检贪欲，反复作观，知欲本源，入中道第一义谛。因人根机不同，以三观为能观，明贪欲为境修观时，分为空观对境修随自意、假观对境修随自意、中观对境修随自意，空观、假观是权巧施设，中观是教化的根本目标。其余六弊，亦如贪欲一样，以三观统摄，后彰显中道第一义谛观。

　　3. 约无记修随自意

　　无记，是一种非善非恶，无记忆的状态。设立无记为境修随自意三昧，也是一种权巧方便，如智者大师云：

　　　　所以须观此者，有人根性，性不作善，复不作恶，则无随自意。出世因缘，奈此人何！《大论》云："无记中有般若波罗蜜者，即得修观也。"②

　　说明有人根性不作善恶，属于无记所摄，因无记中有菩提，故无记可为修观的对境。智者大师未明以无记为观境的深意，湛然大师则补充云：

　　　　有漏之法，三性收尽。已说善恶，须辨无记。若不尔者，观境不周。③

　　又云：

　　　　蔽度之外，余一切心，俱名无记，是故无记不可不观。④

　　此中说明将无记作观境用意有二：一是因机施展教化；二是考虑到天台摄法的严密。若不明无记，则观境不广，设法不周。

　　说明具体修法时，以四句推检为能观，无记为所观，反复推敲"无记"，如与

　　① （唐）湛然大师述《止观辅行传弘决》卷第二之一，《大正藏》第46册，第205页下。
　　② （隋）智者大师说，灌顶记《摩诃止观》卷二下，《大正藏》第46册，第18页中。
　　③ （唐）湛然大师述《止观辅行传弘决》卷第二之一，《大正藏》第46册，第209页上。
　　④ （唐）湛然大师述《止观辅行传弘决》卷第二之一，《大正藏》第46册，第209页上。

善恶相同，则不是"无记"。若是不同，又分别从自性、他性、共性、无因性，推此从何而生？不见生处，不见灭处。因缘和合而有，其性本空，不见动转根源，生而无生，灭而无灭。如是运用四句推理无记，入中道第一义谛。此处观法，《摩诃止观》中阐释简略，但亦以三观融通，如智者大师云：

> 法性常寂即止义，寂而常照即观义，于无记非道通达佛道。无记为法界，横摄诸法，竖摄六位，高广具足，例如上说。①

此中说明于无记修随自意三昧，以入佛之知见为本怀，此处充分显示了天台教法的特色，举一法融万法，摄万法归一法，一色一香无非佛道。

综上所述，我们将四种三昧进行了详明。前三种三昧，依经建立，修学内容不外乎身论开遮、口论说默、意论止观，借外在约束，严整身心，专心禅观，克期求证。虽有三观施设，但以空假二观为方便，凸显中道观的真实。第四种三昧，分为两部分：第一是于《请观音经》修随自意三昧，此等同于半行半坐三昧；第二是于三性修随自意三昧，此才是非行非坐三昧的真正内涵。此种三昧的修习，方式上比较灵活，没有语言、行为、时间上的限制，随心念生起，运用四句推检，反复思维，于当下入中道实相。但从四种三昧的内容与属性上看，可分为依诸经修、随自意修两种，其修行体系具有摄法性、开放性、稳定性等特点。

第三节 修行圆顿止观的远方便——二十五法

此二十五法的内容，分别为具五缘、呵五欲、弃五盖、调五事、行五法。在天台宗止观体系中，《次第禅门》《摩诃止观》中均明二十五法。通过著作的对比可知，因诠释角度的不同，《次第禅门》着重次第，意在次第修、次第证。《摩诃止观》则是事理相融，止观不二，意在生圆解，起圆行，证圆教初住位。故此二十五法的内容，虽有次第、不次第，但皆以达正观为目标，故湛然大师将其称为修行圆顿止观的远方便。《摩诃止观》中对二十五方便每一章节的说明，皆有事观与理观，谈事观必以理观为旨归，谈理观必以事观为依托。为避免理论过于冗杂，本节将从事项上罗列二十五法内容，略去每一法中的理观部分，具体内容详看下文。

一 具五缘

具五缘，由五部分构成，分别是持戒清净、衣食具足、闲居净处、息诸缘务、

---

① （隋）智者大师说，灌顶记《摩诃止观》卷二下，《大正藏》第46册，第18页下。

得善知识。大乘小乘，戒是根本，故先明持戒清净。戒虽清净，若无衣食，道缘不具，故明衣食具足。虽衣食具足，但须有空间，绝诸吵闹，进修定慧，故明闲居净处。虽闲居净处，但须屏息诸缘，专心办道，故明息诸缘务。四缘虽具，若无良师，教授开导，难修道业，故明得善知识。此五科行法，意在专精忏净，使定慧增上，惑业减少，菩提可证。

（一）持戒清净

戒律为佛法的命脉，涵养一切善法功德。天台教学重视戒律，遵循依戒生定，由定生慧的修学路线。说明"持戒清净"时，分别从标列戒名、持戒之相、戒律持犯、戒律忏净等四科进行说明。

第一，标列戒名，以《大智度论》中不缺、不破、不穿、不杂、随道、无着、智所赞、自在、随定、具足十戒为名，通以性戒为本。智者大师还将戒分为旧戒、客戒。旧戒指十善，无论有佛还是无佛，其都存在；修十善所生八定，被称为旧定。客戒，指三皈、五戒、比丘戒、菩萨戒、八关斋戒等，此戒只有佛出世才有，故称为客戒。智者大师不仅标列戒名，还总结大小乘不同得戒之相，将其归纳为十种：1. 自然得戒；2. 自誓得戒；3. 见谛得戒；4. 三皈得戒；5. 八敬得戒；6. 论义得戒；7. 善来得戒；8. 遣使得戒；9. 边地五人受戒；10. 中国十人受戒。汉传佛教传比丘戒，是三师七证白四羯磨得戒。戒律的内容，分为性戒与遮戒。性戒，是根本，指不杀、不盗、不淫、不妄等戒，无论受与不受，违犯皆会承担相应的果报。遮戒，相对性戒而言，指除性戒外的其他戒条，为护性戒，息世讥嫌制定。受戒后若犯遮戒，应如法忏悔，不受犯则无罪。若能保持遮戒不犯，则性戒自然清净。

第二，持戒之相，说明能持之人，智者大师约戒判位，详明持戒人。前三种戒是律仪戒，佛弟子能普遍遵守。第四种是定心持戒，依戒生定才能执持，以修定为前提。第五种是破见惑的初果圣人才能执持，非凡夫所持。第六种是破思惑的三果圣人所持，则非二果所持。第七种、第八种，从空出假的菩萨所持。第九种、第十种，圆教初住位以上才能执持。通过上面的判位，可清晰地看出十戒间的相生关系，前三戒是共戒，是修行后续七戒的基础。依此三戒修行，依次得诸禅定，便可执持第四种。定中破惑证智，便可次第持后面六戒。此十种戒，包含了自行与化他。

第三，戒律持犯，说明犯戒之相，从事相上说，因爱见破戒，故智者大师将痴爱、倒见譬喻为恶鬼，认为其是破戒的主因。痴爱即无明，以自我为中心，不知三宝、不信善恶业，不修四谛法。此类行人，缺乏信仰，虽出家修道，但追逐五欲六尘，在物欲的享受中破坏净戒，故大师特别强调爱见为破戒之本。约倒见言，倒见即邪见，是断灭空见，认为万事万物皆空，破坏诸法，否定因果的存在价值，认为持戒修福皆不能成就佛道。此种空见，在主观见解上否认一切客观的存在价值，其行为破坏净戒、法身慧命。

第四，戒律忏净，第八章《天台宗的忏仪》已明，此不赘述。

（二）衣食具足

现实生活中的每个人，皆离不开衣食，都在衣食的滋养中延续生命，故《俱舍论·世界品》云"有情由食住"①。因有情的生命，需要食物滋养，故智者大师感慨云：

> 衣以蔽形，遮障丑陋；食以支命，填彼饥疮；身安道隆，道隆则本立，形命及道，赖此衣食……此虽小缘，能办大事，裸馁不安，道法焉在！故须衣食具足也。②

此中说明身体健康是生命和道业的基础，衣服和食物虽是小缘，但能成就大业。约衣法言，有事中三根。说明上根时，上根是雪山大士，一衣蔽体，不下游人间。说明中根时，行头陀行，但蓄三衣，不蓄余长。头陀行十二法：第一，居寂静处，远离喧闹地，距城三四里，越远越好，远离是非；第二，常乞食，托钵乞食，清净活命；第三，粪扫衣，摭取舍弃粪尘中的破衣碎布，洗净制成三衣，远离邪命忧恼；第四，一坐食，每日一餐，易成道业；第五，节粮食，每日吃少量食物，避免饱啖腹胀，气塞妨道；第六，中后不饮浆，过午后不再饮浆，一心修习善法；第七，冢间，住在尸林间或死人旁，易悟无常；第八，树下坐，若于冢间不得道，应于树下坐，修习无常、不净，易成道业；第九，露地坐，树下坐有两种过失，一是忧虑下雨阴天地湿阴冷，二是树下易有鸟粪毒虫。到露地上坐，月光遍照，心神明利，易入空定；第十，常坐，四威仪中，坐为第一，食物易化，警策睡眠，调和气息，止心一处；第十一，常乞食，不择贫富，等心怜悯，次第乞食；第十二，三衣，行头陀者，少欲知足，但用三衣，不多不少。三衣，即僧伽黎、郁多罗僧、安陀会。僧伽黎，翻为杂碎衣，条相较多，入王宫、聚落、乞食、说法时穿。郁多罗僧，翻为上着衣，为入众衣，凡礼忏、诵经、坐禅、赴斋、听讲时穿。安陀会，是杂作衣，在寺院中劳作，一切时中皆可穿着。说明下根时，生活在清净伽蓝，因环境不同，如多寒国土，如来亦许三衣外，蓄百一等物。但须少欲知足，不得贪心恒起，妨碍修行。百一助身，是佛律中开缘，因佛陀规定比丘蓄修道六物。多寒国土，为安心进道，除规定六物外，可根据环境的需求适当添加，但必须如律说净。约食法言，亦有事中三根。说明上根人时，生活在深山，以干果滋养身体。说明中根人时，常

---

① 〔印〕世亲菩萨：《阿毗达磨俱舍论本颂》之《分别世界品》，《大正藏》第29册，第314页中。
② （隋）智者大师说，灌顶记《摩诃止观》卷四上，《大正藏》第46册，第41页下。

行头陀，受乞食法，破四种邪命。依正命自活，能生圣道。不邪命自活，不依靠下口食、仰口食、维口食、言口食活。说明下根人时，在阿兰若处，以檀越送食，滋养身命。

（三）闲居净处

虽持戒清净，衣食具足，若无安静处所，则禅定难以成就，故智者大师明闲居净处。闲居净处，即修行时所居的安静处所。若修前三种三昧以及约诸经修随自意三昧，必择寂静处所。若约三性修随自意三昧，则无环境要求。智者大师认为，修行的最佳处所有三：1. 深山绝人之处，环境空旷，无人干扰，可随意修禅；2. 头陀之处，离聚落极近三四里，杜绝放牧声，无诸愦闹；3. 清净伽蓝，独居寺庙静处，不与人往来，专心思维，系心禅坐。智者大师还认为，闹寺也不宜居住。

> 若离三处，余则不可。白衣斋邑，此招过来耻。市边闹寺，复非所宜。安身入道，必须选择，慎勿率尔。若得好处，不须数移。①

此中说明修道处所的选择，以安静无非为主，如此可心无杂念，安心修定。

（四）息诸缘务

息诸缘务，暂停与修道不相关事务专心修禅。息诸缘务，分为四种。第一是生活缘务，妨碍修行的生活缘务皆应舍弃。若常住寺庙中集体劳务，不为己利谋求的种种行为，要视具体情况另当别论。第二是人事缘务，修道本怀是了生脱死，舍弃恩爱，修诸三昧，悟入无生。应寡欲知足，不应仿效世人，礼尚往来。第三是技能缘务，技能是获取生存的手段，舍弃与修行无关的技能。第四是学问缘务，理论的价值在实践中体现，若过分执着理论不去实践，就失去了理论本有的价值。若在理论中徘徊，不肯于止观中实践，则有违佛陀设教本意，故修行要息学问。

（五）得善知识

虽持戒清净、衣食具足、闲居净处、息诸缘务，无善知识引导，难以成就菩提，故智者大师在此明得善知识。善知识，言传身教，破迷开悟，增上菩提，是得道的全部因缘。智者大师将善知识，分为外护善知识、同行善知识、教授善知识。② 外护善知识，若修三种三昧，除随自意外，皆须外护善知识。其能经营供养，善护行人，不相恼乱。从自他相望得名，己身心为内，他身心为外，内为外所护，故名外护。

①　（隋）智者大师说，灌顶记《摩诃止观》卷四下，《大正藏》第46册，第42页下。
②　参见（隋）智颛述《修习止观坐禅法要》，《大正藏》第46册，第463页中。

同行善知识，修方等三昧以及般舟三昧须同行善知识。共修一道，互相劝发，不相扰乱，行同身异，故名同行。教授善知识，以内外方便，禅定法门，示教利喜。以传诲为名，传佛言教，教诲于我，故名教授。三种善知识中，教授善知识最为难求，故智者大师在教法的说明上，以自修为主，侧重以法为师，如湛然大师云：

> 故从初文，正示教授善知识相，从于诸下简示不需教授之人，如是尚可教授于他，故得自行无所妨难。[①]

此中说明虽有教义阐释，但重点是依教修观。虽重视善知识，因其难遇难求，故以教法为善知识。

二　呵五欲

修行虽具五缘，若不弃五欲，则修行一无所获，反被牵入恶道，故智者大师云：

> 譬如陶师，人客延请，不得就功。五欲亦尔，常能牵人，入诸魔境。虽具前缘，摄心难立，是故须呵。[②]

此中说明前虽具众缘，若不呵五欲，难以摄心修定。五欲，又作五妙欲、妙五欲、五妙色，指染着色、声、香、味、触五境所起五种情欲。色欲，男女形貌端庄，世间宝物，玄黄朱紫，种种妙色，等等。声欲，丝竹环佩之声，男女歌咏等声。香欲，男女身香，以及世间一切诸香。味欲，种种饮食肴膳等美味。触欲，男女身分，柔软细滑，寒时体温，热时体凉，以及衣服等种种好触。

三　弃五盖

五盖，覆盖心性，令善法不生之五种烦恼。此虽同名烦恼，与前五欲不同，前是内在五根缘于外在五尘生起五识。行者在禅定状态中，没有外缘映入，内心住于静虑，缘过去、未来影尘生欲。此五盖，遮蔽行人定慧，无法开发正观。五盖，即贪欲盖、嗔恚盖、睡眠盖、掉悔盖、疑惑盖。贪欲盖，众生贪爱世间男女、色声香味触法及财宝等物，无有餍足。嗔恚盖，众生于违情境上，追忆他人恼我及恼我亲而生忿怒。睡眠盖，意识昏沉，五情暗冥。掉悔盖，身无故游行为掉，心中忧恼为悔。疑惑盖，众生无明暗钝，不别真伪，犹豫之心，常无决断，疑己、疑法、疑师。

---

① （唐）湛然大师述《止观辅行传弘决》卷第四之一，《大正藏》第46册，第267页中。
② （隋）智者大师说，灌顶记《摩诃止观》卷四下，《大正藏》第46册，第43页下。

此等五盖，覆盖禅定，不发善法，沉滞三界，无有出期。五盖生起，分为三事各立和二事合立，贪欲盖、嗔恚盖、疑惑盖可单独生起，故称为三事各立。睡眠盖由昏沉与睡眠二者和合生起，掉悔盖由掉举与悔过二者和合生起，故称为二事合立。

四　调五事

虽具五缘、呵五欲、弃五盖，若不调五事，则不易入禅。调五事，分为内调与外调，明眠、饮食二事定外调，身、息、心三事定内调。说明调食时，食若过饱，气急身满，坐念不安；食若过少，身羸心悬，意虑不固；食若秽浊，心识昏迷；食不宜于身物，引发宿疾，故饮食当慎；不饥不饱，调和适当，是其调相。说明调睡眠时，眠若不全，心神虚恍；眠若过多，荒废修行，空丧工夫，沉没善根，故应以慎重的态度戒眠，保持不节不恣。根据《次第禅门》中"初夜后夜，亦勿有废"[①]的说法，睡眠宜保持四个小时。食物和睡眠有了充分的保证，身体才会健康，后面的身、息、心才有调节的前提。

约身、息、心言调节方法，应相互配合，不相分离，但有入住出差别。入禅时调三事，调身方法有定内、定外之别。若在定外，详审身仪，举止优雅。若要入定，善安身体，令其轻利；半跏趺坐，或全跏趺坐；端身正坐，令颈靠衣领，不令弯曲。鼻脐相对，不使偏斜；简而言之，不宽不急，是身调相。若调呼吸，气息均匀，出入绵绵，若存若亡，是其调相。若入定调心，有两层含义：第一，调伏散乱，心念专注，不超自心。第二，心缘鼻端，远离散乱；止心下缘，对治昏沉；简而言之，不沉不浮，是心调相。以上三事，是初入禅时调三事。

若住禅中，调身息心三相。坐中调身，若身有弯曲，使令不宽不急。坐中调息，若有风喘气等不调之相，当善调呼吸，使其若存若亡、若有若无，调和妥当。坐中调心，若有沉浮之相，当系缘鼻端、下方，如法对治。此三事不分前后，若有一法不调，当令调顺，三事调和，能除宿患，生于胜定。出定调三事，若欲出定时，缘于法相，或缘六根，散放其心，想气息从百脉随意而出。后微动身，依次为肩胛、头、颈、双脚，缓缓晃动，使其柔软。遍摸毛孔，摩擦双手，令其生热，掩盖双眼。缓缓睁眼，稍作休息，待汗散后，随意出入。此中三事约出定调，过程从细到粗，三者相互配合，使行者入出无碍。定外二事与定内三事有必然联系，若无定外二事调节，便没有定内三事调节。定内的成功调节，依赖于外在二事调节，二者相辅相成，密不可分。

---

① （隋）智者大师说，法慎记，灌顶再治《释禅波罗蜜次第法门》卷第二，《大正藏》第46册，第489页下。

五　行五法

虽具二十法，若不行五法，则止观难以现前，故智者大师云："上二十法虽备，若无乐欲希慕，身心苦策，念想方便，一心决志者，止观无由现前。"[1] 此中说明行五法可助行者，迅速进入止观。智者大师说明行五法时，首先确立五法的各自含义。明欲时，欲离世间一切妄想颠倒，欲得一切诸禅智慧门。明精进时，身心不懈，追求无上智慧。明念时，坚定心念，念世间欺诳轻贱，禅智贵重。明巧慧时，理性抉择，筹量世、出世，禅智间得失轻重。明一心时，一向专求，念慧分明，明见世间可患可恶，善识定慧可尊可贵。

从实践层面言，此五法是一切禅定的基础，若不具此五法，世间禅尚难证得，何况是出世禅呢？五法间相辅相成，密不可分，须同时运作，方可达正观。行五法的内容，换而言之，分别从目标的树立、理想的追求、坚定的信念、智慧的抉择、永恒的心态等方面强化修行者的人生观，并将此理念变为一种主观见解，为修习止观提供精神层面的动力。

综上所述，我们将二十五法的内容进行了说明。在实际的修行中，此二十五法是完整的个体，须如法修才可具备修习后面行法的资格。又此二十五法，是一切禅慧的根本，以行五法为核心。因其别立一心，诸法须落实于一心。此中以十种境界为近方便论远方便，若就二十五法的本身言，其亦分内外，具五缘一向是外；呵五欲、弃五盖，义兼内外；调五事，亦内亦外，眠食在外，余三在内；行五法，一向在内。远近皆是分别，若证悟后，远近皆不可得。此二十五法，虽内容繁多，但其主要内容，不外乎从外在的环境、内在的身心调停行者，使其具足修道的基本条件，并在日常生活中如法实践，为开示悟入佛之知见做不懈的努力。

第四节　修行圆顿止观的近方便——十种境界

行者具二十五法，可着手天台正观修习，其正观是十乘观法。十乘是能观之法，必有所观之境为依托，境观相辅，方入中观，达圆教初住位。智者大师设立十境之始，援引《涅槃经》《维摩诘经》《大智度论》《究竟一乘宝性论》等为依据，并根据自我的禅观实践，在其初期所讲的《四念处》中，已将十境作为对境，故知十种境界是其早年的构思。此十种境界分别为观阴界入境、烦恼境、病患境、业相境、魔事境、禅定境、诸见境、增上慢境、二乘境、菩萨境。十境以阴界入境为母体，衍生如下九境。阴界入境，无论行者观与不观，常自现前。其他九境，因行者往昔

---

[1]（隋）智者大师说，灌顶记《摩诃止观》卷四下，《大正藏》第46册，第48页上。

熏习种子有异，故此生修观会不规则显现。下面根据《摩诃止观》，将十境的内容简释如下。

一　阴界入境

行者具备了上二十五法，便可修习十乘观法，宜以阴界入境为最初观境。智者大师以最近对境为观境，主要有两方面的用意。依教而言，一切修行皆以色心为初门。依修行言，色心在日常生活中恒常现起。无论是依经，还是现前，皆能在日常生活中切身体会。阴界入境，以五阴、十二入、十八界为观境。阴，称为五蕴，即色蕴、受蕴、想蕴、行蕴、识蕴。入，称为十二入，即眼、耳、鼻、舌、身、意六根以及色、声、香、味、触、法六尘。界，称为十八界，即眼根、耳根、鼻根、舌根、身根、意根六根；眼识、耳识、鼻识、舌识、身识、意识六识；色尘、声尘、香尘、味尘、触尘、法尘六尘合在一起。蕴、处、界，是佛陀为度化上中下三根施设，度执心人说五蕴，执色人说十二处，执色心人说十八界。执心是上根，执色是中根，执色心是下根。此蕴处界为观境，称之为阴界入境。在三科观境中，智者大师选取五阴中识阴为观境，其认为修行应克示境体，如其所云："若欲观察，须伐其根，如炙病得穴。今当去丈就尺，去尺就寸，置色等四阴，但观识阴。识阴者，心是也。"① 此中说明三科之中，唯取五阴为观境，相当于去丈就尺。于五阴之内，唯取识阴为观境，相当于去尺就寸。

二　烦恼境

行者通过观不可思议境的修学，若未入中道正观，应舍弃此境修学，以烦恼为观境。烦恼，扰乱心神，逼恼身心。智者大师从总的方面，将烦恼分为"见思利钝"四种。在实际生活中，利钝通于见思，利中有钝，钝中有利。未发禅定，世智辨聪，十使皆钝。因定发见，见心猛烈，十使皆利。此以未发定而起的烦恼为观境，智者大师认为，行者初入道场，能力有限，了知烦恼由贪、嗔、痴、等分构成，直接观修即可。若界内四分，二乘所断，名通惑。若界外四分，菩萨所断，名别惑。故此四种烦恼，通于界内界外，同为烦恼所观之境。

烦恼的现起之相，主要有深而不利、利而不深、亦深亦利、不深不利四种。不深不利，是通途果报，非烦恼境所摄。其他三句，是烦恼的现起方式，为此中的观境。智者大师认为，习因种子、业力击作、魔所煽动等因，导致烦恼生起。业力击作，意业为因，身口为缘，恶业现起，破坏观心，此中情况，业相境中详明。魔所煽动，魔行为因，十军为缘；若出三界，则被眷属所欺，生诸烦恼，破坏观心，此

① （隋）智者大师说，灌顶记《摩诃止观》卷五上，《大正藏》第 46 册，第 52 页上至中。

中情况，魔事境中详说。此明习因种子，行者不觉习气，随顺造业，轮转生死。习气生现行成种子，种子又成习气，如此造业无有间断。行者修观，逆生死流，习气现行，生诸烦恼。若要对治，日夜用功，精进不息。

三 病患境

行者在烦恼境时用功加行，在仪轨的实践和历境的观照中，若没有悟入，难免产生疾病，故要以病患为观境。病可分为两种，一种是因中实病，因地修行时，外因导致四大不调生病，障碍止观修学。另一种为果上权病，菩萨示现病相，调伏众生修学佛法。病患境，以因中实病为对境。智者大师将疾病分为五藏相增成病、四大相增成病、五藏体减成病、五行相克成病、六神缺少成病五种。关于上述疾病产生的机理，智者大师将病因归纳为四大不调、饮食不节、坐禅不调、鬼神得便、魔神相扰、恶业所起六点。

在方法的对治上，讲究因病下药，根据不同发相确定病根，再制定相应的治疗方法。[①] 若不因病给药，胡乱治疗，便会出现自我毁伤。智者大师针对上述疾病，提出止、气、息、假想、观心、方术等法对治。说明止对治时，分为止心肚脐、丹田、两脚间、五脏进行说明。呼吸皆从肚脐出，止心肚脐，易悟无常。丹田是气海，能吞万病，止心丹田，调和气息，诸病不生。安心足下，火气下降，饮食易化，五脏顺畅，身安轻利。全身关节痛，止心病处，不出三日，疾病痊愈。说明气对治时，以吹、呼、嘻、呵、嘘、呬六气治诸病。此中气息，唇吻吐纳，慢慢运心，观想作气。湛然大师认为，吹是冷气、嘘是出气、呼是暖气，其余三种，因无字体，故有嘻字，即痛声。声似五音，五音即五脏。[②] 此六气以呼吸带声出气为治，用五音比对即可。此六种气，能治六种病，五脏所生之病以及同治一脏所生之病。

说明息治疗病患时，首先区别息的四种相貌，风、气、喘、息。出入有声是风，出入不均是气，出入不畅是喘，出入均匀、顺畅、绵绵是息，此中以息为说明对象。若用息治病，端身正坐，调整身心，安然入禅。在禅定中，以息对治八触相违病。还可假想十二种息，治疗十二种疾病，上息治沉重、下息治虚悬、满息治枯瘠、焦息治肿满、增长息治羸损、灭坏息治增盛、暖息治冷病、冷息治热病、冲息治壅塞不通、持息治战动不安、和息可通治四大不和、补息可资补四大衰耗。

说明假想观对治病患时，假想观对治与气息对治有异，气息对治兼有假想，假想中仅是观想。此中以高丽辨法师治瘿法为例，行者身体腹部有囊肿，观想金针穿透囊肿，脓血流出体外，疾病痊愈。说明观心治病患时，不带假想观，直观根尘所

---

① 参见（隋）智者大师说，灌顶记《摩诃止观》卷八上，《大正藏》第46册，第107页下至第108页上。
② 参见（唐）湛然大师述《止观辅行传弘决》卷第八之二，《大正藏》第46册，第398页中。

起之念，想心不在内、外、中间，如此观想病患消除。说明方术治疗时，以捻大拇指、咒术、痛捻丹田、随处痛打等为方法。若肝病现起，捻大拇指疾病即消。若为三十六兽困扰，念诵三遍神咒即可对治。在禅定中得细心，忽觉身心胀满，此被恶神所扰，应观想气息不出，念诵咒语，然后调息。若出现赤痢、白痢、卒中恶、面青等病，应痛捻丹田，须臾间即瘥。若身有痛处，以木杖击打痛处四五十下，即可痊愈。

四　业相境

行人在观境时，用功加行，无量劫来所造业因显现，故以业相为观境。业的表现方式有三，作用、行动、造作，分别对应身、口、意。作用是语业，能给人种种评论。行动是身业，能前往诸方。造作是意业，能驱使身口造业。业有生起以及影响，通于三世。三业造作，皆称为业，范畴宽泛，形式复杂，故智者大师分别从业的起因、现起论述业相境。

业相境生起，主要有内外两方面因缘。约内而言，行者以观观业，恶灭善生，激发宿世种子生起现行，故有诸业显现。又用功较深，穿破烦恼、疾病二境，现前业显现。约外而言，诸佛法身遍满虚空，因行者善心感召，不动寂灭定示现种种善恶业利乐众生。众生修行时明机，诸佛感应时明应，有显机显应、显机冥应、冥机冥应、冥机显应四种差别。诸相现起，以此内外为因缘，但二者必须合论，不可分离。此中以现业为直接对境，其用意是鉴别境界，一心办道，如智者大师云："今但研心止观，令业谢行成，一心取道，何用曲辨相耶？"[1] 说明行者辨境本意，修行止观，观照业相，辨别真伪，令业灭道成。

业相现起，千差万别，论其范畴，不外善、恶、无记三种。为明业相，策心进道，故智者大师以六点说明修行时所发业相，一报果相现、二习因相现、三报前现习后现、四习前现报后现、五习报俱时现、六前后不定。第一、第二单发习因习果，第三、第四因果互发，第五、第六前后不定，总而言之，六种发相不外乎习因与报果。习因，是自分因，习是习续之意，习前念善起后念善，前念为因，后念为果，通于善、恶、无记三性。前习因、习果，皆是报因。报因，感未来五道身，是报果。善相虽多，不出六度。六度中的每一度，皆有报果发相、习因发相。恶业虽多，六蔽为主。六蔽中的每一蔽，皆有习因与报果。[2]

实际行持中，定中所现的境界，与过去世所造的业有直接关系。此中亦有批评的一面，当时诸暗证禅师流行一种错误知见，若在定中出现六蔽相，应停止止观修

---

① （隋）智者大师说，灌顶记《摩诃止观》卷八下，《大正藏》第46册，第112页上。
② 参见（隋）智者大师说，灌顶记《摩诃止观》卷八下，《大正藏》第46册，第113页上。

习，修六度进行弥补，待弥补好后再修止观。智者大师反对这种说法，劝诫行人不必废弃止观偿还宿债，应积极进取，研灭业相，待证无功用道时，以供养十方诸佛及教化十方众生的功德，酬偿往昔所造种种不善之业。这种说法，使当时暗证禅师的错误见解一扫而光，树立了业相积极的一面。

五　魔事境

行者修四种三昧，善法将生，恶法将灭。魔王恐其成就胜果，化导众生，眷属减少；故来扰乱行者，破其善根，退其道心，故以此为观境。《瑜伽师地论》中将魔分为四种，分别为蕴魔、烦恼魔、死魔、天魔。蕴魔属阴界入境，烦恼魔属烦恼境，死魔属病患境，此中以天魔为观境。

智者大师根据自己的修行经验以及大乘诸经论，将魔分为三种，愓惕鬼、时媚鬼、摩罗鬼，详明其相貌和对治方法。[①] 说明愓惕鬼相貌时，此鬼变现之相是让人屑屑难耐，捉不可得。说明时媚鬼时，此鬼变现形式有权实两种：若以权论，不扰乱行人；若以实论，扰乱行人。此时兽发相，十二时辰不同，配四方、五行阐述。东方五行属木，寅时有狸、豹、虎三兽；卯时有狐、兔、貉三兽；辰时有龙、蛟、鱼三兽。南方五行属火，巳时有蝉、鲤、蛇三兽；午时有鹿、马、獐三兽；未时有羊、雁、鹰三兽。西方五行属金，申时有狖、猿、猴三兽；酉时有乌、鸡、雉三兽；戌时有狗、狼、豺三兽。北方五行属水，亥时有豕、猶、猪三兽；子时有猫、鼠、伏翼三兽；丑时有牛、蟹、鳖三兽。愓惕鬼、时媚鬼是魔王波旬远属，容易调伏。唯有摩罗鬼最难调伏，发相是破坏二善，即先前发心的四弘誓愿和修行之后所起的戒行；增加二恶，增见思、无明二种惑业。摩罗鬼喜从五根破坏行人善行，以钝使、利使攻击行人。若人不执六根，则不受魔扰。若执五根，魔则令人堕恶、堕善、堕小、堕恶空、堕恶假。行人若不识魔，得令人病、失观心、得邪法三患。智者大师还以有无、明暗、定乱、愚智、悲喜、苦乐、祸福、善恶、憎爱、强软十组概念抉择邪法，告诫行者善识魔相，避邪入正。愓惕鬼多令禅观丧失，时媚鬼多令人得邪法，摩罗鬼能令人具三种过失。

智者大师的魔境对治，主引《治禅密要经》，兼引《涅槃经》《法华经》以及自身实践。对治愓惕鬼，应知此鬼祖宗，若来恼乱，应呵斥云："我识汝名字，汝是愓惕恶夜叉，拘那含佛时，破戒偷腊吉支，贪食嗅香，我今持戒，不畏于汝。"[②] 呵斥完毕后，鬼即退去。若不退，念诵戒条、戒经序，戒神守护，破戒鬼去。对治时媚鬼，有两种方法：一种是识别十二时中三十六兽，若扰乱行人，善加识别，呼

---

① 参见（隋）智者大师说，灌顶记《摩诃止观》卷八下，《大正藏》第 46 册，第 115 页上。
② （隋）智者大师说，灌顶记《摩诃止观》卷八上，《大正藏》第 46 册，第 116 页上。

喊名字，鬼魅即去；另一种是禅坐后方悬挂明镜，鬼魅不能变镜中色相，故自行散去。对治摩罗鬼有三种方法：1. 关闭根门，不受一切，故摩罗无法侵入；2. 若被入侵，从头至尾观身心了不可得，令魔无所住；3. 观之魔仍不去，当以死为期，一心用观，使道行成就。

六　禅定境

行人用止观观魔事境时，穿透魔境，未显智慧，引发宿习，诸禅显现，故以此为观境。行者对禅定境的执着，主要有内、外两种原因，外是如来教法，对种种禅法的教授；内是自身原因，往昔禅观种子储存于八识田中，今生因缘会遇引发现行。本节主要探讨后者，以今生修观时所现的境为观修对象。

禅定境的产生，有内因、外加两种因缘。约内因言，修习止观，恶灭善生，激发宿世种子，故禅定境界现起，所现之相有次第、不次第，杂、不杂，具、不具，成、不成，益、不益，难发、不难发，久、不久，更、不更八种；约外加言，外有诸佛加持，众生修习止观，因虔诚道心，感诸佛不应而应，示现诸多禅境，帮助行者克服障碍，迅与道法相应，入中道正观。

智者大师在《法华玄义》中将禅分为世间禅、出世间禅、出世间上上禅。禅的作用是熄灭烦恼，开发智慧，转迷为悟。此境看似平静，实际相当可畏，因具殊胜功德，给人带来现世法乐，容易生起执着，从而妨碍了圆顿止观的修证，故要以禅定为对境修十乘观法，断除执着入菩提道。智者大师综合诸经论所说，将禅定境分为十类：根本四禅、十六特胜、通明、九想、八背舍、大不净、慈心、因缘、念佛、神通。此中除明法义深浅外，还明生起次第。四禅是根本，凡圣通修，薄修即可证得。特胜禅中，有念处观，无害命过失，有对治功用，属于净禅。通明禅，实观深细，定观精巧，若望特胜，可称为别。根本、特胜禅、通明禅，未具无漏功用，是根本实观，对治烦恼力弱。九想观，是假想观初门，能伏贪欲，对治外贪。九想对治内贪力弱，故需八背舍对治。背离内贪，但局正报，未治依报，故明八胜处，对治遍一切处正报、依报贪。对治贪欲，未修福德，故明慈心。对治贪欲，修习慈心，不知因缘，无世间正见，故明因缘。世间轮转，没有主宰，若无福报，观智不具，故要观佛功德，增加福慧，涵养正见。虽有福报，但未得自在，故要因定发通，随缘自在。

七　诸见境

行者上一境未悟入，因禅摄受，引发宿习，诸见并发，妨碍修证，故要以此见为观境。此境又称诸见境①，行者将破惑证真的禅法，误执真实不虚，并将此推理不当的分别境界误为究竟，故此依其所执见解确立观境之名。在智者大师的时代，北方人重视禅观，南方人重视经论。禅僧多发诸见境，义理研究者少发，故此中邪见主要来自两种，分别是禅修时生、听法时生。邪见，虽是通称，但亦有别相分别，分为佛法外外道、附佛法外道、学佛法成外道。

佛陀时代，外道思想主要以六师为主，分别为以富兰那迦叶为代表的道德否定论，否定善恶业报，认为一切法断灭，没有君臣父子忠孝之道。以末伽利拘赊梨子为代表的宿命论者，认为众生苦乐，不由因缘，自然产生。以删阇夜毗罗胝子为代表的怀疑论者，否定认知有普遍正确性。以阿耆多翅舍钦婆罗为代表的断灭论朴素唯物主义者，否定因果、业报轮回。以迦罗鸠驮迦旃延为代表的七要素思想者，认为地、水、火、风、苦、乐、命，如是七法，不可毁坏。以尼犍陀若提子为代表的相对主义者，说明因果业报，以修苦行为解脱方法。最后，佛教将此六师的各十五名弟子，加上六师，总称九十六种外道。因六师又各分韦陀、一切智、神通三种，因此总称十八师外道。

附佛法外道，指犊子、方广道人。犊子、方广道人思想异于六师外道，又与佛教类似，依附佛法生，故称为附佛法外道。犊子读《舍利弗毗昙》，五众不离人，人不离五众；不可说五众是人，人是五众；认为我在四句外，别立第五不可说藏中有一真我。故智者大师认为，其主张类似佛法，不符三法印，故判为附佛法外道。方广道人读《摩诃般若波罗蜜经》，"解了诸法如幻、如焰、如水中月、如虚空、如响、如捷闼婆城、如梦、如影、如镜中像、如化"② 十喻，自认解甚深法义，将"如幻如化""不生不灭"等义，执为究竟，故智者大师破斥为"方广所作，亦是邪人法"。③ 湛然大师对此进行了具体的补充，如其所云："应知方广亦具四义，非大乘门，一者不识所依真理，二者不识所起惑相，三者不识能计生使，四者观法不能破计。是故宗虽附于佛法，犹名外道。"④ 此中说明方广道人的过失，其所计法不是真理，横起惑业，执生恶见，不具断惑功用，故是邪法。

学佛法成外道，执佛陀方便的言教为真实，坚持己见不放，如智者大师云："执佛教门，而生烦恼，不得入理。"⑤ 此中将修学佛法生起烦恼的情况分四教说明，四教有四门，有门、空门、亦有亦空门、非有非空门。四门分类，体现了佛因机施教的原则，用意是通过法义说明，接引众生悟入佛之知见。就四门言，每一门皆是

---

① （隋）智者大师说，灌顶记《摩诃止观》卷十上，《大正藏》第46册，第131页下至第132页上。
② （后秦）鸠摩罗什译《摩诃般若波罗蜜经》，《大正藏》第8册，第217页上。
③ 关于方广道人，详见（隋）智者大师说，灌顶记《摩诃止观》卷十上，《大正藏》第46册，第132页下。
④ （唐）湛然大师述《止观辅行传弘决》卷第十之一，《大正藏》第46册，第437页中。
⑤ （隋）智者大师说，灌顶记《摩诃止观》卷十上，《大正藏》第46册，第132页下。

平等，无有高下。通、别、圆三教亦复如是，四教共有十六门。若不解方便，于此十六门生起执着，甘露反成毒药，亡失法身慧命。

八　增上慢境

《摩诃止观》是智者大师于荆州玉泉寺结夏安居时所讲，因时间的关系，讲到十境中第七境，安居结束，法轮停转，如《摩诃止观》卷一云：

> 止观明静，前代未闻。智者，大隋开皇十四年四月二十六日，于荆州玉泉寺，一夏敷扬，二时慈澍，虽乐说不穷，才至见境，法轮停转，后分弗宣。①

此中说明诸见境过后三境，因时间关系没有宣说。但根据前面的部分，可了知后面的内容，如湛然大师云：

> 释文略讫，故序中云：才至见境，法轮停转。后之三境，比望可知。增上慢者，如得未到，谓无生忍，四禅比丘等。乃至遍于大小诸位，未得谓得，并名增上。两教二乘、三教菩萨，前诸文中，处处有之。即后两境，一一皆以十观观之。后三大章，具如五略后三是也。②

此中说明后三境的内容前已提及，五略中后三可弥补十广中所缺三章，故整体的内容未因章节的缺乏减少，修证次第依然完整。现根据前面的内容，大概说出下面三境的内容。

行者运用止观观诸见境时，以智慧降伏种种执着，进入无分别境，妄认此为涅槃，故要以此为观境，如智者大师云：

> 若识见为非，息其妄著，贪瞋利钝，二俱不起，无智者谓证涅槃，小乘亦有横计四禅为四果，大乘亦有魔来与记，并是未得谓得增上慢人，故次见说慢。③

此中说明因熄邪见，产生禅智，妄执为真，未得谓得，未证谓证，是增上慢境。

智者大师为避免增上慢产生，故提出六即：理即、名字即、观行即、相似即、分证即、究竟即。如其所云：

---

① （隋）智者大师说，灌顶记《摩诃止观》卷一上，《大正藏》第 46 册，第 1 页上。
② （唐）湛然大师述《止观辅行传弘决》卷第十之二，《大正藏》第 46 册，第 446 页下。
③ （隋）智者大师说，灌顶记《摩诃止观》卷五上，《大正藏》第 46 册，第 49 页中。

若无信高推圣境，非己智分；若无智起增上慢，谓己均佛；初后俱非，为此事故，须知六即。①

此中说六即的目的，是防止行人以自高心，误认已证圣人法，割伤法身慧命。通过六即位次的说明，可以起到两方面作用：一是告诫行人，凡夫到成佛所经历的位次，不可以凡滥圣。二是六即当下，皆是中道第一义谛，肯定"一色一香，无非中道"的圆教根本思想。

九　二乘境

行者运用止观观增上慢境时，降伏宿世的傲慢知见以及烦恼积习，其心清净无染。先前自利宿习，因观照力显现，若不觉知，则会沉空滞寂。相对于无上菩提而言，二乘仅是化城，非教化本怀，故要以此境为观照对象，如智者大师云：

见慢既静，先世小习，因静而生，身子舍眼，即是其事也。《大品》云："恒沙菩萨发大心，若一若二入菩萨位，多堕二乘。"故次慢说二乘。②

菩萨道的修学永无止境，每个人在因地修菩萨行时，面对难行难忍之境，未免心有所惧，明哲保身，如此念念不觉，习气深厚积累于八识田中，故与生俱来的二乘习气非常重。若是不觉，即会堕入二乘地。

二乘人的特点是自求解脱和沉于空寂，智者大师为凸显佛果的究竟常乐，在《摩诃止观》中处处破斥二乘境，如《摩诃止观》卷五云：

二乘为法界者，若但见于空，不见不空；智者见空，及与不空，决了声闻法，是诸经之王，闻已谛思惟，得近无上道。③

此中说明行者修观的过程中，观照身心，时常现起往昔宿习，故要抉择空与不空，了知空的本义，知诸佛真实言教，进修大乘速证菩提。

十　菩萨境

菩萨，梵语为菩提萨埵，汉译为觉有情。菩萨的名义，僧肇大师云："菩提，

---

① （隋）智者大师说，灌顶记《摩诃止观》卷一下，《大正藏》第46册，第10页中。
② （隋）智者大师说，灌顶记《摩诃止观》卷五上，《大正藏》第46册，第49页中。
③ （隋）智者大师说，灌顶记《摩诃止观》卷五上，《大正藏》第46册，第50页上。

佛道名也；萨埵，秦言大心众生。有大心入佛道，名菩提萨埵。"① 菩萨，即是大心入佛道的人。这里的菩萨，指执着偏见之理的权教菩萨，如智者大师云：

> 若忆本愿故不堕空者，诸方便道菩萨境界即起也。《大品》云："有菩萨不久行六波罗蜜，若闻深法，即起诽谤，堕泥犁中。"此是六度菩萨耳。通教方便位亦有谤义，入真道不谤也。别教初心知有深法，是则不谤。此等悉是诸权善根，故次二乘后说也。②

此中说明忆念本愿，不堕二乘境界，禅慧中现起菩萨法界。在天台判教体系中，以藏通别圆四教论菩萨境界。藏通别三教为方便，圆教菩萨为真实，故此以三教菩萨为观修对境。

综上所述，我们将十境的内容进行了说明。十境，从依教生解以及约教起行设立。十种境界中，阴界入境是母体，无论观与不观，常自现前。其余九境，皆依阴界入境生。因人往昔教法的熏习、戒律持犯有异，故此生修行十境时互发有异，呈现出次第、不次第等现象。在圆顿止观行法中，十境为所观，十乘为能观，于一一境修十乘观法，能所配合，才可入佛知见。十境的内容，不出三障与四魔，智者大师详明一一境相貌，其本意是令众生转境为智，纳法于心，在行法的修行中克期取证，完成此生佛道的修学。

第五节　修行圆顿止观的正行——十乘观法

圆顿止观修法中，十乘、十境是能所关系，十乘观法是能观，十种境界是所观，二者相辅相成，方可到达妙境。十乘观法成立的背景，有内、外两种因素。一是区分内道与外道的不同。在智者大师以前的时代，诸人将老庄与佛学互释，佛教概念在互释的过程中失本，为维护佛教正统，区分与老庄间的异同，故以十法来检验。③二是破斥北方禅师的有观无教和南方论师的有教无观，当时的北方人乐于禅修实践，轻视教相学习。南方人重视教相研习，轻视止观实践。为了说明教、观的关系，纠正南北地的偏失，故要确立十乘观法，明教观双美修行理念。现根据《摩诃止观》的记载，大致说明十乘观法的内容。

---

①　（东晋）僧肇大师：《注维摩诘经》卷一，《大正藏》第 38 册，第 328 页中。
②　（隋）智者大师说，灌顶记《摩诃止观》卷五上，《大正藏》第 46 册。第 49 页中至下。
③　参见（隋）智者大师撰《维摩经玄疏》卷二，《大正藏》第 38 册，第 530 页中。

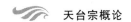

一　观不思议境

智者大师以性德境与修德境对不思议境进行说明。性德境中，说明介尔所起之心具三千诸法。修德境，依性德境起修。性德境，在前章诸法实相论一念三千中已详明，此中着重说明修德境。于修德明观不思议境时，此建立在性德的基础上。若无性德，修德无从建立，二者的关系是顺性起修，以修照性。性德境中三千诸法，是性具之法，不可论生灭，远离一切言说分别。修德包含两个部分，自行与化他。自我修行，以教法闻思与善知识引导为媒介，依教修观，破惑证真，开显性具的三千诸法。因众生在思议中修不思议，对于方法的执着根深蒂固，故智者大师从横、竖、亦横亦竖、非横非竖四方面破性。从横的方面言自他互破，分破地论师与摄论师。地论师认为一切解惑真妄皆依法性生，故真妄依持法性。摄论师认为法性不被真妄所熏染，阿赖耶识持一切种子。智者大师认为，二者皆堕一边，地论师的真妄依持法性堕入自生，摄论师的阿赖耶识持种子堕入他生。破斥地论师心生一切法，若真妄依持法性，则法性非心非缘；若法性生一切法，是非心生还是非缘生呢？故不可独言法性依持。破斥摄论师缘生一切法，若阿赖耶识是依持，则法性外别有依持，故阿赖耶识不关法性；若阿赖耶识不离法性，法性即阿赖耶识，为何还要言依持呢？[1]

前从横破，明心生三千法不可得。此从竖破的角度言，以四句为能观，三千诸法为所观，观一念心灭三千法生吗？心灭不能生诸法，何况是三千法呢？故三千法不从心灭生。观心亦灭亦不灭三千法生吗？灭与不灭其性相违，犹水火不能同存，故三千法不从亦灭亦不灭生。观心非灭非不灭三千法生吗？非灭非不灭，非能非所，不能生诸法，故三千法不从非灭非不灭生。约双亦破的角度言，以四句推三千法，不见可得之相。约双非破的角度言，以四句推检三千法，也不见其可得之相。约自我修行言，性具三千诸法远离一切言说相，当依教研心悟入时，必须了知语言的指向性，不可将语言的本身当究竟，须穿越语言的本身而洞达实相。约教化他人言，内证之法，远离诸相，不可言语表达，但为利益他人，须慈悲为怀，于无名相中巧说名相，以四悉檀为教，利益群生，令其悟入佛道。

二　真正发菩提心

此中的真正发菩提心，指在观不思议境基础上，了知一苦一切苦，悲己往昔所造恶业，悲他在苦海中轮转，发起广大慈悲心。智者大师在说明真正发菩提心时，分别从悲与慈两方面进行阐释。约悲言真正发菩提心时，以三涂境、人天境、二乘

---

①　参见（隋）智者大师说，灌顶记《摩诃止观》卷五上，《大正藏》第46册，第54页上至中。

境为观境。见三涂纯苦无乐，人天苦乐参半，二乘非为究竟，故起悲心，发众生无边誓愿度以及烦恼无尽誓愿断的弘愿。人的根机不同，誓愿的程度以及发心质量有异，为摄尽所有众生，智者大师约三谛明悲心誓相。约真谛言发心，空观为能观，众生、烦恼为所观，发度生以及断惑的大愿；因观真谛，修习空观，故度如虚空般的众生，断无所有的烦恼。约俗谛言发心，假观为能观，烦恼、众生为所观，发度生和断惑的大愿；因观俗谛，修习假观，能度十法界甚多众生，断十法界甚多烦恼。约中谛言发心，中观为能观，烦恼、众生为所观，发度生、断惑大愿；因观中谛，修习中观，故烦恼即菩提，生死即法身，不见一相，包含众相。在约三谛发心时，真谛、俗谛是方便权教，通过次第发心了知不次第发心。此中以中谛为真正发心之相，中谛即修中观，破无明，入圆初住。

约慈说明真正发心时，首先标明誓境，往昔欣求人天二乘之乐，不知上求下化，妄执人天、二乘为究竟。今观此境，发利乐心，生起愿心；见道谛，发无量法门誓愿学。见灭谛，发无上佛道誓愿成。为化利钝之根，故以三观为誓愿内涵。明空观誓相时，所修法门、所践愿行，是缘起下的短暂呈现，没有其永恒，故一切皆不可得，于无所有中实践愿行。明假观誓相时，以无所得智，观幻化世间，修菩萨行，教化众生，离苦得乐，以愿行庄严菩提。明中观誓相时，中道之体，非修非证，远离言说，不证而证，不修而修，故为自他，修行弘誓。此三观中，空假为方便，中观是真实。誓愿的生起，必有所观之境。观境不出四谛，誓愿不出四弘。此能所不相分离，誓愿境智相即，智慧慈悲相即。智是解，依境而生，愿依解起，境为所缘，誓为能缘。故以无缘慈悲，缘不思议境，此境名无缘境，此誓名无念誓。以此无相誓，缘无缘境，运此慈悲，遍覆法界，任运拔苦，自然与乐，才是此中的真正发心。真正发菩提心，以达不思议三千为所证。

三　善巧安心止观

善巧安心止观，使止观安于法性，止观是能安，法性是所安，使能安的止观安于所安的法性。行者观阴界入境时，不能直悟中道实相，故需重发菩提心。前不思议境中具无作四谛理；真正发心中依无作四谛境发四弘誓愿；此善巧安心止观，使止观安于法性，体证止观即法性，法性即止观。行者安心后，若欲成就众生无边誓愿度，应给予众生利益，使其获得安乐。若欲成就烦恼无尽誓愿断，应在利益众生的基础上断其烦恼。若欲成就法门无量誓愿学，需熏习十方三世一切佛法。若欲成就无上佛道，需分断无明，渐显法身，穷尽惑源。若是如此，从善巧安心止观开始，一直到对治助开，皆是填愿的过程。故此中的填愿，不局限于善巧安心止观，智者大师分别从总安心与别安心具体说明，使前二观中未悟者，开示悟入佛之知见。

此中的总安心，以止观为能安，法性为所安，能安于所，所应于能，能所不二。

止观，即一心三观。法性，即是妙境，亦一境三谛。以一心三观安于一境三谛，即是总安心意。别安心中，分为教他与自行两种。教他安心中，说明能安之人有圣师与凡师两种。圣师是四依大士，已成就的圣者，有法眼力，能观众生得度根机；有慧眼力，善巧说法，转迷为悟；有化道力，种种示现，使其调伏；凡遇见有缘者，皆能度化成道。凡师虽无圣师三力，但可如大夫一样，通过语言、面色、脉相诊断病相，因病给药。因圣师难遇，故此中的安心，不论圣师，惟论凡师。

智者大师认为，凡师教他安心，所教之人大致可分为信行与法行两种。信行人，听闻佛法证悟。法行人，思维法义证悟。二种根性，皆有利钝，修行有别，不可定判。确定了众生的根机，就要以法为药，展开具体修习。于信行人说，约四悉檀有八番止观安心。于法行人说，亦有四悉檀八番止观安心。信行人、法行人间可相互转换，信行人应修禅，法行人应闻法。信法根性具有不定性，信行可转法行，法行可转信行。互转根性，亦四悉檀八番止观安心。自行安心，约信行、法行、信资法、法资信，亦四悉檀八番止观安心。总而言之，此中有五百一十二番安心。欲知详情，请自行翻阅《摩诃止观》十乘观法中善巧安心止观。

四　破法遍

善巧安心止观，定慧开发，便可悟中道第一义谛。若未入者，定是惑业未除，应用有定之慧而尽破之，故要破法遍。又众生多颠倒，少不颠倒，故要破法遍，令颠倒成不颠倒。智者大师分别从略破和广破两个角度阐释破法遍，利根人略破悟道，钝根人广破悟道，全文围绕无生门竖破法遍、历诸法门横破法遍、从始至终非横非竖破法遍三部分详释，以竖破法遍为核心论述。破法遍的内容，在《摩诃止观》中的记载相当繁杂，故下面依湛然大师的科判，[①] 大致说明其内容。

（一）从空入假破法遍

从空入假破法遍分为两个部分，一是破见假入空，二是破思假入空。破见假入空中，见惑分为单四见、复四见、具足四见、无言见。每一见皆具八十八使，生起皆具因成假、相续假、相待假。运用龙树菩萨的"诸法不自生，亦不从他生，不共不无因，是故知无生"，分别从自性、他性、共性、无因性对三假推检，使行者悟入中道第一义谛。若于因成假四句推检不悟入，则依次推相续假、相待假。就见惑而言，会出现"见度转计"的情况，破有见会转入无见的计度，破无见会转入亦有亦无见的计度，依次辗转为单四见、复四见、具足四见、无言见等，亦以三假和四句推检，反复逻辑推理，悟入中道实相。破思假入空中，思惑有八十一品，每一品

---

① 湛然大师于《止观辅行传弘决》中对《摩诃止观》有详细的分科判释，后经传灯大师重新整理，具体科判详见《摩诃止观辅行传弘决》，三秦出版社，1995。

思惑生起具三假，亦以龙树菩萨的四句推检，从自性、他性、共因性、无因性等方面推理，知一切无得，入中道实相。

（二）从假入空破法遍

二乘人证阿罗汉后，安住于偏真涅槃中，不会发起度众的弘愿。为对治二乘偏空的过患，故佛说从假入空观，证空不住空，从空出假入世俗间，法眼鉴机，道种为药，善巧方便，教化众生。菩萨入假，要具慈悲心重、忆念本愿、智慧猛利、善巧方便、大精进力等缘。智者大师分别从知病、识药、授药三方面，详明从假入空破法遍。知病中，分见和思两部分说明，总体内容不外四点：1. 见思的根本是我见，以一念惑心为本；2. 因缘不同，起见有异；3. 见的发起，有宿世、今世，非常复杂；4. 见思惑的品数没有规则，无量无边。识药中，说明病相无量无边，药也无量无边。但总的来说，药分三种，世间法药、出世间法药、出世间上上法药。明授药中，总的原则是以道灭之药对治苦集之病。智者大师将授药分为两种，世间法药与出世间法药。若根性薄弱，不堪受出世法，即授世间法药。以五戒、十善等，世间与人为善之理，教导行人，令造人天因，种解脱缘。若有出世根机，即以四教成就众生：若是下根，属于藏教，以生灭四谛法为药；若是中根，属于通教，以无生四谛为药；若是上根，属于别教，以无量四谛为药；若是上上根，属于圆教，以无作四谛为药。藏、通、别、圆四教中，每教又可分为有门、空门、亦空亦有、非空非有四门。四教有十六门，每一门皆以四悉檀为教，以道灭对治苦集。入空观，尚无一法可得，何况出假益物呢？法虽不可得，但能以道种智，随众根性，善巧说法，使获法益。

（三）中道第一义谛观破法遍

修中观，是约一念心圆修三观，虽次第说明，本意是借次第显不次第。若欲成就修中观，亦需依赖种种因缘。智者大师认为，有无缘慈悲、满弘誓愿、求佛智慧、学大方便、牢强精进五缘可修中观。中道观直观无明，无明即是智障。智者大师认为，佛教中智障的定义不出三种：第一，无明以空假二观所证之智为能障，空观所成的一切智以及假观所成的道种智望于中道，智反成惑，二智之体即是无明；第二，中智被障名智障，智慧障碍一切种智，成为所障；第三，能所相对得智障名，以能障之惑与所障之智合论，故是智障。明正修观法时，智者大师以无明、法性、真缘为对境，观无明是因成假，法性是相续假，真缘是相待假，以龙树菩萨的四句推检为中心，分别从自性、他性、共性、无因性反复推检，破除对无明、法性、真缘的执着，悟入毕竟空无所得的中道第一义谛。最后，智者大师还苦口婆心地劝告行者，于识阴观阴界入境破法遍已如上说。若是未悟入，应继续观其他四阴，乃至十二处、十八界，观法与前一样。

五　识通塞

行者修破法遍时，未入中道第一义谛，在观行的过程中，爱着观空智慧，妨碍圆顿止观修证，故要识通塞。此中以由句论通塞，就通塞中，分为纵横和一心说明。纵横识通塞中，分为横通塞、竖通塞、横别通塞。横通塞，诸道品为通，烦恼惑业为塞。竖通塞，三惑为塞，三观为通。为说明竖通塞，智者大师还以横竖相织检校通塞，借彼此相待，令成三谛之相。从假入空观中，析空、体空有异。修析空观检校通塞时，检校心法、能观、所观，苦集、十二因缘无明、六弊是塞，道灭、十二因缘还灭、六度是通，以通破塞入空观。修体空观检校通塞时，检校心法，了知计阴为实是苦集、不识阴四谛是无明、爱着观空智慧是六弊等为塞，以观惑即空为通，以通破塞入空。修假观检校通塞时，于病法、药法、授药法起执是塞，不起执是通，以通破塞入假观。修中观检校通塞时，检校前四句止观，观无明为因成假、法性为相续假、真缘为相待假时，执能观的智慧为塞，以四句止观为通，破塞入中。横别通塞，引用《大品般若经》立三观相，明三人同时发心，但所证境界有异。三人同时发心是横，所证境界有异是别。若菩萨发心未与空假中三观相应，则应分别检校各自观法中的通塞之相，以通破塞入正观。

前三种通塞中，空假二观破见思、尘沙惑，于位虽中，望于中观，为无明与塞。中观望前二观，殊胜相隔空假，不具通义。故智者大师总结前纵横通塞时云：

> 法相浅深，任有通塞，况复于中起苦集、无明、蔽等？是故皆塞，无复有通。[1]

此中说明前三种通塞中，若起无明苦集等，全部是塞。就一心言，以前通塞为境，在一心中检校，使塞成通，如智者大师云：

> 若一心三观法相，即破竖中之通塞；三观一心，破横中之通塞。[2]

此中说明一心三观破竖中通塞，三观一心破横中通塞。一心三观与三观一心，为破前横竖互说，二者理同，没有差别。一心通塞，以一心三观观照一境三谛，一念中三观圆修，三惑圆破，无通塞之相可得，证入圆教初住位。若于无通无塞起执，生起苦集无明等相，通反成为塞。对治此塞，亦于一一法中，以一心三观之智，遍

---

① （隋）智者大师说，灌顶记《摩诃止观》卷七上，《大正藏》第46册，第87页中。
② （隋）智者大师说，灌顶记《摩诃止观》卷七上，《大正藏》第46册，第87页中。

照惑境，使其无通无塞。为防止行人执圆顿理，智者大师还以六即衡量一心通塞，众生理具五百，诸佛究竟五百，修行须事理一致，不可偏失。

六　道品调适

行者按破法遍、识通塞等观法修行后，若未悟中道第一义谛，应检查修法，为何不相应，故要修道品调适。借由道品调适，为无漏真法作方便。此中的道品，指四念处、四正勤、四如意足、五根、五力、七觉支、八正道等三十七道品。此中从四个方面说明：1. 当分道品，未必具足全部道品才可成就，三十七科中任何一科道品，皆可成就菩提；2. 相摄道品，三十七道品中随举一科，皆具足其他三十六科，法法相互含摄；3. 对位道品，将三十七道品与修道位次匹配，如四念处是念处位，四正勤是暖位，四如意足是顶位，五根是忍位，五力是世第一位，八正道是见道位，七觉支是修道位；4. 相生道品，三十七道品中有次第相生的关系，如修四念处能生四正勤，四正勤发四如意足，四如意足生五根，五根生五力，五力生七觉支，七觉支入八正道。四种道品中，以相生道品为道品调适，在《摩诃止观》中主要以无作道品为说法内容。

对于无作道品，以相生无作道品进行说明，此三十七道品中每一道品当下，皆可悟入佛之知见。以四念处为例，引《大品般若经》《华严经》《法华经》等说明无作四念处具足三谛，能生一切法，为后总说、分说铺垫。总说四念处中，以空假中三观为能观，十法界中身受心法为所观，以一界中身受心法四境为例说明。以身念处作观，了知身是因缘所生法，即空即假即中。此身念处佛法界如此，其他九法界亦是如此。受、心、法三念处，亦以即空即假即中三观观之。一界中念处如此，其他九界中念处也是如此。别说念处中，分别解释身、受、心、法四念处，先以空假二观破颠倒，再以中道观总结。以身念处为例，法性之色，非净非不净，众生执为净，以即空即假观身念处，了知空中无净，一切皆假象分别，破二乘颠倒。以中道观观前身念处，不见空假可得，双照空假，八种颠倒不生，入大涅槃。若于此未悟，应修四正勤。四正勤未悟，修四如意足。四如意足未悟，修五根。五根未悟，修五力。五力未悟，修七觉支。七觉支未悟，修八正道。从四念处到八正道，此三十七道品，皆有其独立性，每一道品皆可成就一心三观。虽以无作为内涵，非高深莫测初心无缘。如此道品，皆为初心所设。智者大师还引《大智度论》，说明三十七道品，依四念处为基建立，初心皆可起修，故此三十七道品，调养止观，行四种三昧，入菩萨位，为大涅槃近因。

七　对治助开

对治助开，依《大智度论》所说"称诸治法，是助开门法"而设定。行者修上观法若未悟入，须修事助行，对治障弊。此中将人根性分为四种，根利无遮、根利有遮、根钝无遮、根钝有遮。对治助开，针对根钝有遮众生而开设之法门。遮障的内容，不外乎六蔽。须修六度，对治六蔽，故此中的对治助开以六度为主。智者大师在对治助开中，以六度摄因行与果德展开说明。

六度摄因行，说明六度摄三十七道品。六度中每一度，皆与三十七道品中若干相摄，故六度是三十七道品，三十七道品是六度。道品既与六度无别，能成佛果，则以六度主的助道法门，亦可成就佛果，故智者大师首先说明六度含摄道品。说明布施度摄道品时，其摄法范围是除觉支、舍觉支。若由布施度入道，必经四教相互拣择，以方便显真实。三藏教中舍觉分，虽不入理，但能具足六度。通教中舍觉分，能舍所舍，三轮体空。别教中舍觉分，舍十法界中身、命、财尘沙惑。圆教中舍觉分，舍身、命、财，不入两边，具足一切。修行布施度，理观、事相，不可偏失。若偏两边，解行偏差，不入三解脱门。今知布施度摄一切法，生决定心，起大誓愿，不吝身、命、财，感佛威光加持，破除悭贪，事理相应，入佛知见，如此是为修布施度入道。行人若未在布施度中悟道，应在后持戒、忍辱、精进、禅定、般若等诸度中一一修行。

智者大师阐释六度摄果德时，论述内容不离四种四谛，言外之意是四种四谛是成就果德的因，修四种四谛才可完满此殊胜功用。说明六度摄十力时，约四种四谛具体论述。在一心中知四种因果成就果德，名是处非处力。分别四种苦集是业报，四种道灭是智力，二者合论名知业报智力。分别四种道谛中八定，知其浅深，没有谬误，名知禅定力。知众生过去苦集不同，名知根性力。知众生现在苦集以及乐欲不同，名知欲力。知众生未来苦集得失不同，名知性力。了知众生四种道谛所成力用，知其行因所致，名知至处道力。能如实了知众生过去世种姓、喜好、寿命等事，名知宿命力。能如实了知众生未来的种姓、喜好、寿命、福报等事，名知天眼力。能如实了知四种灭谛所具的无漏智断功用，名知漏尽力。此外，六度还摄十八不共法、四无碍智。六度摄果德，虽是佛的果德力用，但众生初心亦可起修，还引《大智度论》《华严经》《地持经》证明。引《大智度论》明初心已有十力因分，引《华严》明菩萨初发心得十力分，引《地持经》明菩萨修禅能生十力，说明如此功用不离初心，众生精进修持，即得佛法真实受用。

八 知位次

知位次，知自己所证位次。行者观阴界入境时，修观至对治助开，应深知自己的修证位次，避免产生增上慢，故要修知位次。智者大师就五悔、五品弟子位，说明位次。五悔，分别为忏悔、劝请、随喜、回向、发愿。忏悔，悔罪而修善业。劝请，劝请十方诸佛转法轮救度众生。随喜，喜悦、称赞他人善行。回向，以善行功德回向菩提。发愿，愿一心成佛。修行五悔，能增进智慧，还直接与五品弟子位相应。五品弟子位，是在《法华经·随喜功德品》现在四信的基础上而来。四信，分别为一念随喜、解其言趣、广为他说、深信观成。又佛灭后，加上读诵品，成灭后五品。

五品，分别为随喜品、读诵品、说法品、兼行六度品、正行六度品。随喜品，闻实相圆妙之法信解随喜，内以一心三观，观一境三谛；外修忏悔、劝请、随喜、发愿、回向等法勤加精进。读诵品，信解随喜，读诵讲说妙法之经。说法品，以正确说法，引导他人，由此功德，资助观慧。兼行六度品，观心之余，辅修布施、持戒、忍辱、精进、禅定、智慧六度。正行六度品，观心进修时，自行化他事理具足，故须以六度实践为主旨。此位修十乘观法，配合六时五悔，继续进修即可证十信位，直至圆教初住位，破无明，见佛性，分身百界，八相成道，利益众生，证念不退，得无功用道，自然流入一切智海。根据《四念处》中记载，证圆教初住后，三心圆发，正因理心发，缘因善心发，了因慧心发，与境、智、行三法相应，破一分无明，显一分法身，直到十信满。十住后，智慧十倍增明，更以十番智断破十品无明，念念流入平等性海，如此为十行。十行后，无功用道，真明复以十倍开发，愿行与事理自然融合，入平等法界海，更破十品无明，名十回向。在十回向位，破十品无明，犹如大地一样，能生一切智慧，担负一切众生，入三世诸佛智地，名十地位。破一品无明，边寂智满，究竟清净，剩最后一品惑业未尽，名等觉位。破最后一品无明，入妙觉位，无惑可断，无智可证，得清净法身，居常寂光净土。

九　能安忍

行者观修不思议境乃至识次位，业障消除，智慧转增，此时神智利爽，易外露才智。若非智力强盛，能益他人，否则须安忍诸事，深修三昧，如此方可成就大事。智者大师告诫行人，当斟酌己力，若有缘利益，当广度众生。若无能力，应安心修行，待证三昧后再来度化，也为之不晚。智者大师从内、外两个方面说明安忍，首先从外三术说明，若名闻远扬，人事、利养、名利云集而至，应早推却，莫被束缚。若盛情难却，当外露瑕疵，一问不知，大智若愚，不显己能。若如此还无法推脱，应走为上策，入人迹罕至之地，用功办道。从内而言，待内烦恼，用一心三观对治，观诸烦恼即空即假即中。大师还劝勉行人，即使粉身碎骨，也应保持心不动摇。以如此心，端身正观，即能破惑证真。

十　离法爱

通过九境修习，已能安忍内外障，此时应证真入位。若不入者，因有法爱执着。法爱，即是顶堕。依毗昙看，于暖法、顶法生着是顶堕；依大乘看，爱着三三昧似道位是顶堕。至此位时，已无内外障，唯有法爱，须善加防护，如《摩诃止观》卷七云：

今人行道万不至此，至此善自防护，此位无内外障，唯有法爱，法爱难断，若有稽留，此非小事。譬如同帆，一去一停，停即住着。又虽不着沙，亦不着岸，风息故住。不着沙喻无内障，岸喻外障。而生法爱，无住风息，不进不退，名为顶堕。①

此中的法爱是顶堕，表现的方式为境界的停止不前。按照《大智度论》的记载，顶堕有两种方式，一种是顶退，退失顶位，名为堕。一种是住顶，停止不前，名为堕。小乘教中虽具二意，但多住顶退，从顶位退至暖位，因有恶业留难，故造诸恶业，堕入地狱。大乘的顶堕不同于小乘，尤其是圆教中的顶堕，不同于藏通，如湛然大师云：

今论圆教，至十信时，若生爱心不入初住，而六根净位定不堕小，则以住顶名之为堕，非谓退堕。以六根中无退义故，况复更有造重逆耶？故此顶堕，异前通藏。②

此中说明圆教的顶堕在十信位，以不退为义。若想入初住，必须破除这种法爱，鞭策其进入初住，得无功用道，自然流入一切智海。至此时，所有慧身不由他悟，皆由中道自然流露，以首楞严定游戏神通。达此阶位所具之功德难以测知，唯佛能究竟知。

十乘观法建立在观不思议境的基础上，以识阴为主，端坐身仪展开十乘观法的修学。若历缘对境修十乘观法，其修行的对境，不外六作、六尘与六根，修法与端身观阴一样。修行的载体是人，因福德、智慧有异，故修行的速度有迟缓，湛然大师将十乘观法的修习分为三根，上根人于观不思议境一观，便可观介尔妄心所具的三千诸法，于当下悟入中道第一义谛。中根人修第二观到第七观，才可悟入。下根人具修十法，方可悟入。从天台法义的圆融性言，十乘观法中的每一观，皆有其独立性，蕴含四悉檀与三观，秉承法华会三归一的精神。在修行中，处处为实施权、开权显实、废权立实，令有缘众生皆能于初心中修观，现生入圆教初住位，真正彰显了教法究竟了义的特色。

---

① （隋）智者大师说，灌顶记《摩诃止观》卷七下，《大正藏》第46册，第99页下。
② （唐）湛然大师述《止观辅行传弘决》卷第七之四，《大正藏》第46册，第386页下。

第六节　结语

本章说明了圆顿止观的修行方法。就方法言，圆顿止观以四种三昧为外在修行方式，二十五方便为基础，十乘为能观，十境为所观。十乘观法是修证的核心，建立在观阴界入境基础上，是修习法华三昧的主体。十乘观法与十种境界，二者是能所关系，阴界入境与观不思议境是主体。从法义的说明言，十乘观法中的每一观皆具足四教、三观、自行与化他，每一法的当下皆以佛之知见为究竟旨归，在次第中显示圆融，在圆融中构建次第，真正做到了圆融不碍次第，次第不碍圆融，体现了天台宗中道的根本精神。从现实的生活言，法义的施设必须在人的经验感知范围内，故十乘观法的每乘观法皆以三观统摄，《中论》四句推检为主要观法，使般若法义成为十乘观法的灵魂，这也是十乘观法最为殊胜之处。从流传的意义言，智者大师根据大小乘经论，自身师承以及禅观的实践，以凡夫为说明对象，成佛为究竟目标，创立了次第完整的圆顿止观行法体系，弥补了汉传佛教修行方法论不足的缺失。在佛法衰退的今天，为复兴汉传佛教的修行传统，提供了一块借鉴模板。众生依教修观，以慧破惑，此生便可解脱生死，圆证涅槃。

思考与练习题

1. 何为圆顿止观？

2. 何为渐次止观？

3. 何为不定止观？

4. 简明常坐三昧修法。

5. 简明常行三昧修法。

6. 简述方等三昧修法。

7. 简述约诸经修随自意三昧十科行法内容。

8. 简明约三性修随自意三昧内容。

9. 持戒清净中以哪十戒为内容？

10. 说明事相中衣食法内容。

11. 修行分别息哪些缘务？

12. 善知识分为哪三种？

13. 何为呵五欲？请分别论述。

14. 何为弃五盖？请分别论述。

15. 如何对治五盖？

16. 如何调五事？请分别论述。

17. 何为行五法？请分别阐述。

18. 阴界入境如何界定？

19. 烦恼境中的烦恼相是什么？

20. 修行时所发的业相有哪六种？

21. 简明魔事境相貌。

22. 如何对治魔事境？

23. 禅定境产生的内外因缘是什么？

24. 诸见的表现特征是什么？

25. 增上慢境的内容是什么？

26. 二乘境的内容是什么？

27. 菩萨境的内容是什么？

28. 智者大师是如何破斥地论师的？

29. 智者大师是如何破斥摄论师的？

30. 何为真正发菩提心？

31. 何为总安心中止观安心？

32. 简明从假入空破法遍。

33. 简明从空入假破法遍。

34. 简明中道观破法遍。

35. 简明识通塞。

36. 简明修道品调适。

37. 简述对治助开内容。

38. 为何要修识位次？

39. 何为能安忍？

40. 何为离法爱？

参考文献

一　经论原典

1. （东晋）僧伽提婆译《增一阿含经》，《大正藏》第 2 册。

2. （三国吴）支谦译《太子瑞应本起经》，《大正藏》第 3 册。

3. 玄奘译《大般若波罗蜜多经》，《大正藏》第 5~7 册。

3. （后秦）鸠摩罗什译《大品般若经》，《大正藏》第 8 册。

4. （后秦）鸠摩罗什译《佛说仁王般若波罗蜜经》，《大正藏》第 8 册。

5. （南朝梁）曼陀罗仙译《文殊师利所说摩诃般若波罗蜜经》，《大正藏》第 8 册。

6. （东晋）佛驮跋陀罗译《大方广佛华严经》卷五十九，《大正藏》第 9 册。

7. （后秦）鸠摩罗什译《妙法莲华经》，《大正藏》第 9 册。

8. （刘宋）昙无密多译《佛说观普贤菩萨行法经》，《大正藏》第 9 册。

9. （齐）昙摩伽陀耶舍译《无量义经》，《大正藏》第 9 册。

10. （北凉）昙无谶译《涅槃经》，《大正藏》第 12 册。

11. （东汉）支娄迦谶译《般舟三昧经》，《大正藏》第 13 册。

12. （后秦）鸠摩罗什译《维摩诘经》卷中，《大正藏》第 14 册。

13. （后秦）鸠摩罗什译《首楞严三昧经》，《大正藏》第 15 册。

14. （后秦）鸠摩罗什译《思益梵天所问经》卷三，《大正藏》第 15 册。

15. （后秦）鸠摩罗什译《华手经》，《大正藏》第 16 册。

16. （北凉）昙无谶译《金光明经》，《大正藏》第 16 册。

17. （东汉）迦叶摩腾共法兰译《四十二章经》，《大正藏》第 17 册。

18. （宋）施护译《佛说大方广未曾有经善巧方便品》，《大正藏》第 17 册。

19. （东晋）法喜译《请观世音菩萨消伏毒害陀罗尼咒经》，《大正藏》第 20 册。

20. （北凉）法众译《大方等陀罗尼经》，《大正藏》第 21 册。

21. （后秦）鸠摩罗什译《大智度论》，《大正藏》第 25 册。

22. （唐）玄奘译《阿毗达磨大毗婆沙论》，《大正藏》第 27 册。

23.（唐）玄奘译《阿毗达磨俱舍论》，《大正藏》第 29 册。

24. 弥勒菩萨说，（唐）玄奘译《瑜伽师地论》，《大正藏》第 30 册。

25.（后秦）鸠摩罗什译《中观论》，《大正藏》第 30 册。

二 天台章疏以及其他章疏

1.（隋）智者：《金刚般若经疏》，《大正藏》第 33 册。

2.（隋）智者：《妙法莲华经玄义》，《大正藏》第 33 册。

3.（唐）湛然：《法华玄义释签》，《大正藏》第 33 册。

4.（隋）智者：《妙法莲华经文句》，《大正藏》第 34 册。

5.（唐）湛然：《法华文句记》，《大正藏》第 34 册。

6.（隋）智者：《观音玄义》，《大正藏》第 34 册。

7.（宋）知礼：《观音玄义记》，《大正藏》第 34 册。

8.（隋）智者：《观音义疏》，《大正藏》第 34 册。

9.（宋）知礼：《观音义疏记》，《大正藏》第 34 册。

10.（隋）智者：《佛说观无量寿佛经疏》，《大正藏》第 37 册。

11.（宋）知礼：《观无量寿佛经疏妙宗钞》，《大正藏》第 37 册。

12.（东晋）僧肇：《注维摩诘经》十卷，《大正藏》第 38 册。

13.（隋）灌顶：《大般涅槃经玄义》，《大正藏》第 38 册。

14.（隋）灌顶：《大般涅槃经疏》，《大正藏》第 38 册。

15.（隋）智者：《金光明经玄义》，《大正藏》第 39 册。

16.（宋）知礼：《金光明经玄义拾遗记》，《大正藏》第 39 册。

17.（隋）智者：《金光明经文句》，《大正藏》第 39 册。

18.（隋）智者：《请观音经疏》，《大正藏》第 39 册。

19.（宋）智圆：《请观音经疏阐义钞》，《大正藏》第 39 册。

20.（唐）窥基：《大乘法苑义林章》，《大正藏》第 45 册。

21.（隋）智者：《摩诃止观》，《大正藏》第 46 册。

22.（唐）湛然：《止观辅行传弘决》，《大正藏》第 46 册。

23.（唐）湛然：《止观义例》二卷，《大正藏》第 46 册。

24.（唐）湛然：《止观大意》一卷，《大正藏》第 46 册。

25.（隋）智者：《修习止观坐禅法要》，《大正藏》第 46 册。

26.（隋）智者：《释禅波罗蜜次第法门》，《大正藏》第 46 册。

27.（隋）智者：《六妙法门》一卷，《大正藏》第 46 册。

28.（隋）智者：《四念处》四卷，《大正藏》第 46 册。

29.（隋）智者：《天台智者大师禅门口诀》，《大正藏》第 46 册。

30. （隋）智者：《观心论》，《大正藏》第46册。

31. （隋）灌顶：《观心论疏》，《大正藏》第46册。

32. （隋）智者：《释摩诃般若波罗蜜经觉意三昧》，《大正藏》第46册。

33. （南朝陈）慧思：《诸法无诤三昧法门》，《大正藏》第46册。

34. （南朝陈）慧思：《大乘止观法门》，《大正藏》第46册。

35. （隋）智者：《法界次第初门》，《大正藏》第46册。

36. （南朝陈）慧思：《法华经安乐行义》，《大正藏》第46册。

37. （唐）湛然：《十不二门》，《大正藏》第46册。

38. （宋）知礼：《十不二门指要钞》，《大正藏》第46册。

39. （隋）智者：《四教义》，《大正藏》第46册。

40. （隋）灌顶：《天台八教大意》，《大正藏》第46册。

41. （唐）湛然：《金刚錍》一卷，《大正藏》第46册。

42. （南朝陈）慧思：《南岳思大禅师立誓愿文》，《大正藏》第46册。

43. （隋）灌顶：《国清百录》，《大正藏》第46册。

44. （宋）继忠：《法智遗编观心二百问》，《大正藏》第46册。

45. （宋）知礼：《四明十义书》，《大正藏》第46册。

46. （宋）宗晓：《四明尊者教行录》，《大正藏》第46册。

47. （元）怀则：《天台传佛心印记》，《大正藏》第46册。

48. （明）蕅益：《教观纲宗》，《大正藏》第46册。

49. （隋）智者：《方等三昧行法》，《大正藏》第46册。

50. （隋）智者：《法华三昧忏仪》，《大正藏》第46册。

51. （唐）湛然：《法华三昧行事运想补助仪》，《大正藏》第46册。

52. （宋）知礼：《礼法华经仪式》，《大正藏》第46册。

53. （宋）遵式：《金光明忏法补助仪》，《大正藏》第46册。

54. （宋）知礼：《金光明最胜忏仪》，《大正藏》第46册。

55. （宋）仁岳：《释迦如来涅槃礼赞文》，《大正藏》第46册。

56. （宋）遵式：《天台智者大师斋忌礼赞文》，《大正藏》第46册。

57. （宋）遵式：《请观世音菩萨消伏毒害陀罗尼三昧仪》，《大正藏》第46册。

58. （宋）知礼：《千手眼大悲心咒行法》，《大正藏》第46册。

59. （宋）遵式：《炽盛光道场念诵仪》，《大正藏》第46册。

60. （唐）道宣：《续高僧传》，《大正藏》第50册。

61. （唐）湛然：《摩诃止观科文》，《卍续藏经》第27册。

62. （宋）从义：《〈止观〉·〈辅行〉补注》，《卍续藏经》第28册。

63. （宋）法照：《止观辅行读教记》，《卍续藏经》第28册。

64. （唐）道暹：《法华天台文句辅正记》，《卍续藏经》第 28 册。

65. （南朝陈）慧思：《随自意三昧》，《卍续藏经》第 55 册。

66. （宋）了然：《大乘止观法门宗圆记》，《卍续藏经》第 55 册。

67. （明）蕅益：《大乘止观法门释要》，《卍续藏经》第 55 册。

68. （隋）智者：《禅门章》，《卍续藏经》第 55 册。

69. （隋）智者：《禅门要略》，《卍续藏经》第 55 册。

70. （隋）智者：《三观义》，《卍续藏经》第 55 册。

71. （隋）智者：《观心食法》，《卍续藏经》第 55 册。

72. （唐）湛然：《观心诵经法记》，《卍续藏经》第 55 册。

73. （隋）智者：《天台智者大师发愿文》，《卍续藏经》第 55 册。

74. （隋）智者：《普贤菩萨发愿文》，《卍续藏经》第 55 册。

75. （唐）梁肃：《删定止观》，《卍续藏经》第 55 册。

76. （唐）梁肃：《天台智者大师传论》，《卍续藏经》第 55 册。

77. （唐）法藏：《摩诃止观科节》，《卍续藏经》第 55 册。

78. （唐）道邃：《摩诃止观记中异义》，《卍续藏经》第 55 册。

79. （唐）湛然：《摩诃止观辅行搜要记》，《卍续藏经》第 55 册。

80. （宋）有严：《摩诃止观辅行助览》，《卍续藏经》第 55 册。

81. （唐）湛然：《金刚錍论私记会本》，《大正藏》第 56 册。

82. （宋）从义：《摩诃止观义例纂要》，《卍续藏经》第 56 册。

83. （清）天溪：《摩诃止观贯义科》，《卍续藏经》第 56 册。

84. （宋）从义：《摩诃止观义例科》，《卍续藏经》第 56 册。

85. （宋）处元：《摩诃止观义例随释》，《卍续藏经》第 56 册。

86. （唐）道邃：《十不二门义》，《卍续藏经》第 56 册。

87. （宋）源清：《法华十妙不二门示珠指》，《卍续藏经》第 56 册。

88. （宋）宗翌：《注法华本迹十不二门》，《卍续藏经》第 56 册。

89. （宋）仁岳：《十不二门文心解》，《卍续藏经》第 56 册。

90. （宋）处谦：《法华玄记十不二门显妙》，《卍续藏经》第 56 册。

91. （宋）了然：《十不二门枢要》，《卍续藏经》第 56 册。

92. （宋）可度：《十不二门指要钞详解》，《卍续藏经》第 56 册。

93. （唐）明旷记，辩才会：《金刚錍论私记》，《卍续藏经》第 56 册。

94. （宋）智圆：《金刚錍科》，《卍续藏经》第 56 册。

95. （宋）智圆：《金刚錍显性录》，《卍续藏经》第 56 册。

96. （宋）善月：《金刚錍论义解》，《卍续藏经》第 56 册。

97. （宋）时举：《金刚錍论释文》，《卍续藏经》第 56 册。

98.（宋）从义：《始终心要注》，《卍续藏经》第 56 册。

99.（唐）湛然：《法华五百问论》，《卍续藏经》第 56 册。

100.（唐）行满：《学天台宗法门大意》，《卍续藏经》第 56 册。

101.（唐）行满：《六即义》，《卍续藏经》第 56 册。

102.（宋）源清：《法华龙女成佛权实义》，《卍续藏经》第 56 册。

103.（宋）宗晓：《宝云振祖集》，《卍续藏经》第 56 册。

104.（宋）元悟：《螺溪振祖集》，《卍续藏经》第 56 册。

105.（宋）继忠：《四明仁岳异说丛书目次》，《卍续藏经》第 56 册。

106.（宋）智圆：《闲居编》，《卍续藏经》第 56 册。

107.（宋）遵式：《金园集》，《卍续藏经》第 57 册。

108.（宋）遵式：《天竺别集》，《卍续藏经》第 57 册。

109.（宋）如吉：《重编天台诸文类集》，《卍续藏经》第 57 册。

110.（明）真觉：《三千有门颂略解》，《卍续藏经》第 57 册。

111.（宋）与咸：《复宗集》，《卍续藏经》第 57 册。

112.（宋）可观：《山家义苑》，《卍续藏经》第 57 册。

113.（宋）法登：《圆顿宗眼》，《卍续藏经》第 57 册。

114.（宋）法登：《议中兴教观》，《卍续藏经》第 57 册。

115.（宋）宗晓：《三教出兴颂注》，《卍续藏经》第 57 册。

117.（宋）宗晓：《施食通览》，《卍续藏经》第 57 册。

118.（宋）义铦：《不可刹那无此君》，《卍续藏经》第 57 册。

119.（宋）宗印：《北峰教义》，《卍续藏经》第 57 册。

120.（宋）善月：《台宗十类因革论》，《卍续藏经》第 57 册。

121.（宋）善月：《山家绪余集》，《卍续藏经》第 57 册。

122.（宋）志磐：《宗门尊祖议》，《卍续藏经》第 57 册。

123.（宋）普容：《台宗精英集》，《卍续藏经》第 57 册。

124.（元）自庆编述《增修教苑清规》，《卍续藏经》第 57 册。

125.（明）传灯：《天台传佛心印记注》，《卍续藏经》第 57 册。

126.（明）传灯：《性善恶论》，《卍续藏经》第 57 册。

127.（明）仁潮：《法界安立图》，《卍续藏经》第 57 册。

128.（明）蕅益：《教观纲宗释义》，《卍续藏经》第 57 册。

129.（清）灵耀：《随缘集》，《卍续藏经》第 57 册。

130.（宋）从义：《四教仪集解》，《卍续藏经》第 57 册。

131.（元）元粹：《四教仪备释》，《卍续藏经》第 57 册。

132.（元）蒙润：《四教仪集注科》，《卍续藏经》第 57 册。

133.（清）灵耀：《四教仪集注节义》，《卍续藏经》第 57 册。

134.（清）性权：《四教仪注汇补辅宏记》，《卍续藏经》第 57 册。

135.（清）弘赞：《沙弥律仪要略增注》卷上，《卍续藏经》第 60 册。

136.（宋）仁岳：《观自在菩萨如意轮咒课法并序》，《乾隆藏》第 135 册。

137.〔日〕证真：《止观辅行私记》，《佛教大系》第 22~26 册。

138. 痴空：《止观辅行讲义》，《佛教大系》第 22~26 册。

139. 守脱：《止观辅行讲述》，《佛教大系》第 22~26 册。

140.〔日〕证真：《止观私记》《大日本佛教全书》第 22 册。

141. 普寂：《摩诃止观复真钞》，《大日本佛教全书》第 23 册。

142. 尊顺谈，高观添注《摩诃止观见闻添注》，《大日本佛教全书》第 29 册。

143. 俊范：《帖钞》，《天台宗全书》第 9 册。

144. 一如法师：《三藏法数》，佛陀教育基金会，1991 年版。

三 现代著述

1. 牟宗三：《佛性与般若》，台北学生书局，1977。

2. 张曼涛主编《现代佛教学术丛刊》第 41 册，大乘文化出版社，1979。

3. 慧岳法师：《天台教学史》，中华佛教文献编撰社，1979。

4. 吕澂：《中国佛学源流略讲》，中华书局，1979。

5. 颜尚文：《隋唐佛教宗派研究》，新文丰出版公司，1980。

6. 王志远：《宋初天台佛学窥豹》，中国建设出版社，1989。

7. 尤惠贞：《天台宗性具圆教之研究》，文津出版社，1993。

8. 赖永海：《湛然》，东大图书公司，1993。

9. 慧岳法师：《知礼》，东大图书公司，1995。

10. 吴汝钧：《佛学研究方法论》，台湾学生书局，1996。

11. 潘桂明：《智顗评传》，南京大学出版社，1997。

12. 汤用彤：《汉魏两晋南北朝佛教史》，北京大学出版社，1997。

13. 王雷泉释译《摩诃止观》，东方出版社，2018。

14. 陈兵、邓子美：《二十世纪中国佛教》，民族出版社，2000。

15. 汤用彤：《汤用彤全集》，河北人民出版社，2000。

16. 潘桂明、吴忠伟：《中国天台宗通史》，江苏古籍出版社，2001。

17. 朱封鳌、韦彦铎：《中华天台宗通史》，宗教文化出版社，2001。

18. 李志夫编《摩诃止观之研究》，法鼓文化，2001。

19. 方立天：《中国佛教简史》，宗教文化出版社，2001。

20. 释振法编，陈英善审《串起粒粒的宝珠》，大乘精舍印经会，2002。

21. 董平：《天台宗研究》，上海古籍出版社，2002。

22. 龚隽：《禅学发微——以问题为中心的禅思想史研究》，台北：新文丰出版社，2002。

23. 李四龙：《天台智者研究：兼论宗派佛教的兴起》，北京大学出版社，2003。

24. 陈坚：《无明即法性——天台宗止观思想研究》，宗教文化出版社，2004。

25. 蒋维乔：《中国佛教史》，上海古籍出版社，2004。

26. 朱封鳌：《天台宗概说》，巴蜀书社，2004。

27. 吕澂：《印度佛学源流略讲》，上海人民出版社，2005。

28. 夏金华：《中国学术思潮史》卷四《佛学思潮》，上海社会科学院出版社，2006。

29. 周叔迦：《周叔迦佛学论著全集》（全七册），中华书局，2006。

30. 明了：《天台思想及其禅法》，台南市和裕出版社，2006。

31. 方祖猷：《天台宗观宗讲寺志》，宗教文化出版社，2006。

32. 圣严：《天台心钥》，宗教文化出版社，2007。

33. 心皓：《天台教制史》，厦门大学出版社，2007。

34. 陈兵：《佛法真实论》，宗教文化出版社，2007。

35. 杨曾文：《日本佛教史新版》，人民出版社，2008。

36. 汤用彤：《隋唐佛教史稿》，武汉大学出版社，2008。

37. 程群：《摩诃止观——修道次第解读》，上海古籍出版社，2008。

38. 宋道发：《佛教史观研究》，宗教文化出版社，2009。

39. 刘朝霞：《早期天台学对唯识古学的吸收与抉择》，巴蜀书社，2009。

40. 朱封鳌：《佛教入门·天台宗》，巴蜀书社，2009。

41. 汤用彤：《隋唐佛学之特点》，《汤用彤全集》第2卷，河北人民出版社，2000。

42. 曾其海：《天台宗佛学三要》，宗教文化出版社，2010。

43. 朱封鳌：《法华文句精读》，上海古籍出版社，2010。

44. 赖永海：《中国佛教通史》第四卷，江苏人民出版社，2010。

45. 印顺：《印度佛教思想史》，中华书局，2010。

46. 如戒：《天台智颛〈摩诃止观〉所引用典籍答记》，三德寺流通处，2011。

47. 沈海燕：《法华玄义精读》，上海古籍出版社，2011。

48. 李四龙：《天台宗与佛教史研究》，宗教文化出版社，2011。

49. 林鸣宇：《天台法数校释》，上海古籍出版社，2011。

50. 达照译释：《天台四教仪集注译释》，上海古籍出版社，2011。

51. 朱封鳌：《天台宗浅谈》，宗教文化出版社，2012。

52. 释性广：《圆顿止观探微》，宗教文化出版社，2012。

53. 骆海飞：《天台宗史略》，上海社会科学院出版社，2014。

54. 心皓：《增修教苑清规释读》，上海古籍出版社，2015。

55. 心悟：《圆顿止观行法速略》，湖北教育出版社，2015。

56. 李媛：《一念三千——天台宗及其祖庭》，西安电子科技大学出版社，2017。

57. 赵俊勇：《天台学与净土思想》，宗教文化出版社，2017。

58. 何文勇：《越南天台宗研究》，上海古籍出版社，2017。

59. 王新水点校：《维摩经玄疏》，上海古籍出版社，2018。

四　外国学者

1. 〔日〕镰田茂雄：《简明中国佛教史》，华语出版社，1987。

2. 〔日〕大野荣人：《天台止观成历史的研究》，东京：法藏馆，1944。

3. 〔日〕关口真大：《摩诃止观——禅的思想原理》，东京：岩波书店，1966。

4. 〔日〕关口真大：《天台止观研究》，东京：岩波书店，1969。

5. 〔日〕池田鲁参：《详解摩诃止观·（人卷）现代语译篇》，东京：大藏出版株式会社，1995。

6. 〔日〕池田鲁参：《详解摩诃止观·（天卷）定本训读篇》，东京：大藏出版株式会社，1996。

7. 〔日〕池田鲁参：《详解摩诃止观·（地卷）研究注释篇》，东京：大藏出版株式会社，1997。

8. 〔日〕池田鲁参：《摩诃止观究序说》，东京：大藏出版株式会社，1996。

9. 〔美〕保罗·L. 史万森：《天台哲学的基础——二谛论在中国佛教中的成熟》，史文、罗同兵译，上海古籍出版社，2009。

10. 〔日〕安藤俊雄：《天台性具思想论》，演培法师译，贵州大学出版社，2015。

五　期刊论文以及硕博论文

1. 广林：《天台智者大师〈摩诃止观〉实践之道》，香港珠海大学硕士学位论文，1983。

2. 信应举：《〈世说新语〉所反映的魏晋清谈风貌》，《郑州大学学报》（哲学社会科学版）1985 年第 1 期。

3. 古天英：《智颛〈摩诃止观〉之研究》，台湾文化大学硕士学位论文，1989。

4. 陈士强：《佛教宗派史上的谱系》，《复旦学报》（社会科学版）1991 年第 1 期。

5. 大野荣人：《〈摩诃止观〉的"烦恼境"及其形成》，日本爱知学院大学《禅研究所纪要》第 21 册，1993 年 3 月。

6. 戈国龙：《〈摩诃止观〉之"圆顿义"》，北京大学硕士学位论文，1996。

7. 孙亦平：《论佛教戒律的特点及其在佛教发展中的作用》，《佛学研究》1998 年第 00 期。

8. 李志夫：《智者之圆教义及其形成之探讨》，《中华佛学学报》1999 年第 12 期。

9. 觉启：《天台止观修行中的"二十五方便"：从傅柯的"自我技术"谈起》，南华大学哲学研究所硕士学位论文，2000。

10. 黄国芳：《智者止观医疗体系的哲学省察》，南华大学哲学研究所硕士学位论文，2000。

11. 妙璋：《〈摩诃止观〉十乘观法之研究：以"观不思议境"为主》，南华大学佛教学研究所硕士学位论文，2000。

12. 陈英善：《天台圆顿止观之修证——就十乘观法而论》，《中华佛学学报》2002 年 7 月第 15 期。

13. 赵东明：《天台智顗〈摩诃止观〉"一念三千"说研究》，"国立"台湾大学哲学研究所硕士学位论文，2002。

14. 圣凯：《论天台忏法的思想及其形成》，《法源》2002 年总第 20 期。

15. 王仲尧：《智顗〈摩诃止观〉之三十六兽说考论》，《佛学研究》2004 年第 00 期。

16. 兰天：《中国佛教早期判教理论述评》，西北大学博士学位论文，2004。

17. 陈英善：《天台圆顿止观"事修·理观"双重奏——以〈摩诃止观〉为主》，《圆光学报》2005 年第 9 期。

18. 任宜敏：《元代佛门的义学传承——天台宗》，《吉林大学社会科学学报》2005 年第 3 期第 45 卷。

19. 任宜敏：《明代佛门的义学传承——天台宗》，《人文杂志》2006 年第 4 期。

20. 郭朝顺：《从摩诃止观十境论智顗的身心观——禅观者对于身心的诠释》，《华梵大学学报》2007 年 9 月 27 日。

21. 包兆昌：《智顗与陈隋王朝系新探兼与潘桂明、基平相榷》，《台州学院学报》2007 年第 5 期。

22. 李建华、钟翠红：《论隋炀帝的三教观》，《宝鸡文理学院学报》（社会科学版）2008 年第 4 期。

23. 宋道发：《中国佛教史观研究导论》，《西南民族大学学报》（人文社会科学版）2008 年第 1 期。

24. 陆康勇：《从〈高僧传〉看魏晋南北朝僧人的社会生活》，湖北大学硕士学位论文，2011。

25. 温金玉：《佛教制度中国化：智者大师与〈立制法〉》，《中国宗教》2012 年 9 月。

26. 〔日〕加篠原亨：《从地方史到通史——宋代天台谱系建立》，《佛教文化研究》2015 年第 1 期。

27. 纪华传：《近代天台宗的重兴》，《佛教文化研究》2015 年第 2 期。

28. 方广锠：《隋唐敦煌汉传佛教的宗派问题》，《西南民族大学学报》（人文社会科版）2017 年第 6 期。

29. 赵俊勇：《唐湛然大师对天台教义的坚守与发展》，《台州学院学报》2017 年第 2
期第 39 卷。

30. 〔日〕菅野博史、张文良：《初期中国佛教判教思想的展开》，《佛学研究》2018
年第 2 期。

图书在版编目（CIP）数据

天台宗概论／心悟编著. -- 北京：社会科学文献
出版社，2024.12
全国汉传佛教院校教材
ISBN 978-7-5228-1686-9

Ⅰ.①天…　Ⅱ.①心…　Ⅲ.①天台宗-概论-教材
Ⅳ.①B946.1

中国国家版本馆CIP数据核字（2023）第070778号

全国汉传佛教院校教材

天台宗概论

编　　著／心　悟

出 版 人／冀祥德
组稿编辑／袁清湘
责任编辑／郑凤云　张馨月
责任印制／王京美

出　　版／社会科学文献出版社·人文分社（010）59367215
　　　　　地址：北京市北三环中路甲29号院华龙大厦　邮编：100029
　　　　　网址：www.ssap.com.cn
发　　行／社会科学文献出版社（010）59367028
印　　装／三河市龙林印务有限公司

规　　格／开　本：787mm×1092mm　1/16
　　　　　印　张：14.5　字　数：289千字
版　　次／2024年12月第1版　2024年12月第1次印刷
书　　号／ISBN 978-7-5228-1686-9
定　　价／89.00元

读者服务电话：4008918866